憲法與基本法
研 究 叢 書

國家憲法在香港實施問題研究

A Study of the Application of
Chinese Constitutional Law in HKSAR

孫 成 著

總序

　　基本法是"一國兩制"方針的法律化、制度化,關於基本法的研究一直伴隨着"一國兩制"事業的不斷深化而演進。迄今為止,基本法研究大概可以劃分為三個階段。

　　第一階段是從 1980 年代初"一國兩制"提出,到 1990 年、1993 年兩部基本法分別獲得全國人大通過,這個階段基本法研究的主要任務是如何把"一國兩制"從方針政策轉化為具體的法律條款,成為可以操作的規範,最終的成果就是兩部偉大的法典 —— 香港特別行政區基本法和澳門特別行政區基本法。

　　第二階段從基本法獲得通過到基本法開始實施、香港和澳門分別於 1997 年和 1999 年回歸祖國,這個階段基本法研究集中在兩個方面,一是對基本法文本的詮釋解讀,主要是由參與基本法起草的老一代專家學者進行,也有一些媒體寫作了不少著作,給我們留下了寶貴的第一手資料;二是研究如何把基本法的相關條款與政權移交的政治實踐相結合,實現港澳原有制度體制與基本法規定的制度體制的對接,這是超高難度的政治法律工程,最終實現了政權的順利移交和港澳的成功回歸。

　　第三階段是從 1997 年、1999 年港澳分別回歸、基本法開始實施以來,基本法研究經歷了一段低谷時間,大家都以為既然港澳已經順利回歸,基本法已經開始實施,基本法研究可以劃個句號了,於是刀槍入庫,馬放南山,本來已經成立的全國性研究組織"基本法研究會"也無疾而終。2003 年香港基本法第 23 條立法遇挫後,大家才意識到基本法研究不是完成了,而是從實施之日起，故事才真正全面開始。特別是近年來，在國家和香港、澳門有關部門的大力推動下，基本法研究逐漸成為顯學。2013 年更成立全國性學術團體"中國法學會香港基本法澳門基本法研究會"，內地和港澳的大學紛紛成立關於基本法的研究機構，基本法研究越來越繁榮。

有人問，基本法研究前途如何？我認為基本法研究前途光明，無論從法學理論或者政治實踐上，基本法研究都是一項長期的偉大事業。美國憲法只有七千餘字，從起草到開始實施以來，美國人和全世界的學者已經研究了兩百多年，今天還在持續不斷地研究，永無止境。各有一萬多字的兩部基本法，需要研究的問題極其複雜繁多，從某種意義上說，基本法研究比單純研究"一國一制"的美國憲法更複雜，1997 年基本法開始實施才是萬里長征邁出的第一步，漫長的路還在後邊。基本法這本書要讀懂、讀好、用好確實不容易！既然"一國兩制"是國家長期堅持的基本國策，是中國特色社會主義的重要組成部分，"一國兩制"的實踐、創新永無止境，那麼，基本法的研究也就永無止境，是值得終身為之奮鬥的偉大事業，責任重大，使命光榮。

但是，長期以來，基本法研究存在碎片化問題，成果沒有很好地整合，形成規模效應，產生應有的學術和實踐影響力。這正是編輯出版這套叢書的目的。三聯書店的朋友希望我出面主編這套叢書，我欣然應允。一方面為中國內地、港澳和海外研究基本法的專家學者提供出版自己著作的平台，另一方面也為社會公眾特別是國家和港澳從事基本法實踐的部門和人士了解這些研究成果提供方便。

這套叢書的名稱叫做 "憲法與基本法研究叢書",為什麼加上 "憲法" 二字?我認為這是必須的,研究基本法一定不能離開中國憲法,港澳兩個特別行政區不可能離開國家而單獨存在,兩部基本法也不可能離開中國憲法而單獨存在。基本法不是從天而降獨立存在的法律文件,它們是特別行政區的憲制性法律,但絕對不能說是特別行政區的 "憲法"。基本法在港澳地方層面具有凌駕地位,超越任何機關和個人,具有最高法律效力,無論行政長官或者行政、立法和司法機關,或者任何公職人員、市民都要遵守基本法,按照基本法辦事。但是在國家層面,基本法是憲法的 "子法",憲法是其 "母法",基本法的生命來自憲法。如果說 "一國" 是 "兩制" 之根、之本的話,憲法就是基本法之根、之本,離開國家憲法來看待基本法、來研究基本法,那就是無源之水,無本之木,基本法研究就一定會枯竭,而不會枝繁葉茂,基本法的理論和實踐就一定會走樣、變形。我們不能假裝香港澳門沒有憲法,只有基本法,不能誤國誤民、誤港誤澳。"一個國家、一部憲法",這是放之四海而皆準的真理。天無二日,國無二君,同樣國無二憲,一個國家只能有一部具有主權意義的憲法;如果一國有兩部憲法,那就是兩個國家了。既然憲法和基本法共同構成了特別行政區的憲制基礎,我們就必須把基本法研究放在整個中國大憲制架構下,根據 "一國兩制" 的方針,去詮釋基本法的理論和實踐。

這才是基本法的本來面目,也才是研究基本法所應採取的實事求是的科學態度。這不僅是政治上大是大非的原則問題,而且也是基本的學術誠實(Intellectual Honest)問題。我們必須以科學誠實的態度,以對國家和港澳高度負責的精神,立場堅定、旗幟鮮明、毫不含糊地去展現事物本來的面目，讓世人看到真相，儘管真相有時讓人痛苦。我們果斷地把“憲法”兩字加上，就是希望把基本法研究放在整個國家的憲制架構和憲法理論體系之下來展開，這樣才真正有可能發展出一套中國憲法關於基本法的次理論體系，才能真正適應香港回歸後憲制的革命性變化，為基本法定好位，為特別行政區定好位，減少無謂的政治法律爭議，把時間和精力放在建設特別行政區上。因此這套叢書就定名為“憲法與基本法研究叢書”。

在這裏，我特別感謝三聯書店（香港）提供的平台，感謝侯明女士和顧瑜女士的大力推動，讓海內外研究基本法的專家學者可以有一個穩定的出版渠道，及時發表自己的著作，為憲法和基本法的實踐、為繁榮“一國兩制”和基本法的學術研究做貢獻。

王振民

2017 年 7 月 4 日於北京

總序

鄒平學序

　　憲法在香港特別行政區的實施，關係到憲法在特別行政區根本法地位的落實，關係到香港基本法在特別行政區的正確有效實施，是"一國兩制"下中央與地方關係的重大憲制問題，是中國特色社會主義憲法實施制度的重要內容。不從理論上廓清憲法在特別行政區的效力和實施問題，就無法正確認識"一國"和"兩制"的關係，無法正確認識和處理憲法和基本法的關係，無法正確認識和處理中央和特別行政區的關係。

　　應該說，自香港基本法起草到頒佈實施及至今日，海內外學界對這一問題雖然探討熱烈，但普遍較為零散，缺乏深入研究的專著。在基本法起草時，香港基本法諮詢委員會整理印製的《香港基本法（草案）徵求意見稿》諮詢報告對其中涉及的各方意見進行了細緻的描述。回歸後，學者仍然關注這一問題，根據我在《香港基本法實踐問題研究》書中的總結，學界曾先後提出過十種論述路徑，這些學術觀點雖然不乏真知灼見，但存在理論深度不足、論證邏輯不嚴密等問題，特別是在內地與香港學界之間存在較大的分歧。比如，原香港大學佳日思教授（Yash Ghai）就認為，"憲法和基本法在內容上是完全衝突的，如果要求國家憲法在香港實施，則'一國兩制'的目的就無從實現。因此，除了為香港特別行政區的設立以及基本法的制定提供支撐的憲法第 31 條和第 62 條第 14 項外，其他條款不應在香港實施。唯有如此，才能凸顯基本法的自足性。"這種觀點不僅在理論上存在明顯漏洞，而且在實踐中也不利於香港社會正確認識"一國兩制"下香港憲制結構的核心內涵。值得注意的一個現象是,在香港回歸後相當長的時期內,香港居民都知道有香港基本法,但卻普遍認為國家憲法好像與香港關係不大,以至於"基本法是香港憲法,國家憲法在香港不能實施"等誤區沒有得到及時糾正。我認為,香港基本法實施中一些懸而未決的分歧與爭議,恰恰源於這一問題沒有得到很好解決。

2014年,中央政府在《"一國兩制"在香港特別行政區的實踐》白皮書中明確提出"憲法和香港基本法共同構成香港的憲制基礎"。此後,中國共產黨第十九屆四中全會公報更是進一步指出"嚴格依照憲法和基本法對港澳實施管治,完善特別行政區同憲法和基本法實施相關的制度機制"。在此背景下,我瞭解到孫成博士撰寫的《國家憲法在香港實施問題研究》即將出版,十分高興,我認為,結合憲法在香港實施的實踐,正本清源、釐清爭議,從憲理、法理和學理上對此問題展開深入研究,不僅具有重要學術意義,而且對於確保"一國兩制"方針不會變、不動搖,確保"一國兩制"實踐不變形、不走樣也有重要的實踐價值。

孫成博士才思敏捷,熱愛學術。他在清華大學讀書期間就開始關注這一問題,並且在王振民教授的指導下以此為題撰寫了博士畢業論文。這本專著就是在他博士論文的基礎上,經過反覆修改後形成的,其中很多章節曾在《政治與法律》、《北京社會科學》、《交大法學》等雜誌上公開發表。孫成博士曾跟隨我攻讀碩士,現在成為了我的同事。他在參與我主持的一些相關課題研究時,也承擔和撰寫了相關研究任務,顯示了很好的研究功底和敏銳的學術能力。閱讀他的這本專著，可以發現，他對這個問題有較為深入的思考和研究，其分析的角度、運用的方法以及做出的結論不乏個人創見。

具體而言，我認為這本專著針對目前學界研究中的不足，提出了一些創新的觀點，其要者有下述諸端：

第一，從歷史維度，系統考察了憲法在香港實施的源起與演化過程。作者通過對大量原始文獻的梳理，釐清了幾個學界長期模糊以對的歷史問題，包括憲法在香港實施作為一個法律問題是由誰提出的？基本法委員會內部對該問題又產生了哪些爭論，並是如何達成共識的？通過對這些疑問的解答，可以看到，香港基本法起草過程中對憲法實施所達成的共識，具有相當的模糊性，並不足以化解該問題。實際上，回歸後香港本地關於憲法實施的爭論一直沒有中斷，中央政府對於這些爭論的態度，也經歷了從“消極迴避”到“積極面對”的轉換，而這種轉換的發生與中央政府對香港政治局勢的判斷密切相關。

第二，從實證角度，全面分析了憲法在香港究竟是如何實施的。過往研究成果往往傾向於分析憲法理應在香港實施的原因，但對於憲法在現實中究竟在香港有無實施，以及具體的實施形態與特徵則少有涉及。為了填補這一研究空白，作者從實證的角度，對“全國人大及其常委會針對香港問題實施憲法的實踐”與“香港法院實施憲法的實踐”進行了細緻分析。在此基礎上，還對兩個主體實施憲法的行為從“條文選擇”、“實施方式”以及“實施困境”三方面進行橫向對比，從而讓我們可以全面把握目前憲法在港實施情況的全貌。

第三，從規範角度，探索提出了憲法在香港實施機制的完善方案。作者綜合國外憲法審查制度與香港的實際情況,從"X+第31條"憲法解釋模式、實施主體、實施對象、實施程序、實施過程和結果的判斷五個方面就如何完善憲法在港實施提出了具體的操作方案。作者認為,憲法實施固然存在多種形態,但是如果憲法審查意義上的實施長期付之闕如,憲法作為"根本法"的地位,及其背後所蘊含的價值將大打折扣,這在司法審查異常活躍、基本法已經呈現出"憲法化"趨勢的香港尤其值得重視。

第四,從政治維度,延伸研究了憲法在香港實施對於國家統合的價值。作者提出,要將國家憲法在香港實施的意義,放置到國家統合的視域中予以思考,並且重點從"'黨主立憲型國家統合機制'無法在香港運行"、"香港普選的'區域'特性"以及"香港複合式憲制結構存在'離心效應'"三個角度,系統論證了憲法實施對於強化中央對港管治正當性的作用與價值。

第五,從比較維度,專題對比了憲法在港澳實施的異同及原因。目前學界將港澳憲法實施情況加以比較的研究十分有限。作者選擇"全國人大及其常委會針對港澳問題實施憲法的55份規範性文件"為樣本,探究同一部憲法在同樣施行"一國兩制"的港澳的實施過程中,是如何從兩地基本雷同的實施前提下發展出不同的演化路徑,並以此追問背後的制度原因,從而為完善憲法在特別行政區的實施機制提供新的視角。

總之,孫成博士的這本專著對學界此項研究奉獻了有意義、有價值的學術成果。當然,作者雖然作了很大的努力,但是受到諸多主客觀因素的限制,本書也存在論證不充分、內容不成熟之處。比如,對於如何協調憲法實施與基本法實施之間的關係就未能展開論述，對於世界上其他存在 "憲制異質地區" 的國家如何解決憲法實施問題也未能進行深入的比較研究，這些內容都值得進一步思考與挖掘。

學術的精神在於探索和創新，特別是在港澳基本法領域，由於涉及複雜的法理與政治爭議，嚴肅學術性和政治敏感性交織在一起，學術探討的難度可想而知，因而，也更加需要得到鼓勵和支持。整體而言，作為孫成博士第一本專著，他的創新努力值得嘉許。我也期待他繼續耕耘，刻苦鑽研，在港澳基本法領域取得新的成就。

是為序。

鄒平學

2021 年 6 月 1 日

目錄

總序 | iv

鄒平學序 | viii

第一章 | 引論

第二章 | 國家憲法在香港實施問題的源起與演化

第一節 國家憲法在香港實施的政治前提是如何形成的 | 037

第二節 基本法起草與國家憲法在香港實施問題的法律化 | 045

第三節 回歸後香港關於憲法實施問題的爭論 | 056

第四節 小結 | 065

第三章 | 國家憲法在香港實施的實踐

第一節 香港法院實施國家憲法的實踐 | 081

第二節 全國人大及其常委會在香港實施國家憲法的實踐 | 092

第三節 香港法院與全國人大及其常委會在香港實施憲法的實踐對比 | 113

第四節 小結 | 125

第四章 | 憲法實施與香港極端本土意識的興起

第一節 "香港城邦論" 思想的基本內容 | 142

第二節 城邦論思想在香港本土意識脈絡中所處的地位 | 148

第三節 "香港城邦論" 思想的理論特質及其危害 | 154

第四節 小結 | 158

第五章 ｜ 理論難題的克服與憲法實施機制的完善

第一節　基本法的合憲性基礎 ｜ 169

第二節　憲法在香港實施的效力與實效 ｜ 175

第三節　憲法能夠保護香港居民的基本權利嗎？ ｜ 182

第四節　完善國家憲法在香港實施機制的具體方案 ｜ 197

第五節　小結 ｜ 218

第六章 ｜ 憲法實施與國家統合

第一節　皇權時代的中國國家統合原理 ｜ 237

第二節　美國通過憲法實施統合國家的實踐 ｜ 244

第三節　通過憲法實施統合香港的理論價值 ｜ 256

第四節　小結 ｜ 272

第七章 ｜ 結論

第八章 ｜ 補論：論憲法在港澳實施的異同及原因

第一節　全國人大及其常委會針對港澳問題實施憲法的現狀 ｜ 296

第二節　全國人大及其常委會針對港澳問題實施憲法的比較 ｜ 303

第三節　全國人大及其常委會針對港澳問題實施憲法的制度邏輯 ｜ 310

第四節　小結 ｜ 318

參考文獻 ｜ 326

附錄 ｜ 354

後記 ｜ 357

第一章

引論

一、研究源起

2014 年的"佔中運動"、2016 年的"旺角暴動"、2019 年的"修例風波",香港近年不斷爆發的社會運動不僅在香港內部造成了對立與撕裂,而且伴隨上述運動崛起的"港獨"思潮更是嚴重損害了中央與香港之間的信任關係。對此,所有關注並關心香港的人都不免會在心中感慨:"香港到底怎麼了!"

實際上,面對香港愈發激進的政治環境,香港著名的政治學者劉兆佳教授在其專著《回歸後的香港政治》中曾進行過反思,"幾乎沒有人在回歸前,能夠大致上預見到香港在回歸後的政治格局和變遷。回歸前香港的社會和民生問題雖然眾所周知,但香港的各類社會矛盾在回歸後迅速尖銳化、嚴峻化和政治化卻是大多數人意料之外。"[1] 如果我們暫時拋開香港政壇波雲詭譎的爭鬥,以學術的角度反思香港政治發展的前世今生,就會發現這樣的"意料之外",或許亦在"情理之中"。回歸後,中央在香港治理上所面臨的諸多挑戰,一方面可歸咎於英國人"光榮撤退"前的政治佈局,但另一方面也不能不說與"一國兩制"本身所潛藏的巨大張力密切相關。

考慮到香港在英國的長期殖民統治下,與中國內地之間在政治、社會和法律制度上存在重大差異,加之顧及到內地的歷次政治運動給香港居民帶來的衝擊,為了保障香港在回歸後依然能夠保持繁榮穩定,中央政府當年創造性地提出以"一國兩制"方式解決香港問題。正如不少學者所指出,這種"求同存異"的治理方式肇始於古典中華帝國的邊疆治理技藝,其核心理念是"差序政治格局"[2]。而此格局能夠建立的前提在於:中華文明的優越性可以使四海之內皆為之臣服，並依此維繫中華帝國邊疆格局的大致穩定。

但香港問題的特殊之處恰在於，她雖然在地理上位於中國的南部邊陲，在意識形態上卻處在社會主義與資本主義的交鋒線上，香港在回歸前已經建立起以西方價值為底色的制度自信，並習慣以"他者"心態理解中國內地和香港之間的關係，[3] 而對此張力的存在，"一國兩制"又明確承諾予以保留甚至維護，這就是香港問題的癥結所在。換而言之，"一國兩制"政策的靈活性固然降低了香港回歸的政治成本，但與此同時卻也增加了中央對香港的管治成本。在中央政府自我規限的情況下，過往在內地行之有效的政治策略和手段都無法在香港執行，或者執行的效果有限，而制度化的替代機制又由於各種複雜的原因尚未完全建立起來。對於這一問題，中國共產黨的決策層將其總結為"黨在新形勢下治國理政面臨的嶄新與重大課題"[4]。如果用學術語言對其加以表述，或可將其稱為"國家統合的香港困境"。

對於如何紓解這一困境，早期學術界更傾向於從社會學、特別是政治學等角度切入予以討論，這當然無可厚非。但如果環顧世界上其他法治發達國家的相關經驗，則不難發現，通過憲法的實施培養憲法認同，從而增進國家認同，也是有效維護國家統合，促進中央與地方關係良性互動的重要路徑。實際上，隨著香港憲制結構失衡問題愈發嚴重，中央政府也認識到了這一問題的嚴峻性，所以在 2014 年發佈的《"一國兩制"在香港特別行政區的實踐白皮書》中首次明確"憲法和香港基本法共同構成香港的憲制基礎"，2019 年，中國共產黨第十九屆四中全會更指出"嚴格依照憲法和基本法對香港實行管治，完善特別行政區同憲法和基本法實施相關的制度和機制"[5]。

基於上述背景，本書選擇將"國家憲法在香港的實施"作為研究對象，並意圖解決一項由"一國兩制"所衍生出的中國本土憲制難題：**一個奉行社會主義理念的國家，卻吸收了一個施行資本主義且建立了司法審查制度的地區，並在"一國兩制"的作用下，出現了在意識形態上對立與交融並存的複合式憲制結構。在此種情況下，國家憲法在香港實施的基本原理是什麼？現有的實施機制存在哪些特點與問題？完善國家憲法在香港實施制度和機制的途徑和意義又在哪裏？**

為了避免歧義，這裏需要對上述問題意識的用語略作說明。之所以在題目中強調"國家憲法"而非簡單地以"憲法"替代，絕非畫蛇添足，這與本書需要面對"香港"這一特定的場域直接相關。具體而言，目前無論是香港法院，還是香港學術界經常將《中華人民共和國香港特別行政區基本法》（以下簡稱為香港基本法）稱為"Constitutional Law"，而在香港報刊輿論中，將香港基本法稱為"小憲法"或"香港憲法"更是極為普遍，為了正本清源，本書特別使用了"國家憲法"的提法。[6]

此外，還需明確一下"憲法實施"這個在內地聚訟紛紜的概念，對於其內涵及與憲法適用、憲法監督、憲法審查等概念的關係在學界長期存在爭議，[7]筆者並不否認這些爭論的學術價值，但更想指出的是，如果過分沉迷於其中，反而有可能使得研究"失焦"。[8]對此，正如蘇永欽教授所言，用語的多樣性如果是為了表達不同的內涵自然無可厚非，但若不同的表達方式無法與其實質內涵相對應，則多樣化的語言不僅無助於概念的精確化，反而會造成學理混淆。[9]吳庚教授也認為，複雜的概念操作是德國法學的優點，也是缺點，對此無需全盤接受。[10]鑒於此，本書將在廣義上使用"憲法實施"這一概念，意指使憲法效力與價值在現實中得以彰顯的機制，具體包括立法性實施、行政性實施、司法性實施（司法適用）等多種方式。在憲法實施機制有待完善的狀態下，採取廣義的概念更有利於推進問題實質內容的討論。

二、學界既有觀點

國家憲法在香港特別行政區的實施是一個老問題，早在《中華人民共和國政府和大不列顛及北愛爾蘭聯合王國政府關於香港問題的聯合聲明》（以下簡稱《中英聯合聲明》）簽署前就已經被學界所關注，然而時至今日，學界內部仍有爭論。目前對這一問題的探討是和"憲法與'一國兩制'的關係"、"港澳基本法的法律效力"、"憲法與港澳基本法的關係"、"港澳基本法的合憲性依據"等問題雜糅在一起加以呈現的。縱觀學界的觀點，[11]大致可以歸納為以下三種：[12]

（一）只實施憲法第 31 條和第 62 條第 14 項說

該說主要為香港學者、律師所支持，其核心觀點是：從法理上看，一個國家的憲法當然應該實施於該國的所有領土，但香港情況特殊，中英雙方之所以能夠就香港回歸問題達成一致，關鍵在於中方提出將在香港實施"一國兩制"政策，承諾回歸後不將中國內地實行的社會主義制度照搬到香港，這一點在國際法層面已經為《中英聯合聲明》所確認。在此基礎上，由於國家憲法和香港基本法在內容上是完全衝突的，如果要求回歸後憲法在香港實施，則香港的資本主義制度將無法得以保留，"一國兩制"的目的也將無從實現。因此，在這部秉持社會主義理念的憲法中，除了為香港特別行政區的設立以及基本法的制定提供必要支撐的第 31 條與第 62 條第 14 項外，其他條款不應在香港實施。正如香港大學佳日思教授所言：除非基本法援引，否則憲法不應在香港實施，同時基本法特定條款的妥當性也不應依賴於憲法。[13] 他指出唯有如此，才能凸顯基本法的自足性（self-contained）。[14]

為了論證上述觀點，香港學者提出了四點理據：其一，憲法第 31 條是一項特別條款，目的在於授權全國人大制定基本法去規定一個不同於內地的制度，所以，憲法第 31 條本身構成一道 "防火牆"，限制了憲法其他條款在香港的實施。其二，《中英聯合聲明》附件一中列明了中央對香港的基本方針政策，並保證 50 年不變。根據《中英聯合聲明》第 8 條的規定，該聲明的正文及其附件具有同等法律效力，因此，如果憲法在香港實施，則意味著中國政府違反了其應承擔的國際法義務。其三，基本法第 11 條已經列明，香港回歸後實行的行政、立法和司法制度、基本權利保障制度、社會制度、經濟制度都將以香港基本法的規定為依據，這種正面的表述方式等於從反面排除了憲法在香港的實施；其四，按照基本法第 18 條的規定，"全國性法律除列於本法附件三者外，不在香港實施"，憲法顯然並未列入其中，這意味著憲法被香港法體系所排除。[15]

通過以上內容不難看出，這一派學說的基本論證邏輯是：

香港回歸在於"一國兩制"——"一國兩制"的關鍵是兩地區隔——社會主義憲法原則上不在香港實施才能實現上述區隔的目的。需指出，該學說的不足之處是十分明顯的，主要體現在以下三個方面：

首先，對"一國兩制"理念存在誤解。"一國兩制"不是聯邦制，更不是邦聯制，而是在"一個國家"的基礎上、疆域內，在主體區域和特別區域實行"兩種制度"。沒有"一國"的基礎，就談不上"兩制"的問題。那麼"一國"怎麼體現呢？首先要依靠國家憲法。此外，"兩種制度"也不能被理解為"兩地區隔"，老死不相往來，而是指中央與特別行政區的關係將有別於中央與一般行政區的關係。這體現在憲法實施上，絕不是意味著憲法在香港不能實施，而只意味著憲法在香港實施的方式將與內地有所區別。如此，才能體現出中央對香港恢復行使主權的價值與意義。

其次，對中國憲法學的基本原理和概念體系不熟悉。上述學說認為憲法第 31 條是特別條款，可以排除憲法其他條款的實施，但對於憲法第 31 條為什麼具有如此"神力"，以及如此理解是否會導致憲法第 31 條本身違憲的問題，則語焉不詳，要麼是只提出疑問並不展開論證，要麼就是以"一國兩制"為理由簡單糊弄過去。此外，將香港基本法第 11 條理解為排除國家憲法實施的條款，以及提出由於基本法附件三沒有列入憲法，所以憲法在香港不應實施的觀點，則體現出他們對中國內地的法律體系缺乏瞭解。香港基本法作為全國人民代表大會制定的法律，雖然具有特殊性，但在內地的法律位階體系中肯定低於憲法，下位法怎麼可能具有排除上位法實施的能力，這在法理上根本說不通。

最後，對國家憲法與中央對香港恢復行使主權存在政治偏見。仔細分析上述學說的論證思路，可以發現他們在字裏行間，或多或少都抱持著對憲法的固有偏見，對憲法的條文變遷和價值升級缺乏瞭解，沒能秉持客觀中立的學術立場。在他們看來，國家憲法就是一部宣誓社會主義和共產黨一黨專政的政治宣言，毫無規範性可言。正是基於這一政治偏見，他們並未從規範角度認真思考國家憲法在香港的實施問題，換而言之，他們在內心深處其實根本上排斥國家憲法。需要注意，香港特別行政區不是香港自治邦，更不是加盟共和國，香港回歸後憲制秩序的基石只能是這部他們可能 "並不滿意" 的國家憲法。在這一前提下，如何從規範角度充分發掘現行憲法中蘊藏的立憲主義精神，並通過法解釋學的方法，將其與香港法治的精神相協調，才應是理論研究的基本取向。

（二）憲法部分條款實施說

針對香港學界和律師界的上述觀點，中國內地的憲法學者提出了 "憲法部分條款實施說"，該學說最早由中國內地幾位參與了香港基本法起草的憲法學者所主張。如蕭蔚雲教授指出，從法理上看，回歸後憲法在香港當然是有效的，但由於 "一國兩制" 政策，並非所有憲法條文都可以在香港實施，例如憲法中關於社會主義制度、四項基本原則、地方國家權力機關、行政機關、司法機關以及監察機關的條文就不宜在香港實施，然而憲法中涉及國防、主權、以及國家象徵（首都、國旗和國徽）的規定則應該實施，至於具體哪些憲法條款應該實施，可以參考香港基本法的有關規定。[16]

　　對此，王叔文教授進一步論證到，憲法是一個與主權密切相連的概念，由於主權在"一國"內具有最高性，憲法作為主權在法律制度上的象徵，無疑也就具有最高法律效力，因此，在一個國家的疆域內，憲法必須能夠統一實施，否則，就意味著國家主權的行使範圍受到了限制，否定了主權的最高性。基於此，王叔文教授在書中提出了憲法在香港實施的基本原則——國家憲法在香港應該整體實施，然而具體憲法條文實施與否需要根據"一國兩制"政策加以確定，憲法中涉及"一國"的條款，特別是與主權相關的條款必須在香港實施，而憲法中涉及"兩制"的條款，主要指涉及具體社會制度和經濟制度的條款，可以不在香港實施。[17]

　　透過以上論述不難看出，該學說的核心觀點是：**憲法既是主權的象徵，又是基本法的母法，因此國家憲法作為一個整體，應該在香港特別行政區實施，然而鑒於香港的特殊情況，憲法中涉及社會主義理念的內容，不宜實施於香港特別行政區。**這一觀點與當時中央政府對此問題的公開立場是一致的，[18]至今仍在中國內地處於通說地位。學界後來以此觀點為基礎，圍繞為何國家憲法在香港部分實施進行了拓展研究，並先後形成了五種論述路徑：

　　其一，認為憲法第 31 條所確立的"一國兩制"原則，排斥了憲法部分條款在香港的實施。持這一觀點的學者最多，他們認為憲法第 31 條雖然在文字上沒有載入"一國兩制"這四個字，但是結合該條文的立法原意，以及憲法上下文的整體情況來看，這一條文毫無疑問以根本大法的形式將"一國兩制"原則確定下來，以此來解決港澳台問題。由此可見，憲法第 31 條是一個特別條款，其他條文若不能與之兼容就不能在香港實施，這是憲法的自我設限，具體實施情況可以參考基本法第 11 條的規定，凡是屬該條所羅列的內容，就是憲法不宜實施的領域。[19]

其二，基本法是憲法在香港實施的中介，所以憲法部分條款是透過基本法在香港實施的。如許崇德教授就認為，憲法是根據基本法制定的，二者之間是母法與子法的關係，然而當時在制定基本法時，為了適應香港的具體情況，基本法在內容上對憲法的某些規定作了變通，因這些變通都具有憲法授權，所以其內容雖然涉及一些根本性的問題，但是並不違反憲法，國家憲法正是通過基本法在香港特別行政區予以實施的。

王振民教授也認為國家憲法在特別行政區主要是透過它的特別法 —— 基本法作為發揮作用的主要方法和形式。在此框架內，丁煥春教授和莊金峰教授進一步指出基本法的合法性來源是國家憲法，其條款體現了憲法的規定和精神，所以基本法的實施就是憲法效力的體現。王禎軍教授更是將國家憲法在香港特別行政區實施的具體方式區分為兩種：一種謂之 "直接的方式"，即憲法中關於 "一國" 的條款，特別是涉及主權、國防以及國家象徵的條款可以直接於香港特別行政區實施；另一種謂之 "間接的方式"，即通過基本法這個中介來完成，具體選擇採何種實施方式可以參考基本法第 11 條。由此，他認為基本法在特區的實施，實質上就是憲法在香港的實施。[20]

其三，憲法效力具有區際差異。謝維雁教授認為，根據 "一國兩制" 原則，香港將實行不同於內地的法律制度，加上澳門和未來回歸的台灣地區，中國將形成不同的“法域”。在不同的法域，憲法的效力以及效力實現方式將有所不同，這種憲法效力的區際差異是由憲法第 31 條規定所引發的。根據這一區際差異理論，既然憲法的效力將在不同地區出現差異，則國家憲法中那部分在香港“沒有”效力的條款，自然也就不能在香港實施了。秦前紅教授也持類似的觀點。[21]

其四，基本法是憲法的特別法，在兩部法律衝突的部分，根據特別法優先於一般法的原則加以處理。由於不滿既有理論的學理缺陷，李琦教授透過分析基本法的結構和功能，認為香港基本法與國家憲法具有同構性，因此香港基本法不能被簡單地歸類為中國法律體系中一般意義上所言的“基本法律”的範疇，而是應被認定為是憲法的特別法。據此，國家憲法部分條款在香港不予實施的結論，就完全可以根據特別法優於一般法的原理得到解釋。與此類似，還有學者提出，香港基本法在全國人大通過時取得了三分之二以上多數代表的贊同，從票數上看與修憲的要求相同，所以可以推定其具有憲法性效力，從而根據後法優於前法的原理處理國家憲法在香港的實施問題。這種說法雖然並未明確提出“特別法”的概念，但從其理論內涵上看也是在主張基本法是憲法的特別法。[22]

其五，基本法是中國不成文憲法體制的組成部分，國家憲法在香港的實施需要與此相協調。從表面上，該學說似乎與上述強調基本法是憲法特別法的觀點雷同，但從方法論和問題意識角度看，它們之間具有本質差異。該學說為強世功教授所提出，他基於歷史—經驗的功能分析方法，認為中國憲法學應該努力探求中國憲政體制的真實運作情況，而非拘泥於法解釋學，依附於“美國憲法霸權”進行文字遊戲。

據此，他毅然地打破了現有的法體系理論，借用、甚至可以說是“創造性”地使用了英國憲法學中的“不成文憲法”概念，[23] 提出國家憲法是由憲法典以及不成文憲法共同組成的這一核心觀點。在該理論框架內，基本法被界定為中國不成文憲法的重要組成部分。在他看來，現行國家憲法在制定時並無港人參與，這一缺失在香港回歸時，是通過基本法的制定予以彌補的，從這個意義上看，基本法的制定過程，實際上也是中央與香港之間締結社會契約的政治協商過程。過往理論僅僅從規範理論出發將基本法界定為一部全國人大立法，忽略了基本法在這方面對國家憲法體制的革命性貢獻。由此，強教授指出，香港基本法是一部在香港建構國家主權的憲法性法律。通過以上論述語境的政治性轉化，國家憲法和香港基本法之間由於規範法體系理論產生的內容衝突問題以及實施問題，都可被巧妙地予以化解，基本法作為不成文憲法，自然可以對國家憲法在香港實施的內容按照“一國兩制”原則加以限制、吸納和過濾。[24]

客觀地說，雖然“憲法部分條款實施說”有力回擊了香港學界關於憲法在香港不能實施的錯誤觀點，但是該理論內部也存在一些論證缺陷，有待進一步加以完善。這主要體現在以下幾個方面：

首先，分析論證的理據不足，規範性分析與政治性判斷交織。“憲法部分條款實施說”的關鍵在於如何闡明憲法在香港部分實施的原因，很顯然這與對憲法第 31 條的解釋密切相關。既有的論述路徑只是簡單地將憲法第 31 條界定為特別條款，但對於如何協調該條款與憲法內部國體、政體等其他條款的關係則缺乏分析。所謂的"憲法的特別法說"和"憲法區際效力說"雖然具有新意，但由於違背了法體系理論的基本原理而說服力不強。[25] 深層次看，憲法第 31 條實際上不是國家憲法的"原始條款"，而是在 1982 年憲法全面修改時，才加入國家憲法的，既然該條是全國人大行使修憲權的產物，則必然涉及修憲權的行使是否越權侵犯到制憲權的問題，對於這一根本性憲制問題，以上學說並未從規範角度予以分析和回應，而是簡單地從政治角度將其歸結為執政黨政策的改變。這種動輒以"政治決斷"取代規範論證的思路，在方法論上的弊端不容忽視。

其次，將憲法條款區分為"社會主義條款"和"非社會主義條款"，在法理上存在瑕疵。"憲法部分條款實施說"必然涉及區分哪些部分應該實施，哪些部分不予實施的問題。既有理論對此的解釋，主要是在憲法中甄別出所謂的"社會主義條款"，認為凡是憲法中涉及社會主義制度、政策以及四項基本原則的條文，都不在香港實施。可問題在於，1982 年憲法中究竟能否甄別出所謂的"社會主義條款"？[26] 反過來說，中國憲法中還存在"非社會主義條款"嗎？按照現有的區分結論，"全國人大及其常委會的權力"的相關規定屬可以在香港實施的部分，如果根據"可以實施條款 = 非社會主義條款"的邏輯反推，豈不是會得出，作為中國根本政治制度的全國人民代表大會制度，反而屬"非社會主義條款"的荒謬結論。

再次，"憲法部分條款實施說"也未必能實現其預設的政治目的，甚至有可能適得其反。以憲法中基本權利條款為例，既有理論排除它在香港實施的目的，主要是考慮到香港在回歸時，兩地在人權保護理念上存在差異，希望通過這種對憲法的自我規限，贏得港人對中央政府和"一國兩制"的信心，消融他們對內地的負面情緒，逐步增加港人對國家的認同。然而事實上，國家憲法和香港基本法在基本權利保護上的分野，進一步加劇了港人較之於內地居民的"身份優越感"，強化了其本土認同。在每個香港普通居民的基本權利只能由香港基本法予以保護，而與國家憲法絕緣的情況下，如何使香港居民確信，他們和內地居民同屬一個"命運共同體"呢？因此，限制國家憲法實施的政治苦心，不僅沒有實現當時希望穩步增強國家認同的預設目標，反而進一步加劇了港人對國家的疏離感。[27]

最後，缺乏對實踐中國家憲法究竟在香港如何實施的研究。"憲法部分條款實施說"只關注憲法在香港實施的學理依據和政治意義，卻對國家憲法在實踐中究竟在香港有無實施、具體的實施形態，以及實施中又存在哪些困境等實證問題充耳不聞。如果說在香港回歸初期，這種"定性"的研究路徑還存在理論價值的話，在香港回歸已近 25 年的今日，其局限性則日漸明顯，亟待加以改進。實際上，長期以來，兩地學界對此問題的爭論在很大程度上流為政治立場的對峙，無法超越並深入討論下去的原因也在於此。

（三）憲法條款直接—間接區分實施說

鑒於學界提出的前述觀點存在一定程度的論證缺陷，近年有學者提出了"憲法條款直接—間接區分實施說"。該說通過擴展憲法實施概念的內涵，得以繞過既有的論證路徑，得出國家憲法可以、也應該完全在香港特別行政區予以實施的結論。

其核心觀點是：

其一，區分憲法的整體效力和憲法具體規範的效力。鄒平學教授認為，所謂憲法的整體效力，是指作為國家根本法的憲法在調整國家、社會事務時所體現出來的最高法律效力，這是一種具有宏觀性和系統性的規制之力。而所謂憲法具體規範的效力，是指憲法規範作為一種調控具體行為的規則所具有的約束力，它在作用範圍上是特定的，在作用方式上是具體的。[28]由於憲法規範都具有特定的調整對象，所以憲法規範在不同調整對象之間所體現的效力形態並不一樣，但不能據此認為影響了憲法的整體效力。

其二，區分憲法效力和憲法實施的概念。韓大元教授認為，任何一個國家的憲法，其空間效力必然及於該國主權所能涵蓋的所有領土和所有公民，這是主權唯一性和不可分割性的體現，也是由憲法根本法地位所決定的。當然，由於憲法內容具有價值多元的特性，所以憲法在不同領域的實施可以有所差異。[29]鄒平學教授進一步從法理角度指出，憲法效力體現的是憲法所代表的基本價值對國家和社會的作用力，而憲法的實施體現的是憲法規範效力的實現。憲法效力是一種符合憲法秩序特定邏輯的、具有先定性質的存在狀態，這種效力並不以憲法的實施及實現為前提，相反，憲法的實施及實現則要以憲法效力這種符合特定邏輯的存在狀態為原因。[30]上述對憲法效力的應然性與憲法實施的實然性的區分，使得該學說可以在堅持憲法效力完整性的前提下，獨立討論憲法在香港的不同實施方式以及不同實效的問題，有力地緩解了"憲法部分條款實施說"內部存在的邏輯悖論。

其三，區分出憲法實施的不同方式。韓大元教授認為社會主義制度是中國的根本制度，禁止任何組織和個人破壞該制度，對於香港特別行政區來說，這意味著各種主體無論其自身奉行何種 "主義"，都至少要尊重內地的社會主義制度。[31] 這種觀點在香港也得到了梁美芬教授的認同，她指出國家憲法在香港的實施問題不可一概而論，要根據 "一國兩制" 原則具體分析，有些和香港具有直接關聯的條文可以直接實施，而某些涉及到 "兩制" 的條文，雖然不能直接實施，但香港作為直轄於中央的特別行政區，對於這些條文的憲法效力還是要承認的。[32]

對此，殷嘯虎教授予以了精細化研究，他認為憲法在香港的實施可以分為抽象實施和具體實施，所謂抽象實施，是指通過立法方式完成實施，因此依據國家憲法制定香港基本法本身就體現了對憲法的實施。而所謂具體實施又可以根據實施過程中所體現出來的 "態度" 再被劃分為兩種形式：積極地予以落實與消極地不予反對。由此可見，憲法中涉及社會主義制度、政策和四項基本原則的規定不在香港積極地落實，並不能被解讀為國家憲法不於香港實施，而是指這部分內容必須要以消極的方式實施，具體而言，就是香港本地雖然無須施行社會主義制度，但並不意味著能通過立法或其他方式來反對內地目前的社會主義制度、顛覆中國共產黨在內地的領導地位，香港的各類政治性組織必須對內地客觀存在的社會主義制度秉持尊重的態度，這也是國家憲法在香港特別行政區實施的體現。[33] 鄒平學教授也持類似的觀點，他將國家憲法在香港的實施方式區分為 "顯性的運用和落實憲法的規定" 與 "隱性的對憲法予以認可、尊重、不得破壞"，並認為國家憲法在特別行政區實施的主要方式即表現在其應受到各類主體的認可與尊重。[34]

應該看到，"憲法條款直接——間接區分實施說"是針對舊有觀點，特別是"憲法部分實施說"（簡稱通說）而提出的"新說"。該學說通過法理辨析，提出了"憲法效力與憲法實施相區分"、"憲法消極實施"等一系列重要結論，並據此修正了通說中存在的諸多邏輯缺陷，提高了自身的理論完備度。但由於"新說"的精神內核是與"通說"一脈相承的，實際上更像是"通說的升級版"，所以與其說"新說"解決了"通說"的問題，不如說它只是轉化了問題，將過去"通說"中的"為什麼憲法部分條款實施"，轉化為"為什麼憲法部分條款要以消極的方式實施"，轉化後疑問依然存在。具體而言，"消極實施"的憲法根據是什麼，憲法第31條能夠使得憲法內的國體、政體條款消極實施嗎？憲法中可以劃分出應該"消極實施"的"社會主義條款"，以及可以"積極實施"的"非社會主義條款"嗎？從既有論述看，"新說"對上述詰問的回答仍然乏力。

（四）總結與突破

綜上所述，通過文獻梳理，本書將三十多年來兩地學界對此問題的研究成果大致劃分為三類。應該看到它們之間既存在法學理論的爭議，也存在政治立場的差別，其研究難點在於：一方面，中國對香港恢復行使主權，國家憲法理應在香港實施；另一方面，在"一國兩制"政策下，國家憲法在香港實施的具體方式，確實不能照搬內地，需要予以專門考慮，問題的關鍵在於如何得出一個邏輯自洽的結論。對此，上述三種學說作出了不少努力，但也存在各種不足。本書意欲從以下五個方面取得突破：

第一，將該問題放在歷史的脈絡中加以把握。香港大學佳日思教授曾經指出，"處理國家憲法和香港基本法的關係，只能建立在對這兩部法律文件及作為基本法之基礎的'一國兩制'的歷史和目的進行詳細而艱苦的分析之上。"[35] 這一說法具有啟發意義。國家憲法在香港的實施問題，源起於上個世紀80年代初期，應該說一直與香港問題相伴相生。然而現有研究對於該問題是如何產生的，在香港基本法的起草過程中，兩地起草委員對此又持何種意見，起草委員會內部最終又達成了何種共識，以及香港社會如何看待上述共識等基礎性問題少有涉及。筆者希望借助目前已經出版的當事人回憶傳記，以及從香港收集的尚未在內地公開出版的原始檔案，從歷史維度對"國家憲法在香港實施問題的源起與演化"作一個初步的梳理。

第二，用發展、變化的眼光看待該問題。正如英國憲法學家惠爾（K. C. Wheare）所言，如果說憲法是時代的產物，是最普通的常識，那麼時代是會變的，就更應是不言而喻的真理。[36] 應該看到"國家憲法在香港實施問題"從出現至今已逾三十年，這期間無論是內地與香港的社會經濟情況，還是國家憲法自身的條文都發生了變化。香港基本法起草時（1985-1990，面對的是1988年憲法），"計劃經濟"仍規定於憲法文本內，而"法治"、特別是"人權"理念在內地還具有相當的敏感性。然而時光荏苒，這些早先被質疑的觀念已經逐步為內地所接受，國家憲法也在歷次修正後，在價值理念上更為多元，可以想見，未來隨著國家憲法不斷向規範憲法轉型，其蘊含的立憲主義價值也將不斷得到提升。基於這一背景，我們在分析國家憲法在香港的實施問題時，既要回顧該問題產生的歷史背景和固有結論，但又不可拘泥於此，應抱持一種發展的眼光，秉持"2047思維"，從憲法內在價值的轉變與實現香港良好管治的終極目標出發，思考如何完善國家憲法在香港的實施機制。

第三，需要反思既有學說的理論基礎。前述學說在分析國家憲法在香港的實施問題時，幾乎都會運用到三個理論：主權論（強調憲法實施是主權最高性的象徵），憲法母法論（強調憲法與基本法之間存在的"母子"法律位階關係），憲法間接實施論（強調憲法主要通過立法的方式予以實施）。上述理論雖然都曾經在中國憲法學中處於核心地位，但隨著研究的深入，近年來學界對其局限性也進行了深刻反思。[37] 例如，從國家建構的角度強調憲法實施的主權意義固然重要，但是保護人權也是，或者說更是現代憲法實施追求的目標。再如，法律位階體系理論產生出憲法是母法的觀念，但母法在為子法提供合法性與正當性後，並不意味著只能借助於子法予以間接實施，被動地等待子法的"贍養"，憲法規範自身具有"牙齒"並在憲法審查制度中得以直接實施，才是憲法實施公認的核心與高級形態。

第四，不宜將意識形態的對立與兩地隔絕作為研究的前提。應該承認，中國內地與香港之間確實存在意識形態的對立，但不宜將這種對立無限上綱，將兩地隔絕作為基本法問題的研究前提，這不符合國家統合的大目標以及"一國兩制"的終極目的。具體到國家憲法在香港的實施問題，應著眼於運用法解釋技術在憲法規範與基本法規範之間、憲法蘊含的價值與香港固有的價值之間尋找共識，將意識形態的對峙轉化為可以討論的法律解釋問題。如此，才有利於消解香港社會對國家憲法存在的先天性誤解，最終有助於內地和香港學界之間就此問題形成共識。

第五，對憲法實施問題的研究，既要注重其效力層面，也要注重其實效層面，特別是要看到二者之間的互動關係。既有理論傾向於從應然角度，調用政治學和法學理論去論述"國家憲法為什麼應該在香港實施"，但是對於國家憲法實際上在香港有無實施、實施中存在哪些規範性問題，以及如何完善憲法在香港的實施機制等問題則缺乏研究。這種只注其"名"而不求其"實"的研究態度加深了目前香港社會對國家憲法的政治偏見，過分簡單地將國家憲法定位成一部沒有規範效力的政治宣言。與此同時，香港法院卻不斷通過司法審查制度將基本法予以活化，在日常案件中反覆充任著 the Constitutional Law 的角色。應該指出，如果國家憲法在香港的效力長期無法在實踐中通過實效加以彰顯與確認，其效力所依據的正當性基礎將被不斷削減。

三、本書結構

本書正文共分為六個部分，在結構設計上以問題意識為導向，遵循"是什麼"、"為什麼"與"怎麼辦"的經典邏輯結構，嘗試通過對主題多角度、連續性的追問，展現出本項研究的理論價值與實踐意義。

第一部分（第二章）考察國家憲法在香港實施問題的源起與演化。與很多文章講究"開篇明義"不同，本書沒有急於直奔主題，而是選擇先從歷史維度提出詰問，為什麼以往關於國家憲法在香港實施問題的研究，都天然地將論證基礎預設為1982年憲法？如果從內地一直堅持並強調的官方立場看，香港的主權可一直都在中國手中，既然如此，1954年憲法為什麼不能實施於香港？

對此，本書從革命憲法與不革命的香港之間的矛盾，以及改革憲法對 "一國兩制" 的兼容兩個角度切入，澄清憲法在香港實施的政治前提是如何形成的。在明確這一點之後，再將目光轉移到香港基本法的起草上，通過對大量原始文獻的梳理，試圖釐清幾個內地學界長期模糊以對的歷史問題，包括國家憲法在香港實施作為一個法律問題是由誰提出的？基本法委員會內部對該問題又產生了哪些爭論，並是如何達成共識的？香港社會特別是在當時發揮重要作用的基本法諮詢委員會，對於該問題又提出過何種意見，並對最終方案的確定發揮了何種影響？

通過對這些疑問的解答，本書認為香港基本法起草過程中對國家憲法實施所達成的共識，具有相當的模糊性，並不足以化解該問題，這一判斷可以通過回歸後的政治實踐得到印證。實際上，回歸後香港本地關於國家憲法實施的爭論一直沒有中斷，中央政府對於這些爭論的態度，也經歷了從 "消極迴避" 到 "積極面對" 的轉換，而這種轉換的發生與中央政府對香港政治局勢的判斷密切相關。基於此，筆者最後指出，國家憲法在香港實施問題的源起和演化，同時遵循著兩種邏輯，即政治邏輯與法律邏輯，其中政治邏輯發揮著隱性但重要的作用。

第二部分（第三章）研究國家憲法在香港究竟是被如何實施的。過往研究成果往往傾向於分析國家憲法理應在香港實施的原因，但對於國家憲法在現實中究竟在香港有無實施，以及具體的實施形態則少有涉及。為了填補這一研究空白，本書將從實證的角度，分三個方面，對此問題展開研究。首先，從司法實施的角度指出，香港法院在回歸後至少在 41 份判決中實施了國家憲法。由此可見，縱使部分學者對國家憲法在香港的司法實施持懷疑態度，也無法否認國家憲法確在香港司法實踐中發揮作用的事實。

其次，以全國人大及其常委會作出的涉及香港的法律性文件（法律、法律解釋、法律性決定）為樣本，將其中涉及國家憲法實施的 33 份規範性文件，以涉及的主題為線索歸納為五個類別——實施憲法解決《中英聯合聲明》的批准，實施憲法創設香港新憲制秩序，實施憲法處理香港的政改爭議，實施憲法行使法律解釋權以及實施憲法決定"特區租管地"，以此勾勒出全國人大及其常委會在香港實施國家憲法的基本圖景。

最後，對香港法院與全國人大及其常委會在香港實施國家憲法的實踐，從憲法實施的條文選擇、實施方式以及實施困境三方面進行橫向對比。希望以此對現有實施機制的局限有更深的認識，從而為後文提出完善建議提供理論支撐。

第三部分（第四章）以香港極端本土意識的興起為背景，指出維持現有實施模式在實踐層面對香港管治的負面效應，並凸顯完善國家憲法在香港實施機制的實踐意義。對於目前國家憲法在香港實施所表現出的局限性問題，從法理角度進行批判，並提出完善建議固然無可厚非，但不免有人會從實用主義的角度提出質疑，認為放棄現有雖不完備但現實可行的實施方式，去建構一個新的、似乎在理論上更加完備的實施方案，會不會只是學者的一種知識愛好。

為了回應這一質疑，並展現該項研究在化解香港管治困境方面的實踐意義，本章以"香港城邦論"為樣本，透視香港極端本土意識的內涵與危害，凸顯國家憲法在香港實施的政治緊迫性。具體內容將從三個角度展開：

首先，提煉"香港城邦論"思想的基本內涵；其次，再將"城邦論"放到香港本土意識發展的歷史過程中予以思考，鑒別出其在本土意識思想脈絡中所處的地位。最後，歸納"城邦論"的理論特質並分析其現實危害。需要注意的是，香港極端本土意識的興起與港人身份認同的迷失密切相關，作為一個綜合的社會政治現象，當然不可能僅憑國家憲法的實施就能將其完全解決。本書選擇從憲法實施角度切入，主要是想說明，從世界範圍內觀察，通過憲法實施這一制度性平台，培養憲法認同，進而鞏固國家認同，是抑制地方分離主義的一個有效且政治成本較低的路徑。

第四部分（第五章）探討國家憲法在香港實施需要克服的理論障礙，並提出完善憲法在香港實施機制的具體方案。通過前文的論述可以看出，完善國家憲法在香港的實施機制，既存在法理正當性，也具有政治現實性。依靠這一理論鋪墊，提出解決方案便順理成章地成為一種邏輯必然。為了增強所提方案的理論說服力，本章在進入具體機制的討論前，先試圖澄清三項長期困擾國家憲法在香港實施的思想障礙：

其一，基本法是如何合憲的？針對原有基於修憲權的論證存在的理論漏洞，筆者將從制憲權的角度對固有的論證思路予以重構；其二，為什麼在憲法實施的討論中，不能只強調國家憲法在香港的效力，而忽視其實效？這需要借用凱爾森的"實效性原則"理論，注意到實效對效力也存在反作用，失去實效支撐的國家憲法，在香港也將最終失去效力；其三，為什麼國家憲法中基本權利條款也能實施於香港？針對"憲法中基本權利條款不在香港實施"的主流學說，從憲法理念的變遷、憲法自身的修改以及主權與人權的互動關係三個維度指出，通過憲法保障港人的基本權利，不僅在規範上沒有根本性障礙，而且這個層面的實施，也是實現憲法實施預設政治目的的必然要求。

在完成理論清障後，完善憲法在香港實施機制的討論將從"X+第31條"憲法解釋模式、實施主體、實施對象、實施程序、實施過程和結果的判斷五方面依次展開。整個機制的基本價值立場是，全國人大常委會在香港應積極進行憲法判斷，但消極作出違憲判斷。

第五部分（第六章）從國家統合的角度，對憲法實施的意義予以提升。試圖將國家憲法在香港的實施，放置到國家統合的視域中予以理論提升，進一步夯實在香港完善憲法實施機制的必要性。首先，探討了皇權時代中國的"天下型國家統合原理"，並將其統合機制的主要內容，歸納為"大一統論"、"名分秩序論"與"畿服論"三個方面，試圖以此把握皇權時代中國國家統合原理的基本特點，並進而分析其在晚清衰落的原因。其次，運用比較的方法，考察美國"憲法至上型國家統合原理"的有關實踐，其中既包括對制憲史和重點案例的"定性分析"，也包括對美國最高法院通過憲法審查機制統合國家的"定量統計"。通過比較可以看出，上述兩種統合原理的本質區別與政治正當性理念的變遷密切相關。最後回歸主題，指出香港問題的特殊性，決定了中央通過憲法實施機制統合香港的理論必要性，並重點從 "'黨主立憲型國家統合機制'無法在香港運行"、"香港普選的'區域'特性"以及 "香港複合式憲制結構存在'離心效應'"三個角度切入，予以系統論證。

第六部分（第七章）結論。首先，從三個方面對全文觀點進行總結。其次，指出香港治理困境的核心在於，中央對港管治的政治正當性始終面對著各方面的挑戰。對此，應該承認以往中央政府基於 "效益性證成"思路在消解正當性問題上取得了積極效果，但同時也要看到，其過度依賴 "效益性證成"，忽視 "道德性證成"存在隱憂。因此，完善憲法在香港的實施機制，是管治思路的法治升級、夯實中央治港正當性基礎，進而實現香港良性治理的必由之路。

第七部分（第八章）補論，比較憲法在港澳實施的異同及原因。這部分是本書成稿後拓展研究的最新成果，雖然主題與本書直接相關，但鑒於該項研究仍不成熟，因此放在補論中。

單從邏輯推理的角度看，憲法在香港實施所遇到的問題，也必然會在另一特別行政區澳門有所體現，二者比較具有學理價值，但現有研究對憲法在澳門實施的研究十分有限，少數僅有的分析也只是在 "憲法在香港實施研究"的延長線上，結合澳門的情況進行一些細節性的調整，將二者憲法實施情況加以比較的研究十分稀少。這種研究取向忽視了憲法在港澳實施過程中呈現的不同演化路徑，未能展現憲法在兩個特別行政區實施的全貌。

針對上述不足，本章選擇 "全國人大及其常委會針對港澳問題實施憲法的 55 份規範性文件"為樣本展開研究，首先從實證的角度，分析權力機關是如何在"一國兩制"方針下，將一部社會主義憲法實施於實行資本主義制度的港澳。這種對憲法實施現狀的全景描述，將為後文展開理論分析奠定事實基礎。其次，歸納權力機關在港澳實施憲法的特點，重點比較憲法在兩地實施的異同。最後，引入功能主義的思維方式，探究同一部憲法在同樣施行"一國兩制"的港澳的實施過程中，是如何從兩地基本雷同的實施前提下發展出不同的演化路徑，並以此追問背後的制度原因，從而為完善憲法在特別行政區的實施機制提供新的視角。

四、研究方法

本書選擇以規範法學為基本的研究立場。在此背景下，考慮到研究的對象，所欲突破的方向以及香港實行普通法的制度環境，將具體採用以下四種方法展開研究。

第一，規範分析法。法學研究之所以能夠獨立於其他研究學科而自立，不在於其研究對象，而在於其研究方法，具體而言就是規範分析的方法。從方法論的角度看，該方法最早由實證主義法學所提倡，並在其他法學流派的批判下不斷發展完善，至今在法學研究中仍處於主流地位。可以說，"圍繞規範形成思想"是法學研究的安身立命之本，也是法律共同體之間能夠形成有效對話的前提。本書以"國家憲法在香港的實施"為主題，自然離不開對國家憲法、香港基本法、全國人大及其常委會有關法律文件（法律解釋、決定、決議）的規範性分析，這是本書最重要的研究方法。

第二，歷史文獻分析法。沒有事物能夠跳出自己的歷史，正如沒有人能夠跳出自己的皮膚。鑑於以往研究缺乏對此問題在歷史維度的把握，因此本書將對從香港收集到的「香港基本法起草原始文檔」，以及政治人物撰寫的回憶錄進行文獻分析，希望借此展現出「國家憲法在香港實施問題」的源起與演化過程，為全文的分析奠定歷史基礎。

第三，案例分析法。過往的研究成果，主要側重於概念的辨析和宏觀理論的推導，而從實證角度分析國家憲法是否、以及如何被香港各級法院予以實施存在研究空白。在具有司法審查制度並實行普通法的香港，法院判決特別是高等法院與終審法院的判例是重要的法律淵源。在此種制度背景下，如果脫離香港法院司法實踐來討論國家憲法在香港的實施問題，研究結論恐怕很難被香港學界所認同。鑑於此，將採取案例分析法，對香港法院涉及憲法實施的判例展開研究。

第四，比較分析法。正如大木雅夫教授所言，比較法方法的運用可以深化對法學理論的認知，擴大研究的視野，預測法的發展趨勢，以及認識各種法律秩序的共同基礎，[38] 這對中國憲法學的研究而言，更是具有重要意義。鑑於美國、德國、日本和法國等幾個法治發達國家在憲法實施方面積累了豐富的經驗，因此，將採取比較的方法，對國外相關理論和實踐展開比較研究。當然，筆者會始終以主題所涉及的特定場域（香港）、所涉及的政治背景（「一國兩制」）為落腳點，避免在制度借鑒上出現「南橘北枳」的問題。

| 註釋 |

1. 參見劉兆佳:《回歸後的香港政治》,香港:商務印書館(香港)有限公司 2013 年版,第 1 頁。

2. 參見強世功:《中國香港:政治與文化的視野》,北京:生活‧讀書‧新知三聯書店 2010 年版,第 162 頁。

3. 對此的詳細分析,參見陳冠中:《我這一代香港人》,北京:中信出版社 2013 年版,第 22-55 頁。

4. 2004 年 9 月 19 日中國共產黨第十六屆中央委員會第四次全體會議公報中指出,"保持香港、澳門長期繁榮穩定是黨在新形勢下治國理政面臨的嶄新課題。"2007 年 10 月 15 日中國共產黨第十七次全國代表大會上的報告中指出,"保持香港、澳門長期繁榮穩定是黨在新形勢下治國理政面臨的重大課題。"《中國共產黨歷次全國代表大會數據庫》,資料來源於:http://cpc.people.com.cn/GB/64162/64168/351850/index.html(最後訪問時間:2021 年 2 月 1 日)。

5. 有關中國共產黨十九屆四中全會公報及其官方解讀,資料來源於:http://www.gov.cn/xinwen/2019-11/01/content_5447495.htm(最後訪問時間:2021 年 2 月 1 日)。

6. 當然本書在行文中,有時也會將"國家憲法"簡稱為"憲法",如果提到他國憲法,均會專門表述,如"美國憲法"。同理,本書所指的"基本法",都是"香港特別行政區基本法",如果涉及"澳門特別行政區基本法"或"德國基本法"也都會專門加以說明。

7. 此種討論不勝枚舉,代表性的觀點參見胡錦光:〈違憲審查與相關概念辨析〉,《法學雜誌》2006 年第 4 期,第 18-27 頁;馬嶺:〈"違憲審查"相關概念之分析〉,《法學雜誌》2006 年第 3 期,第 107-111 頁。

8. 已有年輕學者在類似主題的研究中對此持與本書同樣的觀點,參見邢斌文:〈法院如何援用憲法——以齊案批覆廢止後的司法實踐為中心〉,《中國法律評論》2015 年第 3 期,第 129 頁。

9. 參見蘇永欽:《走入新世紀的憲政主義》,台北:元照出版有限公司 2002 年版,第 31 頁。

10. 參見吳庚:《憲法的解釋與實施》,台北:三民書局 2004 年版,第 134 頁。

11. 近年來內地學界代表性的成果有:韓大元:〈論《憲法》在《香港特別行政區基本法》制定過程中的作用——紀念《香港特別行政區基本法》實施 20 周

年〉，《現代法學》2017 年第 5 期，第 3-10 頁；王禹：《論憲法在特別行政區的適用》，澳門：三聯出版（澳門）有限公司 2019 年版；胡錦光：《憲法在特別行政區的適用問題研究》（未刊稿），全國人大常委會香港基本法委員會課題（編號：JBF201005）項目成果；郝鐵川：《香港基本法爭議問題評述》，香港：中華書局（香港）有限公司 2013 年版，第 1-11 頁；鄒平學等著：《香港基本法實踐問題研究》，北京：社會科學文獻出版社 2014 年版，第 58-121 頁；殷嘯虎：〈論憲法在特別行政區的適用〉，《法學》2010 年第 1 期，第 49-56 頁；程潔：〈不對稱治理格局下香港的憲制基礎與憲法適用〉，《中國法律評論》2018 年第 5 期，第 179-186 頁；黃明濤：〈論憲法在香港特別行政區的效力與適用〉，《法商研究》2018 年第 6 期，第 101-110 頁；曹旭東：〈憲法在香港特別行政區的適用：理論回顧與實踐反思〉，《政治與法律》2018 年第 1 期，第 79-89 頁；朱世海：〈憲法與基本法關係新論：主體法與附屬法〉，《浙江社會科學》2018 年第 4 期，第 36-45 頁；夏引業：〈憲法在香港特別行政區的適用〉，《甘肅政法學院學報》2015 年第 5 期，第 27-42 頁。香港學界的代表性的成果有：陳弘毅：《一國兩制下香港的法治探索》（增訂版），香港：中華書局（香港）有限公司 2014 年版，第 8 頁；Raymond Wacks, "One Country, Two Grundnormen? The Basic Law and the Basic Norm", in Raymond Wacks (ed.), *Hong Kong, China and 1997 Essays in Legal Theory* (Hong Kong: Hong Kong University Press, 1993), pp. 151-183; Yash Ghai, *Hong Kong's New Constitutional Order:the Resumption of Chinese Sovereignty and the Basic Law* (Hong Kong: Hong Kong University Press, 1999), 2nd edition; Cora Chan, "Reconceptualising the Relationship between the Mainland Chinese Legal System and the Hong Kong Legal System", (2011) *Asian Journal of Comparative Law* 6(1).

12. 需要注意，本書將目前學界對此問題的觀點歸納為三類，主要是為了讓每個學說都具有較強的辨識性，當然也有學者基於不同標準，提出了其他分類方式。參見鄒平學：〈憲法在香港特別行政區的效力和實施研究述評〉，《深圳大學學報（人文社會科學版）》2013 年第 5 期，第 58-65 頁。

13. See Yash Ghai, *Hong Kong's New Constitutional Order: the Resumption of Chinese Sovereignty and the Basic Law* (Hong Kong: Hong Kong University Press, 1999), 2nd edition, pp. 360-361.

14. See Yash Ghai, "Litigating the Basic Law: Jurisdiction, Interpretation and Procedure", in Johannes M. M. Chan, Yash Ghai, *Hong Kong's Constitutional Debate: Conflict over Interpretation* (Hong Kong: Hong Kong University Press, 2000), pp. 44-45.

15. 以上觀點參見陳弘毅、陳文敏、李雪菁主編：《香港法概論》，香港：三聯書店（香港）有限公司 1999 年版，第 99-100 頁；戴耀廷：《香港的憲政之路》，香港：中華書局（香港）有限公司 2010 年版，第 131 頁；羅敏威：《香港人權法新論》，香港：香港城市大學出版社 2009 年版，第 5 頁；Peter Wesley Smith, *Constitutional and Administrative Law in Hong Kong* (Hong Kong: Longman Asia Limited, 1995), p. 70; W. S. Clarke, "Hong Kong Under the Chinese Constitution", (1984) *Hong Kong Law Journal* 71(14), pp. 79-80; Anton Cooray, *Constitutional Law in Hong Kong* (Nertherlands: Kluwer Law International, 2010), pp. 169-170; Yash Ghai, *Hong Kong's New Constitutional Order: the Resumption of Chinese Sovereignty and the Basic Law* (Hong Kong: Hong Kong University Press, 1999), 2nd edition, pp. 214-215; Danny Gittings, *Introduction to the Hong Kong Basic Law* (Hong Kong: Hong Kong University Press, 2013), pp. 50-52; Johannes Chan and C. L. Lim, *Law of the Hong Kong Constitution* (Hong Kong: Sweet & Maxwell, 2011), p. 46; Margaret Ng, *PRC Constitution Made Part of Laws of Hong Kong?* (Hong Kong: Hong Kong Lawyer, 1998 Oct), p. 21; P. Y. Lo, *The Hong Kong Basic Law* (Hong Kong: LexisNexis, 2011), pp. 63-64.

16. 參見蕭蔚雲：〈關於香港特別行政區基本法的幾個問題〉，《法學雜誌》2005 年第 2 期，第 5-6 頁。

17. 參見王叔文等著：《香港特別行政區基本法導論》，北京：中共中央黨校出版社 2006 年版，第 79-91 頁。

18. 時任國家相關部門負責人的王漢斌、項淳一都在新聞發佈會記者提問環節做出過這種表述，See Albert. H. Y. Chen, "Further Aspects of the Autonomy of Hong Kong Under the PRC Constitution", (1984) *Hong Kong Law Journal* 341(14).

19. 參見傅思明：《香港特別行政區基本法通論》，北京：中國檢察出版社 1997 年版，第 28-32 頁；焦洪昌主編：《港澳基本法》，北京：北京大學出版社 2007 年版，第 22-27 頁；黃志勇：《港澳基本法要論》，廣州：暨南大學出版社 2012 年版，第 33 頁；鄧偉平：《澳門特別行政區基本法論》，廣州：中山大學出版社 2007 年版，第 81-82 頁；戴耀廷、羅敏威：《香港特區的法律制度》，香港：中華書局（香港）有限公司 2011 年版，第 67-70 頁；陳克：〈論憲法與基本法的關係〉，《法律學習與研究》1989 年第 4 期，第 35-37 頁；王玉明：〈香港特別行政區基本法的幾個理論問題〉（上），《政法論壇》1990 年第 3 期，第 3 頁；孫涉：〈試論《中華人民共和國香港特別行政區基本法》在我國法律體系中的地位〉，《江蘇社會科學》1991 年第 4 期，第 47-50 頁；葉昌富：〈"一國兩制"下的若干憲政問題淺析〉，《政法學刊》2001 年第 2 期，第 31 頁；葉昌富：〈構建在"一國兩制"下的憲法與港澳基本法的關係〉，《行政與法》2001 年第 2 期，第 28-29 頁；王立：〈試論我國憲法與香港基本法的法律關係〉，《江西大學學報》1991 年第 2 期，第 1-2 頁；張文彪：〈論憲法與香港特別行政區基本法的關係〉，《嶺南學刊》1997 年第 1 期，第 89-92 頁；張榮順：〈略論我國憲法與香港特別行政區基本法的關係〉，《中外法學》1990 年第 6 期，第 1-2 頁；孫同鵬：〈關於憲法在澳門特別行政區的效力和實施問題的思考——兼論澳門法律位階問題〉，《一國兩制研究（澳門）》2009 年第 1 期，第 16-19 頁；魯平：《憲法與一國兩制》，載全國人大常委會辦公廳、法工委、中宣部、司法部、中國法學會編：《憲法頒佈十周年紀念文集》，北京：法律出版社 1993 年版，第 240-242 頁；徐復雄：〈論基本法確立的香港新憲制架構〉，載蕭蔚雲、饒戈平主編：《論香港基本法的三年實踐》，北京：法律出版社 2001 年版，第 11 頁；James K. T. Wong, *The Applicability of the PRC Constitution to Hong Kong* (Hong Kong: Hong Kong Lawyer, 1999 Mar), pp. 23-25.

20. 參見許崇德主編：《港澳基本法教程》，北京：中國人民大學出版社 1994 年版，第 261-263 頁；王振民：《中央與特別行政區關係：一種法治結構的解析》，北京：清華大學出版社 2002 年版，第 95-98 頁；王振民：〈"一國兩制"實施中的若干憲法問題淺析〉，《法商研究》2000 年第 4 期，第 9 頁；王禎軍：〈對《憲法》和《基本法》在特別行政區地位的思考〉，《大連幹部學刊》2010 年第 12 期，第 17-18 頁；丁煥春：〈論我國憲法對香港特別行政區的法律效力〉，《法學評論》1991 年第 3 期，第 9-10 頁；莊金鋒：〈憲法對香港特別行政區實施性問題的探討〉，《中南政法學院學報》1992 年第 4 期，第 1-4 頁；莊金鋒：〈憲法在香港特別行政區實施性問題再探討〉，《"一國兩制"研究（澳門）》2011 年第 7 期，第 24-30 頁。

21. 參見謝維雁：《從憲法到憲政》，濟南：山東人民出版社 2004 年版，第 33-35 頁；秦前紅主編：《新憲法學》（第二版），武漢大學出版社 2009 年版，第 76 頁。

22. 參見李琦：〈特別行政區基本法之性質：憲法的特別法〉，《廈門大學學報》（哲學社會科學版）2002 年第 5 期，第 15-23 頁；許昌：〈對國家憲法與基本法關係的再思考〉，《行政（澳門）》1999 年第 3 期，第 849-851 頁；張鑫：〈特別行政區基本法與國家憲法的關係〉，載施鈞案、容川主編：《基本法面面觀》，香港：金陵出版社 1984 年版，第 26 頁；李浩然：〈一國兩制：憲法在特別行政區的適用〉,《中國社會科學報》2010 年 5 月 27 日,第 15 版。

23. 對於強世功教授對"不成文憲法"概念的創造性使用,學界也提出了許多商
    權意見。參見翟志勇:〈英國不成文憲法的觀念流變——兼論不成文憲法概念
    在我國的誤用〉,《清華法學》2013 年第 3 期,第 86-97 頁;何永紅:〈國家
    憲法慣例問題辨析〉,《現代法學》2013 年第 1 期,第 19-27 頁;屠振宇:〈中
    國不成文憲法的爭論與反思〉,《政治與法律》2015 年第 6 期,第 65-71 頁。

24. 參見強世功:《中國香港:政治與文化的視野》,北京:生活‧讀書‧新知三
    聯書店 2010 年版,第 240-244、267、270 頁;強世功:〈國家憲法中的不成
    文憲法——理解國家憲法的新視角〉,《開放時代》2009 年第 12 期,第 11-
    14、31-33 頁;強世功:〈"不成文憲法":英國憲法學傳統的啟示〉,《讀書》
    2009 年第 11 期,第 63-70 頁。

25. 商權意見可參見劉茂林:〈香港基本法是憲法性法律〉,《法學家》2007 年第
    3 期,第 14-17 頁;鄒平學等著:《香港基本法實踐問題研究》,北京:社會
    科學文獻出版社 2014 年版,第 66-67 頁。

26. 對此,香港學者也指出,從理論上看,憲法條款是否可以分割存在疑問。
    See H. L. Fu, "Supremacy of a Different Kind: The Constitution, the NPC, and
    the Hong Kong SAR", in Johannes M. M. Chan, Yash Ghai (eds.), *Hong Kong's
    Constitutional Debate: Conflict over Interpretation* (Hong Kong: Hong Kong
    University Press, 2000), p. 101.

27. 實際上從內地居民的角度看,"憲法部分實施說"也存在"政治悖論"的問
    題,正如有學者指出的,中國內地公民依據憲法所享有的基本權利,與香港
    居民依據基本法所享有的基本權利,事實上在保護水準上存在差異,這難道
    意味著中國內地人民反倒不如生活在資本主義制度下的香港居民,享有更多
    的權利和自由嗎?參見王廣輝:〈特別行政區制度對國內關係的影響〉,《清
    華法律評論》2012 年第 6 卷第 1 輯,第 18 頁。

28. 參見鄒平學等著:《香港基本法實踐問題研究》,北京:社會科學文獻出版社
    2014 年版,第 91 頁。

29. 參見韓大元:《憲法學基礎理論》,北京:中國政法大學出版社 2008 年版,
    第 113-114 頁。

30. 參見鄒平學等著:《香港基本法實踐問題研究》,北京:社會科學文獻出版社
    2014 年版,第 90 頁。

31. 參見韓大元:《憲法學基礎理論》,北京:中國政法大學出版社 2008 年版,
    第 114 頁。

32. See Priscilla Leung Mei-fun, *The Hong Kong Basic Law: Hybrid of Common Law and Chinese Law* (Hong Kong: LexisNexis Press, 2007), Revised Edition, pp. 11-13.

33. 參見殷嘯虎：〈論憲法在特別行政區的適用〉,《法學》2010 年第 1 期,第 50-52 頁；王晴：《協調憲法與特別行政區基本法關係的若干問題》,華東政法大學 2010 年碩士論文；劉洋：《香港特別行政區的憲制性法律及其相互關係》,上海社科院 2012 年碩士論文。這兩篇碩士論文的指導老師均為殷嘯虎教授,所以其觀點在很大程序上保持了一致。

34. 參見鄒平學等著：《香港基本法實踐問題研究》,北京：社會科學文獻出版社 2014 年版,第 114-117 頁；表述過類似觀點的文獻還有郝鐵川：《香港基本法爭議問題述評》,香港：中華書局（香港）有限公司 2013 年版,第 5-7 頁；鄒平學：〈憲法在香港特別行政區的效力和實施研究述評〉,《深圳大學學報（人文社會科學版）》2013 年第 5 期,第 58-65 頁；鄒平學：〈1982 年《憲法》第 31 條辨析——兼論現行《憲法》在特別行政區的實施〉,《當代港澳研究》2013 年第 1 期,第 78-96 頁；鄒平學：〈論特別行政區制度的中國特色〉,《長沙理工大學學報》(社會科學版) 2009 年第 1 期,第 28 頁；潘亞鵬：《憲法在香港特別行政區的效力問題研究》,深圳大學 2012 年碩士論文。鄒平學：〈論憲法在港澳特別行政區的實施〉,澳門基本法推廣協會官網,資料來源於：http://www.basiclaw.org.mo/index.php?p=5_1&art_id=1702（最後訪問時間：2020 年 1 月 4 日）。

35. See Yash Ghai, *Hong Kong's New Constitutional Order: the Resumption of Chinese Sovereignty and the Basic Law* (Hong Kong: Hong Kong University Press, 1999), 2nd edition, pp. 177-181.

36. 參見〔英〕K・C・惠爾著,翟小波譯：《現代憲法》,北京：法律出版社 2006 年版,第 66 頁。

37. 參見范進學：《國家憲法實施與憲法方法》,上海：上海三聯書店 2014 年版,第 2-18 頁；謝維雁：〈"憲法間接實施論"質疑〉,《法商研究》2011 年第 2 期,第 119-126 頁；謝維雁：〈"母法"觀念解讀——憲法與法律關係新解〉,《四川大學學報》(哲學社會科學版) 2005 年第 5 期,第 130-131 頁；秦強：〈憲法母法說的理論形態及其價值轉變〉,載張海燕主編：《山東大學法律評論》(第五輯),濟南：山東大學出版社 2008 年版,第 69-79 頁。

38. 〔日〕大木雅夫著,范愉譯：《比較法》,北京：法律出版社 2006 年版,第 67-70 頁。

第二章

國家憲法在香港實施
問題的源起與演化

過往對國家憲法在香港實施問題的討論，往往傾向於直入主題進行抽象的法理分析，而對該問題為什麼會產生，以及又經歷了哪些演化缺乏歷史性把握，直接影響了研究的品質。[1] 針對於此，本書在進入 "正題" 之前，試圖先從歷史維度釐清幾個無法迴避的前置性問題。首先，根據內地官方的論述，香港的主權一直都在中國手中，[2] 如此說來，關於國家憲法在香港實施的討論理應從 1954 年憲法開始，但實際上現有研究都幾乎無例外地將討論基礎預設為 1982 年憲法，其中的緣由何在？1982年憲法是如何與香港建立起聯繫的？其次，國家憲法在香港的實施為何會在基本法制定時引發激烈爭論，爭論是由誰提起的，爭論的焦點在哪裏，對此起草委員會又給出了何種解決方案？最後，香港回歸後，國家憲法在香港實施的問題到底有沒有得以徹底解決，如果沒有，為什麼基本法制定時為此專門達成的共識沒有充分發揮預設的作用？在爭論的過程中，中央政府對該問題的認識又發生了哪些變化？變化的原因何在？需要將上述問題一一拉回到其所產生的歷史背景中，通過文獻的梳理對其進行解答。

國家憲法在香港實施的
政治前提是如何形成的

———— • ————

　　討論國家憲法在香港的實施，首先面對的問題就是將論述的起點選在哪裏？如果基於中國對香港恢復行使主權的事實，那麼從 1997 年 7 月 1 日香港回歸之後開始討論就是適宜的。但如果希望對該問題的 "前世今生" 具有一個更為完整的認識，則必須將目光回溯到 "一國兩制" 提出的那個政治大變革時代。應該看到，正是 "一個國家，兩種制度" 理念對固有意識形態禁錮的突破，才使得國家憲法在香港的實施成為一個 "具有討論意義的真問題"，而這場突破能夠發生又與中國共產黨從革命思維向改革思維的轉軌密切相連，基於以上原因，本章將以這次思維轉軌作為起點展開論述。

一、革命憲法與不革命的香港

　　與世界其他許多國家一樣，新中國建立的基礎也是一場革命，在革命勝利後再制定憲法，強調憲法的政治性以凸顯革命制憲的正當性，這是現代性的政治本色，美國、英國、法國、德國和蘇俄皆是如此，但是，在如何處理革命與憲法的問題上，則存在美英道路和法俄道路的區別，英國和美國迅速通過立憲的手段將革命安頓其中，將關於"革命的問題"轉化為"憲法的問題"，完成了"革命的反革命"[3]任務，順利地走上了日常政治的道路。相較而言，中國革命則追尋法國、特別是蘇俄的道路，甚至更為激進，將憲法的政治性無限抬高，並將憲法政治的主題界定為"區分敵友"、"階級鬥爭"，憲法不但沒能安頓革命，反而被革命架空。[4]

自 1957 年 "反右" 運動開始，雖然憲法文本還存在，但是憲法所應具有的法規範內涵已經逐步消失，基本淪為對革命的被動確認和鼓吹。這一切在提出 "無產階級專政下繼續革命"[5]理論時達至頂峰，隨之而來的 1975 憲法完全被創造成為鼓吹不斷革命理論的一種公共生活儀式。[6] 在這套革命憲法的話語體系中，憲法實施問題其實並非法律問題，而是一個繼續推進革命的政治問題，進一步而言，在當時主張憲法在香港實施基本無異於主張要解放香港。這顯然與毛澤東對香港的戰略構想相抵觸。

早在新中國建政之前，毛澤東就對如何處理香港問題有所思考，在 1949 年 1 月發佈的《中共中央關於外交工作的指示》中已經提出：

> 取消各個帝國主義國家在華特權，是我們一貫的立場，在這個問題上我們是堅定不移的，唯有如此才能真正實現中華民族的獨立。當然考慮到這一問題具有十分複雜的歷史背景，所以在具體執行的過程中也不能"一刀切"，

而是要按照問題的性質和情況，具體問題具體分析。凡是解決問題的時機還沒有成熟的，或者問題本身還未研究清楚的，不能操之過急。總而言之，在外交工作上，要統籌兼顧原則性與靈活性，只有這樣才能使新中國的外交工作迅速打開局面，站穩腳跟，靈活機動。[7]

在 1949 年 2 月，毛澤東會見斯大林特使米高揚時進一步明確，香港問題就是上述所言的時機尚未成熟者，他指出保留香港的特殊地位，有助於突破帝國主義國家對新中國的封鎖，拓展進出口貿易以及維持海外關係。總之，處理香港問題需相時而動。[8] 基於上述政策，葉劍英專門向負責解放珠三角洲地區的曾生將軍下達命令，解放軍決不允許越過樟木頭一線，目的就是向英國表明，新中國無意通過武力方式解放香港。[9]

建國後，中央將暫時維持香港現狀不變的政策確定下來，具體工作方針被總結為"長期打算、充分利用"。為了保障中央政策在香港的貫徹，周恩來曾專門向時任新華社香港分社社長的黃作梅系統闡釋了中央對港政策的思路，他指出：

> 新中國成立後，我們選擇暫時維持英國對香港的佔領，不急於收回香港，這是我們黨綜合東西方鬥爭全局所作出的戰略部署，不能僵化地從領土主權原則來加以理解，而且從全球戰略格局來看，這項政策也不是我們對帝國主義的妥協或者軟弱，而是一種更為積極地鬥爭和進攻。這項政策的戰略目的包括以下三個方面：第一，將香港留在英國人的手中，等於抓住了英國的一條辮子，利用

英國和美國這兩個帝國主義國家在東亞利益上的矛盾，特別是對待新中國政策上的分歧，從政治方面在美英之間製造分化。這有助於我們儘可能地團結英國，來反對美帝國主義這個主要敵人，從而瓦解美國對新中國採取的"政治孤立、經濟封鎖和軍事包圍"政策；第二，由英國人統治香港，有利於保持香港國際通道的作用，這對於我們開展海外僑胞的工作，建立更為廣泛的愛國主義統一戰線，團結世界各地的華僑進行反對帝國主義的鬥爭，都是十分有益的；第三，可以充分發揮香港的自由港地位，拓展進出口貿易，在外匯和物資上支持內地的經濟建設。總而言之，香港要發揮瞭望台、氣象台和橋頭堡的作用。[10]

即使是在文革時期，毛澤東、周恩來也沒有動搖堅持上述政策的決心。周恩來曾經透過廖承志向新華社香港分社和港澳工委作出明確指示，

文化大革命雖然是一次"反帝反修的革命鬥爭"，但只限於解決國內範圍內的修正主義思想路線和"走資本主義道路當權派"的問題，香港還是英國殖民者管轄的地區，不在我們黨的領導權力之內，所以，香港不允許搞無產階級文化大革命，我們在香港的黨和各條戰線的機構，都不能自亂陣腳，讓英美帝國主義有機可乘。

對於 1967 年香港發生的"反英抗暴"，[11] 周恩來更是提出嚴厲批評，認為破壞了中國共產黨在香港長期工作的基礎和長

遠的戰略部署。[12]

通過上述梳理不難發現，一方面是推進一元化政治訴求的革命憲法，[13]另一方面則是維持香港不變的現實政策，二者之間形成了對峙，其困境在於，如何用一個以革命為核心內涵的憲法來統合一個不革命的香港。這種困境在當時的革命語境中是無法化解的，因為該語境內部的邏輯結構在於，第一，憲法是革命的附屬，是推進不斷革命、甚至永久革命的工具以及對革命成果的確認；第二，香港主要發揮支持國內革命和國際革命的作用，但其本身並不進行革命；第三，在革命憲法的視域中，既然香港沒有被納入國內革命的範疇內，自然也與革命憲法絕緣。

由此可見，雖然當時中國政府一直堅稱香港的主權屬中國，並且基於這一立場，在恢復聯合國席位後不久，就通過外交努力促使聯合國非殖民地化委員會將香港從殖民地名單中加以排除，[14]但是這都不涉及香港的具體管治問題，國家憲法在香港的實施問題自然也就無從談起。

二、改革憲法與 “一國兩制”

這一狀況在鄧小平提出以 “一國兩制” 政策解決港澳台問題後開始得以改變，應該說這種改變之所以能夠發生，得益於內、外兩方面因素的變化。從內部因素看，中國共產黨在十一屆三中全會的公告，以及後續十一屆六中全會通過的《關於建國以來黨的若干歷史問題的決議》中，深刻總結了建國以來，特別是 “文化大革命” 的經驗教訓，在政治、組織和思想層面上實現了撥亂反正，果斷地廢除了"以階級鬥爭為綱"與"無產階級專政下的繼續革命"理論，對中國革命面對的具體問題與實施路徑進行了重新思考，其中明確指出大規模、疾風暴雨式的群眾階級鬥爭已經基本結束，中國社會面對的主要問題在於發展經濟，提高人民的生活水平。[15]

毫無疑問，上述決定無論是對中國共產黨自身，還是對整個中國的發展都具有轉折意義，"改革"對"革命"的替代，初步地解決了"如何安頓革命"的問題。由此中國政治的重心，開始從"革命建國"向"改革開放"轉移。[16]正是這種"去唯革命論"的政治決策，為"一國兩制"的提出奠定了政治思想基礎。也許冥冥中自有天意，在完成從革命向改革的思維轉軌後不久，香港問題就被英國人提前放在了中央決策者面前，這就是下文所要討論的外部因素。

眾所周知，在上世紀 80 年代初，中央政府在國家統合方面，重點在於台灣，香港問題的解決尚未提上議事日程，當時的政治預判是，在中美關係正常化之後，台灣問題會在短期內有所突破，所以鄧小平將台灣和平統一列為 1980 年代中國政治要實現的三大任務之一。[17]但弔詭的是，原本時機尚未成熟的香港問題，卻由於"新界"土地租期所面臨的困境，被時任港督麥理浩在訪華時率先提出來了。[18]

這次麥理浩訪華是由英國政府高層反覆權衡後直接決定的，出發前英國政府專門指示麥理浩，在會見鄧小平時，"他只能以商務問題的形式提出新界土地的租約問題，但不要涉及香港 1997 年後主權歸屬等敏感的政治問題。"[19]英國政府原本以為，鄧小平會鑒於香港在中國內地改革開放中的巨大經濟作用，採取中葡建交時處理澳門問題的方式，[20] 默認英國在九七後對香港的管治權，但鄧小平的表態顯然並沒有滿足英國人的預期。此後為了試探中國政府在香港問題上的真實態度，英國政府又相繼派出希思、麥克米倫、卡拉漢以及卡林頓等政治人物訪華。英國人步步緊逼的態度，使得鄧小平敏銳地意識到，中央對港的具體政策必須儘快制定出來。1981 年 2 月，他在專門指示當時港澳工作的負責人廖承志時，要求他組織有關部門就如何解決香港問題儘快提出方案，供中央參考。[21]

根據這一指示，廖承志在當年 3 月組織港澳辦和外交部聯合討論香港問題。根據當事人的回憶，當時會上的意見並不一致，一種意見認為應該立即收回香港，而另一種意見則認為可以考慮採取 "澳門模式"，維持現狀。廖承志本人傾向於收回香港，但也認為必須要對香港採取特殊政策。在當年底舉行的中央書記處會議上，鄧小平在聽取了廖承志的彙報後，拍板決定要如期收回香港，收回後維持香港資本主義制度不變，並由港人自己管理香港。依據這一精神，並通過對香港問題充分的調查研究，廖承志代表港澳辦最終向中央提交了《關於解決香港問題的修改方案》。1983 年 4 月，中央政治局開會正式批准了上述方案，該方案後來被稱為 "中國處理香港問題的十二條方針"。[22]

在對港方案醞釀期間，正好趕上 1982 年憲法全面修改，最初憲法修改委員會其實並未計劃在憲法中規定 "一國兩制" 的內容，1981 年初形成的憲法（討論稿）也沒有列入相關條文。[23] 但是考慮到當時國際社會以及香港普通民眾對 "一國兩制"、"特別行政區" 能否與中國內地的社會主義制度相兼容存在相當大的疑慮，為了向各方表明中央踐行"一國兩制"政策的決心，保證香港在中英談判期間不發生大的社會波動，憲法修改委員會根據胡喬木的建議，決定在憲法中專門對"一國兩制"和特別行政區的問題作出規定，這就是現行憲法第 31 條和 62 條第 14 項的來源。[24] 當然，鑒於 1982 年底憲法修改通過時，中英關於香港問題的談判尚在進行當中，為了給談判留有餘地，爭取主動，1982 年憲法的有關條文對"一國兩制"的詳細理念，以及特別行政區的建構方式等問題都有意識地予以模糊處理，保留了相當大的運作空間。[25]

由是觀之，在上述內、外因素共同的作用下，原本在革命語境中無法化解的困境，即如何以一個革命為核心內涵的憲法來統合一個不革命的香港，在改革語境下不再成為無法解決的問題。在鄧小平眼中，雖然在中國內地推行現代化建設必須堅持四項基本原則這一根本前提，但是他願意在解決港澳台的國家統合問題上，採取更為靈活的態度，提供更為廣闊的政治空間。具體而言，就是允許在這些地區，將國家認同放在意識形態之上，[26] 維持現狀實行資本主義制度，並在憲法層面對"一國兩制"予以確認。應該指出，正是基於上述理念的變化，國家憲法在香港實施的政治前提被確立了下來。

基本法起草與國家憲法
在香港實施問題的法律化

———— ● ————

**一、起草初期：香港社會推進了憲法實施問題的法律化
討論**

上述政治前提被確立後，國家憲法在香港的實施之所以能
夠迅速演變為一個法律問題，並在內地和香港學界引起廣泛討
論，應該說與香港基本法的起草密不可分。香港基本法起草委
員會第一次全體會議結束後，起草委員會秘書處為了能直接聽
取香港各界人士的意見，以便草擬《基本法結構草案討論稿》，
專門派出小組赴港調研。

從調研反饋的情況看，香港各界，尤其是法律界人士對國
家憲法和基本法的關係，國家憲法在香港實施的問題特別敏
感，提出了很多疑問。他們認為：

> 香港基本法與國家憲法的關係應該明確規定，特別是
> 要講清楚，基本法是否代替了憲法，是否排除了憲法在香
> 港的實施？為了避免香港法律將來可能與國家憲法相矛

盾，或者在港人遇到糾紛時引用憲法作為爭論依據，基本法應該宣佈國家憲法除了外交及國防條款外，其他部分五十年內暫時不於香港實施。為了達到上述目的，有港人建議應該修改憲法或解釋憲法，以明確國家憲法除第三十一條外，其他憲法條文不適用於香港及其居民。[27]

　　為了回應這種擔憂，起草委員會在草擬的《基本法結構草案討論稿》中特別加入第九章，名為"香港特別行政區基本法的法律地位和解釋、修改"並在文件中注明這部分的目的之一就是處理國家憲法在香港的實施問題。當起草委員會在第二次全體會議中討論到這個問題時，香港起草委員的主要意見在於，希望明確憲法中到底哪些條文在香港實施，哪些不實施，或者指明基本法是香港特別行政區的最高法律，否則香港社會對基本法很難建立起信心。[28]

　　對此，內地起草委員承認這一問題確實存在，但認為基本法是子法、憲法是母法，如果在基本法中規定憲法哪些條文於香港實施，在法律理論、法律程序上看都不合適，在世界憲法史上沒有先例，此外在技術上也有困難。[29]至於如何處理，當時各方都沒有提出成熟的方案，鑒於該問題的敏感性與重要性，基本法起草委員會決定將其交由新設立的"中央與香港特別行政區的關係專題小組"進一步討論。

　　在基本法起草委員會第二次全體會議結束後不久，會上關於國家憲法在香港實施問題的爭論，也傳到香港本地，成為基本法諮詢委員會[30]1986年8月會議中討論的熱點問題，此次會議上最值得關注的是張健利委員代表香港大律師公會提交的意見，他們認為處理國家憲法與基本法的關係應遵循 "四角原則"，主要內容是：基本法應儘可能自我包容（自足），如此在法律實施過程中便可無需走出基本法的四個角，而走到國家憲法中去明確其意思。

張健利大律師認為，該項原則將有助於基本法在特別行政區內的司法實施，有助於兩種法律制度的區隔，從而保障 "一國兩制" 原則在香港的實現。[31] 應該說，這一觀點在當時為不少香港人士所接納，[32] 事後反觀，也對最終香港基本法在文本上如何處理憲法實施問題產生了一定影響。

二、起草中期：起草委員會對憲法實施問題的爭論與初步共識的達成

為了儘快解決國家憲法在香港的實施問題，防止其成為基本法順利起草的障礙，"中央與香港特別行政區的關係專題小組" 在舉行的小組會議上決定，專門委託該組委員中的法律專家王鐵崖、吳建璠、李柱銘、廖瑤珠、譚惠珠對該問題進行研究並儘快提出方案。這五位委員中前兩位是內地知名的國際法專家和憲法專家，後三位也都是香港當時的知名大律師，從人員組成上不難看出，專題小組對該問題在法理上的重要性和複雜性有著充分認知。這五位委員分別於 1986 年 9 月 27 日以及 11 月 9 日兩次在深圳開會討論該問題，最終由廖瑤珠委員主筆撰寫了《憲法和其他法律在香港特別行政區內實施問題專題報告》提交給專題小組。根據這份報告，"中央與香港特別行政區的關係專題小組" 草擬出第九章第一條的基本內容，作為憲法

在香港實施問題的基本指引，供起草委員會第三次全體會議討論，這一條就是現行香港基本法第 11 條的最初版本。

表 2.1　香港基本法第 11 條在起草過程中的不同版本（一）

版本	條文具體內容	年份
一 （第九章第一條）	根據中華人民共和國憲法第三十一條，香港特別行政區的制度和政策均以本法的規定為依據。 香港特別行政區立法機關制定的任何法律，以及香港特別行政區沿用的法律，均不得與本法相抵觸。	1986

對於上述規定，"中央與香港特別行政區的關係專題小組"作了如下說明，憲法作為一個整體對香港特別行政區是有效的，但是由於國家承諾對香港實行"一國兩制"的政策，因此憲法中某些社會主義制度和政策的具體條文不在香港實施。當然考慮到香港基本法的法律位階，不宜在其中直接規定國家憲法哪些條文在香港不實施，所以通過正面規定香港特別行政區的制度及政策均以基本法為依據的方式，變相實現明確國家憲法在香港實施的範圍。[33]

不難發現，這個觀點在很大程度上影響了學界早期對此問題的認知，"部分實施說"基本上就是據此提出的。對於上述專題小組給出的理由，香港本地總體上贊同，但對於這個與憲法第 31 條同樣簡潔的條文，能否承載上述理由，以及如何保證如此起草不會違反國家憲法仍持有疑問。為此，香港本地的基本法諮詢委員會，也成立"憲法與基本法關係小組"，並撰寫了《基本法與憲法的關係最終報告》，[34] 提交給基本法起草委員會第四次全體會議參考。

這份報告首先系統總結了當時香港各界對國家憲法在香港

實施問題的共識，指出憲法作為全國的根本大法，是國家所有法律的基礎，在全國具有最高的法律效力，所以在回歸後，香港特別行政區作為中國的一部分，國家憲法當然應該在香港具有效力。但是，由於中國政府已經在《中英聯合聲明》中承諾社會主義制度不在香港實行，所以國家憲法中至少關於四項基本原則、社會主義政治、經濟制度的條款不應在香港實施。

為了解決國家憲法在香港實施所引發的法律問題，報告提出了四個方案：

第一，修改憲法第 31 條，說明除憲法第 31 條和專門列出的條款外，其他條款不在香港實施；第二，全國人大常委會對憲法第 31 進行解釋，說明基本法和憲法關係以及憲法在香港的實施問題；第三，全國人大在通過基本法時行使立法解釋權說明憲法的實施性，在全國人大作出說明後，如果具體案件中碰到涉及此問題的爭議，由特區法院加以處理；第四，成立一個由中央及特區共同組成的委員會，其職權之一就是處理國家憲法和香港基本法的衝突，以及國家憲法在香港的實施。[35]

這份報告可以說代表了當時香港社會的主流觀點，在起草委員會收到該報告後，考慮到香港社會對憲法實施問題的疑慮，"中央與香港特別行政區的關係專題小組"在提交起草委員會第四次全體會議討論前，又對第九章第一條作出了重要修改。

表 2.2　香港基本法第 11 條在起草過程中的不同版本（二）

版本	條文具體內容	年份
二 （第九章 第一條）	根據中華人民共和國憲法第三十一條，香港特別行政區的政策和制度，包括社會經濟制度，有關保障基本權利和自由的制度，以及行政管理、立法和司法方面的制度，均以本法的規定為依據。 香港特別行政區立法機關制定的任何法律，以及香港特別行政區沿用的法律，均不得與本法相抵觸。	1987

對於上述修改的理由，"中央與香港特別行政區的關係專題小組" 予以了說明，認為第一款採取詳細列舉的方式使得規定更加明確，有利於消解香港各界對憲法實施問題的疑慮。與此同時，為了保證基本法如此規定的合憲性，建議在頒佈基本法時，由全國人大常委會對憲法第 31 條作出必要的解釋，至於解釋中應該涵蓋哪些內容，起草委員仍無統一的意見，主要的爭議在於是否需要提供一份憲法條款可以在香港實施的清單。[36]

除了對內容本身的意見外，有起草委員認為，基於該條的重要性，應該將其放在總則之中，"中央與香港特別行政區的關係專題小組" 經過研究後決定採納該項建議，在提交基本法起草委員會第五次全體會議審議的《中央與香港特別行政區的關係專題小組工作報告》中，將原第 9 章第 1 條，放入總則中，列為基本法第 10 條，同時鑒於總則第 8 條已經對香港原有法律不得與基本法相抵觸作出了規定，為避免重複，遂將第 10 條第 2 款中的 "以及香港特別行政區沿用的法律" 一句刪去，改為 "香港特別行政區立法機關制定的任何法律，均不得與本法相抵觸。" 與此同時，在用詞上將原來的 "社會經濟制度" 調整為 "社會、經濟制度"。[37]

表 2.3　香港基本法第 11 條在起草過程中的不同版本（三）

版本	條文具體內容	年份
三 （總則第十條）	根據中華人民共和國憲法第三十一條，香港特別行政區的政策和制度，包括社會、經濟制度，有關保障基本權利和自由的制度，以及行政管理、立法和司法方面的制度，均以本法的規定為依據。 香港特別行政區立法機關制定的任何法律，均不得與本法相抵觸。	1987

對於 "中央與香港特別行政區的關係專題小組工作報告" 提供的條文，大部分基本法起草委員會委員表示滿意。對於有部分香港委員提出的，刪除 "根據中華人民共和國憲法第三十一條"，以及將 "均以本法的規定為依據" 修改為 "均以本法的規定為最終依據" 等實質性修改意見，都因為沒有在起草委員會第六次全體會議中獲得多數委員的贊同，未被採納到文本之中。[38] 只是在 "基本法總體工作小組" 進行條文彙編時，從用語嚴謹的角度，將原來的 "有關保障基本權利和自由的制度" 微調為 "有關保障居民的基本權利和自由的制度"。修改後的條文被收入《中華人民共和國香港特別行政區基本法（草案）徵求意見稿》，在草委第七次全體會議後向社會公佈，徵求各方意見。[39]

表 2.4　香港基本法第 11 條在起草過程中的不同版本（四）

版本	條文具體內容	年份
四 （總則第十條） （徵求意見稿）	根據中華人民共和國憲法第三十一條，香港特別行政區的政策和制度，包括社會、經濟制度，有關保障居民的基本權利和自由的制度，以及行政管理、立法和司法方面的制度，均以本法的規定為依據。 香港特別行政區立法機關制定的任何法律，均不得與本法相抵觸。	1988

三、起草末期：香港社會的質疑與最終方案的確定

對於這份徵求意見稿，內地各界的反饋意見主要是文字性的，並不涉及實質內容。例如有意見認為應該將第 10 條第 1 款前半段中的 "政策和制度" 改為 "制度和政策"，此外，該款在後半段具體列舉時所說都是制度，沒有講到政策，為了使該款前、後半段在用語邏輯上保持一致，建議在最後一個 "制度" 之後加上 "以及有關政策"。[40] 這一建議之後被起草委員會採納，《中華人民共和國香港特別行政區基本法（草案）》據此進行了修改。

相比之下，香港方面的反饋意見則較多，有意見認為基本法目前的規定，在能否排除國家憲法中關於社會主義條款在香港實施方面，寫得還是不夠清楚。還有意見指出應該在該條 "根據憲法" 外，再附加上 "根據《中英聯合聲明》" 的內容，使得香港的制度可以在國際法層面得以保障。[41] 而專門為輔助起草基本法、在香港本地成立的基本法諮詢委員會更是指出，目前《基本法（草案）徵求意見稿》的內容並未完全吸收他們在《憲法與基本法的關係最終報告》中提出的建議，尤其是對全國人大將如何確保基本法的合憲性沒有規定，為此他們又專門提交了一份《基本法與憲法及〈聯合聲明〉的關係專題報告》，希望基本法起草委員會能夠重視該問題。

這份報告的核心內容包括三點：第一，他們指出制定香港基本法的目的，在於維持香港現行的經濟及社會制度，毋須按國家憲法的規定實行社會主義的制度和政策。因此，香港回歸後，基本法將成為香港特別行政區的憲制性法律文件，為特別

行政區實施的社會、政治和經濟制度提供法理支撐。第二，他們系統地比較了當時的國家憲法條文和起草委員會提供的基本法（意見徵求稿），認為國家憲法第 1、19、25、33、34、49 條（這裏的條文是依據 1988 年憲法文本羅列的）和基本法存在衝突，[42] 並指出憲法第 31 條不能為化解上述規範衝突提供足夠的法理支撐，既然基本法的法律地位低於憲法，那麼二者衝突的最終解決只能通過修改憲法才能完成。第三，在憲法實施問題上，他們堅持只有部分憲法條款可以實施於香港，他們借用大律師公會早前提出的"四角原則"（見上文），提出更為形象化的"雨傘理論"，指出國家憲法是太陽，陽光自然普照中國的每一寸土地，但基本法像是一把雨傘，在這個雨傘之下就存在陽光不能投射的區域，在這個範圍內香港只需按照基本法的規定行事，國家憲法不能實施。當然，為了使該理論能夠實現，他們希望基本法制定後，全國人大可以專門作出立法解釋，闡明國家憲法與香港基本法的關係，以及哪些憲法條文可以在香港實施。[43]

實際上，當時的英國法律專家也對基本法的合憲性以及國家憲法在香港的實施問題存在疑慮。1988 年 7 月，英國著名公法學家威廉·韋德教授曾就《基本法（草案）徵求意見稿》，向香港律師會提供了一份法律諮詢意見。其中明確指出，從一個英國法律學者的角度看，國家憲法和香港基本法的衝突是無法避免的，而目前的基本法條文，顯然並未能清晰地處理該問題。為此，他認為有必要成立一個憲法委員會或憲法法庭專門處理這類事務。[44]

然而，由於此時基本法起草委員會內部已經對基本法第 10

條的內容達成共識，所以除了進行部分文字修改外，其他關於國家憲法在香港實施的實質性修改意見都沒有納入《徵求意見稿》的修改稿中。起草委員會第八次全體會議對《基本法（草案）徵求意見稿修改稿》進行了逐條表決，基本法第 10 條獲得了三分之二多數委員支持，作為《香港特別行政區基本法（草案）》的組成部分提請全國人大常委會審議。1989 年 2 月 21 日，第七屆全國人大常委會第六次會議決定公佈《香港特別行政區基本法（草案）》，同時宣佈在香港和全國其他地區再次廣泛徵求意見。

表 2.5　香港基本法第 11 條在起草過程中的不同版本（五）

版本	條文具體內容	年份
五 （總則第十一條） （草案）	根據中華人民共和國憲法第三十一條，香港特別行政區的制度和政策，包括社會、經濟制度，有關保障居民的基本權利和自由的制度，行政管理、立法和司法方面的制度，以及有關政策，均以本法的規定為依據。 香港特別行政區立法機關制定的任何法律，均不得同本法相抵觸。	1989

　　草案徵求意見期間，內地發生了"北京政治風波"，香港部分政治勢力不僅積極介入其中，甚至成立了旨在推翻內地政權和社會主義制度的組織——"香港市民支援愛國民主運動聯合會"（支聯會），與此同時，各種謠言四起，本已隨著基本法起草逐步消退的憂慮情緒又在香港社會中彌漫。

　　針對這種情況，為了保障香港在過渡期的繁榮和穩定，同時遏制某些勢力企圖將香港變成"內地顛覆基地"的野心。時任中共中央總書記江澤民在 1989 年 7 月會見香港基本法起草委員和諮詢委員時指出，在處理港澳台回歸的問題上，我們將採取"一國兩制"的政策，究其實質，就是在內地堅決實行社會主義制度的同時，允許港澳台地區在回歸後繼續實行資本主義制度，中國共產黨不會將社會主義制度照搬到港澳台地區，但港澳台地區的人士也不能將資本主義制度生搬硬套到內地來，這叫作"井水不犯河水"。[45]

"兩水互不干涉說"闡明了中國政府堅定貫徹"一國兩制"的決心，有力地緩和了當時香港社會緊張的政治氛圍。不過卻有部分人士將"兩水互不干涉說"，曲解為"兩地隔絕論"，認為象徵"社會主義之水"的國家憲法，與象徵"資本主義之水"的香港基本法應該平起平坐，二者分別實施於中國內地和香港，互不干涉。這種心態在香港各界對《香港基本法（草案）》的意見中也體現了出來，當時就有意見將國家憲法在香港的實施與"一國兩制"對立起來，強烈要求明文規定憲法的大部分條款在香港不能實施，或者主張必須對國家憲法和香港基本法的關係作出專門說明。[46]

對於這些意見，基本法起草委員會雖然並未採納，但考慮到香港社會確實對國家憲法和香港基本法關係問題存在各種疑慮，所以透過全國人大常委會向全國人大建議，在審議通過基本法的同時，可以對基本法的合憲性專門作出一份決定，這一意見最終為全國人大所接受，這就是《關於中華人民共和國香港特別行政區基本法的決定》出台的緣由。到此為止，基本法起草過程中圍繞憲法在香港實施問題的討論宣告中止，但遠未定案，只能說暫時從形式上得出了一個兩地都能夠大致接受的"模糊共識"。從香港回歸後對該問題的爭論看，實際上兩地學界對該共識核心內涵的理解並不完全一致。

回歸後香港關於憲法實施問題的爭論

　　正如上文所言，為了消解當時香港社會對國家憲法實施問題的憂慮，基本法在第 11 條中，試圖通過正面規定香港特別行政區的制度及政策均以基本法為依據的方式，變相達到限制憲法中部分條款在香港實施的目的。全國人大在基本法通過後，也史無前例地作出了一份關於基本法合憲的決定。基本法起草委員本以為以上舉措應可以化解，至少能迴避這一問題，但事實卻並非如此，在香港回歸後不久，香港法律界人士就開始對此問題發難。

一、回歸初期中央對憲法實施爭論的冷處理

　　1998 年 6 月 15 日，香港律政司法律草擬科發佈《香港法例》活頁版第 14 期，在其中指出鑒於《英皇制誥》與《皇室訓令》已不再於香港特別行政區實施，所以將其刪除，取而代之將國家憲法及其修正案（指的是憲法修正案第 1 條至第 11 條）列入活頁版第 I 部分的 A 章之中。律政司法律草擬科指出，上述修改反映了香港回歸前後的憲制變化，至此《香港法例》活

頁版便成為一個承載了所有在香港實施的法例彙編版本,香港法院應該推定其正確無誤並予以引用。[47]

香港部分政治人士立即察覺到這一技術性操作背後的憲政意涵,吳靄儀大律師發文質疑"國家憲法到底是否已經成為香港法律的一部分",她認為根據《1990 年法例(活頁版)條例》以及回歸前的憲法慣例,凡是刊載於香港法例中的法律,均意味著在香港有效,以此推論,豈非國家憲法已經成為香港法律的一部分,她要求律政司澄清特區政府在國家憲法實施問題上的立場,以及說明國家憲法在香港的法理地位。[48] 對於上述質疑,香港律政司法律草擬專員嚴元浩專門回應稱,將國家憲法刊載於香港法例(活頁版)中純粹是一項"編務上的決定",目的在於讓讀者全面瞭解香港回歸後的憲制架構,並在有需要時加以檢索參照,但這種刊載行為並不代表政府採納了國家憲法應該在香港實施的立場,更不意味著要求香港法院對其加以實施。總而言之,嚴元浩專員認為將國家憲法刊載於香港法例(活頁版)之中的行為與政府是否支持國家憲法在香港實施的問題無關。[49]

律政司的上述回應並未讓這些香港大律師們滿意,他們將爭論引入香港立法會的辯論之中。李柱銘議員、吳靄儀議員在1999 年 2 月 10 日的立法會辯論中先後質詢政府官員,"國家憲法為什麼會進入香港法例之中"。香港特別行政區政制事務局局長孫明揚對此的回應是,國家憲法納入香港法例只是作為補充材料,並非意味著已經成為香港法律的一部分。[50]

綜合以上表述,不難看出,在香港大律師的反覆逼問下,香港特區政府雖然並未接受國家憲法在香港不能實施的論點,但也沒有理直氣壯地直接指明國家憲法理應在香港實施，其反覆閃躲迴避的表現，說明基本法起草時對此問題所達成的政治共識，並不足以化解其間所存在的法律爭議，而內地學界提出的"整體實施，具體部分不實施"的學說實際上也未能說服香港政府和法律界人士予以接受。[51]

這種模糊性所帶來的弊端在香港終審法院關於"吳嘉玲案"的判決中被清晰地體現出來，香港終審法院竟然通過援引國家憲法，得出基本法是香港憲法的結論，並認為香港法院不僅有權依據基本法審查本地的立法和行政行為，還有權審查全國人大及其常委會的行為。[52] 當時曾有香港律師批評特區政府不能在如此重大的憲制問題上，像埋頭於沙堆中的鴕鳥一樣，模棱兩可，聽之任之。[53] 這種批評雖然中肯，但從另一角度看，香港特區政府這種含混的態度是多方面原因綜合作用的產物。

從法律角度看，香港的法治是在英國殖民統治過程中逐步確立的，其具有三個特點：其一，香港法治理念深受英式普通法理念的影響，相對而言對大陸法系的概念體系較為陌生，存在隔閡。其二，香港在回歸前的法治實踐主要集中於私法領域，所謂發達的香港法治也主要是就這個領域而言的，而在公法特別是憲法方面，香港法律界實際上並不十分熟悉，在 1991 年《人權法案條例》生效之前，香港法院基本上沒有作出過憲法層面的司法覆核判例，[54] 由此導致他們對憲法學原理的理解並不全面。其三，香港的法治理念是以司法為軸心的，其理論成果也多基於司法判例的研究而展開，受其影響，香港法學界、法律界人士在討論國家憲法在香港實施問題時，天然地將實施局限於司法實施。在他們看來，判斷國家憲法在香港實施與否，就是看憲法在香港能否成為法院的判案依據。雖然說憲法的司法性實施確實是其實施的核心形態，凡是憲法得到有效實施的地區，都得益於它們確立了相應的司法性實施機制，但是若將其極端化、唯一化，特別是忽視了憲法其他實施方式與司法實施方式之間的互動關係，則有顧此失彼之嫌。

香港法學界、法律界人士在司法中心主義理念的影響下，自然無法理解內地學者提出的"整體實施、具體部分不實施"的確切含義，而這一學說本身存在的理論缺陷以及政治氣息更是讓他們對其敬而遠之。然而，他們針對內地觀點提出的"四角關係"和"雨傘"理論在法理基礎上也很薄弱，特別是完全沒有考慮到如何與內地的憲法體制和憲法學概念體系相銜接，因此也無法獲得中央政府以及內地學界的認同。面對這兩種理論化程度都有限，並且實踐性都不強的觀點，缺乏學理"撐腰"的香港特區政府在回歸後相當長時期內選擇"左右閃躲"，實際上也是無奈之舉。

從政治角度看，中央政府在回歸初期對國家憲法在香港實施的模糊態度也在相當程度上影響了香港本地對此問題的正確認識。通過對 1997 年 7 月 1 日後歷屆政府工作報告和歷屆黨代會涉及港澳的段落進行文本分析，[55] 會發現在"不干預"工作方針的指引下，中央在回歸後相當長時間內只強調"嚴格按照特別行政區基本法辦事"，並未對國家憲法在香港的地位和香港社會的憲法義務予以明確。這種克制和包容態度的本意在於向港人表明中央堅定貫徹"一國兩制"的決心，並紓解回歸初期香港社會對此問題的疑慮，應該說，這充分考慮了香港的社情民意。

但另一方面，這種模糊的態度也無形中助長了香港社會對國家憲法的不正確認識，出現了香港基本法是“香港的憲法”，國家憲法是“內地的憲法”，二者相互對立，基本法的目的就在於限制國家憲法在香港的實施等錯誤觀點。對此，中央政府雖然有所不滿，但在相當長時期內並未向香港社會明確指出，這使得香港部分政治勢力更加有恃無恐，只能講“兩制”，不能講“一國”的奇怪現象在香港不斷蔓延，發展到後期，甚至“國家憲法實施”本身在香港都成為了一個政治禁忌話題，誰敢提出便會被扣上破壞“一國兩制”的帽子。在如此政治背景下，香港特區政府在面對“泛民主派”質問時模棱兩可，也就不難理解了。

由是觀之，香港回歸初期，根據當時“不干預”的對港工作具體方針，中央對國家憲法在香港實施問題的爭議秉持“冷處理”的對策，本意是希望通過回歸後兩地的不斷磨合，逐漸消解香港社會對國家憲法的誤解，穩步推進港人的國家認同。然而從實踐看，這種對策並未實現預期目的，國家憲法實際上在香港被架空，甚至被污名化，國家認同的培養更是無從談起。這一危害在 2003 年“23 條國安立法”風波中被暴露出來，並隨著“港獨”思潮的蔓延變得越發嚴峻，這引起了中央政府的重視。

二、對港工作方針的調整與憲法在香港地位的明確

2003 年，香港爆發“七一大遊行”，使得國家安全本地立法（23 條立法）在各方面壓力下被無限期地擱置，這一事件可

謂是香港政治發展的分水嶺。面對香港社會出現的新問題、新情況，中央政府及時調整了對港工作的具體方針，從"不干預"發展為"不干預、有所為"。[56] 在這一背景下，自 2004 年起，國家領導人以及對港工作部門的負責人，就開始有意識地在"人大釋法"、會見香港代表團、以及參加香港特區周年慶活動等場合，向香港社會闡明涉及"一國兩制"的重大基本理論問題，希望借此向香港社會傳遞正確的憲法觀與國家觀。

首先，在過去"堅定不移貫徹'一國兩制'政策"的基礎上，提出要"全面準確理解和貫徹'一國兩制'的方針"。具體而言，就是強調要將"一國兩制"看作完整的概念。"一國"是"兩制"的基礎與前提，沒有"一國"，"兩制"也將無從談起，"一國"高於"兩制"，"一國"和"兩制"不能互相割裂，更不能相互對立。維護中央依法享有的權力，維護國家主權、安全、統一是"一國"的必然要求，支持特區政府及行政長官依法施政，保障香港特別行政區依法享有的高度自治權是"兩制"的應有之義。因此，必須把堅持"一國"原則和尊重"兩制"差異有機結合起來，任何時候都不能顧此失彼，唯有如此，"一國兩制"的優越性才能充分發揮。[57]

其次，重申中央將依據憲法和基本法保證"一國兩制"方針的貫徹落實，並明確實行"一國兩制"的根本目的是為了保持香港的長期繁榮穩定，對此，中央既有憲制權力，也有憲制責任，中央不可能對任何政治勢力試圖阻礙、破壞"一國兩制"貫徹實施的行為坐視不管。[58]

最後，指明香港特別行政區享有的是高度自治，並不是完全自治。根據中國單一制的國家結構形式，這個高度自治權是由中央授予的，即香港特別行政區政府享有權力的大小取決於中央政府授予的權力多少，如果未來出現一些新情況，中央政府還可以根據現實需要，依據基本法第 20 條繼續授予，香港不存在聯邦制下的"剩餘權力"的問題。理解基本法的授權性質，對於正確處理中央與香港的關係至關重要。[59]

表面上看，上述論述似乎與國家憲法在香港的實施並不直接相關，但其內在邏輯是相互貫通的，當中央指明"一國"高於"兩制"、香港的高度自治權來自中央授權、以及中央對香港政改具有憲制權力與憲制責任的時候，其目的都在於向香港社會強調，全面準確理解"一國兩制"，不能只看到基本法層面著重的"兩制"與"高度自治"，也要或者說更要，看到憲法層面著重的"一國"與"中央權力"，後者是前者的基礎和前提，香港正面臨去殖民化和民主化的雙重任務，樹立憲法觀念對香港社會具有重要意義。

應該指出，中央政府的上述表態對香港社會祛除對國家憲法的錯誤認識起到了積極的推動作用，然而受制於主客觀多方面因素，港人國家意識、憲法意識比較薄弱的現象並未得到根本改變，仍有相當一部分人對國家憲法持抵觸態度。這在關於行政長官普選是否需要符合"愛國愛港"標準的討論中又凸顯出來。2013 年 3 月 24 日，全國人大法律委員會主任委員喬曉陽在與香港立法會部分議員的座談會上，圍繞香港普選行政長官的爭論，明確表示，"香港選出來的特首一定要符合'愛國愛港'的標準，不能與中央對抗，說得直接一些，就是不能企圖推翻中國共產黨的領導，改變內地的社會主義制度。"[60]

根據這一理念，港區人大代表譚惠珠認為如果某個參選人公然與中央對抗，作出違反憲法的行為，顯然不符合"愛國愛港"的標準，不具備當選行政長官的資格。[61] 香港工聯會在隨後提交的普選方案中，也認為行政長官候選人在報名參選時，應該首先宣誓擁護國家憲法。[62] 作為中國一個地方的行政首長，宣誓擁護憲法本是無可厚非之事，也是世界所有國家地方選舉的通例。[63] 但香港"泛民主派"卻節外生枝，指責譚惠珠的說法和工聯會的方案是在破壞"一國兩制"，[64] 在社會中製造恐慌，宣稱遵守國家憲法意味著"一國兩制"已死，變為"一國一制"。其中最為激進者，甚至借"雙普選"引發的爭論，提出"公民抗命"的理念，號召大家"佔領中環"，企圖以此威逼中央和特區政府就範，接受他們所謂符合"國際標準"的"真普選"方案，[65] 一時間整個香港社會都被裹挾進政改的激烈爭論中。

在此種背景下，為了正本清源，確保香港"雙普選"能夠朝著正確的方向穩步推進，2014 年 6 月，國務院新聞辦公室發佈了香港回歸以來的首份白皮書——《"一國兩制"在香港特別行政區的實踐》，其中將多年以來隱而未發的國家憲法在香港的地位與實施的問題予以明確，指出"憲法和香港基本法共同構成香港的憲制基礎。憲法在香港具有最高法律地位和最高法律效力。"[66] 在隨後《人民日報》頭版刊發的《準確把握香港特別行政區憲制基礎》一文中對其內涵予以了完整解析。

在香港社會特別是法律界中，長期存在將基本法稱為"憲法"的現象，這反映出國家憲法在香港的地位岌岌可危，也一定程度上釋放出部分人士將香港視為一個獨立或半獨立政治實體的危險信號。受此影響，在香港法院解釋基本法，或香港社會解讀基本法的過程中，可以大量看到外國法學著作、國際條約以及其他地區判例的身影，相較於此，參考國家憲法的例子卻十分罕見。這種脫離國家憲法對基本法規定所作的演繹，無疑會致使基本法與其立法願意漸行漸遠。為了及時扭轉這一趨勢，有必要在基本法日常的實施過程中，強調香港的憲制基礎是由國家憲法和香港基本法共同構成的，基本法非但不能取代國家憲法，反而要將基本法具體規範的含義放置到國家憲法的框架內加以詮釋，唯有如此，才能確保基本法的實施不走樣不變形。[67]

這一論述在 2015 年 3 月也被納入李克強總理所作的政府工作報告中，得到最高國家權力機關的肯定，成為中央對港政策的標準論述。[68] 到此為止，至少從政治層面上看，中央政府對國家憲法在香港具有最高效力，並理應在香港實施的態度是十分明確的。至於在法律機制層面如何確保這一政治意志的實現，後文會予以專題討論。

────── ● ──────

如果從時間維度上看，以上關於國家憲法在香港實施問題的爭論從上個世紀八十年代一直持續至今，可以說始終與香港的命運緊密相連。分析這場橫跨四十餘年的討論，可以辨識出其所遵循的兩種邏輯。

一種謂之政治邏輯，其特點是強調憲法作為主權象徵的意涵，由此，國家憲法在香港的實施問題，被視為是否承認中央對香港管治權的立場問題。從認為"革命憲法"無法與香港相容，到默認"一國兩制"可以限制憲法部分條款在港的實施，從為緩解香港社會的疑慮，對國家憲法在香港的實施問題"冷處理"，到面對香港政治的新形勢，明確將國家憲法界定為香港的憲制基礎，政治邏輯始終一以貫之。

另一種可謂之法律邏輯，其特點是傾向於從規範的角度思考國家憲法在香港的實施障礙、解決辦法，國家憲法與香港基本法的關係，以及如何與香港本地法律相協調。基本法起草過程中，香港大律師們就是基於這種邏輯，反覆要求起草委員會修改國家憲法、羅列不在香港實施的憲法條文清單，以及要求對憲法在港實施問題專門作出法律解釋。

回歸前兩種邏輯有交叉但交鋒不多，而回歸後政治邏輯則成為討論的主調，只要問題合適就會迅速發酵，雙方的爭論看似激烈，其實主要體現的是一種政治立場的對峙。在回歸初期，伴隨著香港憲制轉軌所帶來的震盪，國家憲法的政治面向被突出有其合理性，但在香港進入"日常政治"階段後，若討論的主軸仍然停留於此，則不利於國家憲法作為"最高法"在香港發揮作用，也影響了該問題的研究深度。因此，如何將"憲法和基本法共同構成香港的憲制基礎"這一政治論斷落地，轉化為具體的法律實施機制應成為下一步的研究重點。

| 註釋 |

1. 在筆者收集到的有關資料中，韓大元教授、胡錦光教授以及王禹教授也注重從歷史原始文獻的角度加以研究。

2. 新中國成立以來，中央政府對香港問題的立場是一貫的，即不承認關於香港的三個不平等條約，主張條件成熟後中英通過談判解決香港問題，在此之前維持現狀。參見吳學謙：〈就提請審議中英關於香港問題協議文件向全國人大常委會的報告〉，1984 年 11 月 6 日。正是基於這一立場，中國政府在《中英聯合聲明》中，沒有使用"收回主權"，而是使用了"恢復行使主權"的表述。當然，從法理上看，如果香港主權一直都在中國手中，那麼還有必要和英國人談判嗎？還有必要專門保護英國在香港的固有利益嗎？對於這其中的理論裂隙，有學者提出可以從領土的所有權和佔有權分離，以及統治的正當權威和實際權力分離的思路予以解釋。參見陳端洪：《憲治與主權》，北京：法律出版社 2007 年版，第 165-171 頁。

3. 這裏的"反革命"不是過去中文語境中的含義，它指的是對激進革命狀態的一種匡正。參見高全喜：《從非常政治到日常政治——論現時代的政法及其他》，北京：中國法制出版社 2009 年版，第 29 頁。

4. 參見高全喜：《政治憲法學綱要》，北京：中央編譯出版社 2014 年版，第 65、68、70-71 頁。

5. 1967 年 11 月 6 日《人民日報》刊載的〈沿著十月社會主義革命開闢的道路前進〉一文，其中首次系統性地將"無產階級專政下繼續革命"的理論內涵總結為六個方面，該文由陳伯達和姚文元起草，經過毛澤東批示同意發表。之後，這一理論相繼寫入中國共產黨的九大、十大政治報告、1975 年憲法、1978 年憲法中。

6. 王人博認為 1975 年憲法是由詞彙、語言以及政治象徵性行為組合而成，其目的是喚起人們對某種政治實踐的互相認同。它體現了政治家的謀略和策略，是政治家推行政治實踐必不可少的工具。1975 年憲法不但是中國政治的儀式，而且也是被定義了的廣大"人民"的一種公共生活的儀式。參見王人博：〈被創造的公共儀式——對七五憲法的閱讀與解釋〉，《比較法研究》2005 年第 3 期，第 1-15 頁。

7. 參見〈中共中央關於外交工作的指示〉（1949 年 1 月 19 日），載中央檔案館編：《中共中央文件選集（1949 年 1 月至 9 月）》（第 18 冊），北京：中央黨校出版社 1992 年版，第 44 頁。

8. 參見師哲口述，李海文撰文：《在歷史巨人身邊——師哲回憶錄》，北京：九州出版社 2015 年版，第 276 頁。實際上，新中國對香港的政策，當時已經通過香港《大公報》和《文匯報》上發表的兩篇著名社論〈新中國與香港〉以及〈樂觀香港前途〉傳遞給了港英當局。參見曹二寶：〈抗戰時期的香港與中國共產黨〉，《中國法律評論》2015 年第 3 期，第 29 頁。

9. 參見陳敦德：《香港問題談判始末》，香港：中華書局（香港）有限公司 2009 年版，第 6 頁。

10. 參見金堯如：〈保持香港現狀和地位的戰略思想〉，《香港經濟日報》1993 年 7 月 2 日，轉載於齊鵬飛：《鄧小平與香港回歸》，北京：華夏出版社 2004 年版，第 31-32 頁；強世功：《中國香港：政治與文化的視野》，北京：生活·讀書·新知三聯書店 2010 年版，第 112-114 頁。

11. "反英抗暴"，香港也稱為 "五月風暴"，是由香港左派在 "文化大革命" 的影響下，發動的一場針對港英政府的社會運動，整個運動從 1967 年 5 月 6 日開始，一直持續到同年 12 月才基本結束，最初的鬥爭形式主要是罷工以及遊行示威，後來升級為暴力事件，引發了港英政府的強力鎮壓。這場運動也波及內地，直接導致當時英國駐華代辦處被紅衛兵搗毀。一般認為，這場運動給當時中央在香港的統戰工作帶了負面影響。

12. 參見冉隆勃、馬繼森：《周恩來與香港 "六七暴動" 內幕》，香港：明報出版社有限公司 2001 年版，第 24、28-29、36、73-75、121-124 頁，轉載於齊鵬飛：《鄧小平與香港回歸》，北京：華夏出版社 2004 年版，第 38-39 頁；葉張瑜：〈中共第一代中央領導集體解決香港問題戰略決策的歷史考察〉，《當代中國史研究》2007 年第 14 卷第 3 期，第 49 頁。

13. 這個 "一元化政治訴求" 的概念，來自 1975 年憲法修改報告中對修憲意圖的直白描述，"這些規範，必將有利於加強黨對國家機構的一元化領導，符合全國人民的願望。" 張春橋：〈關於憲法修改的報告〉，載王培英編：《國家憲法文獻通編》（修訂版），北京：中國民主法制出版社 2007 年版，第 189 頁。

14. 在 1971 年新中國恢復在聯合國的合法席位之後，鑒於當時香港和澳門被聯合國非殖民地化委員會列在殖民地名單之中，時任中國駐聯合國代表的黃華於 1972 年 3 月致函該委員會主席，重申了中國政府對港澳的一貫立場，指出港澳作為中國領土的一部分，如何解決港澳問題完全是中國主權範圍內的事，不屬 "殖民地範疇"。對於中國的提議，1972 年 11 月，經第 27 屆聯合國大會多數票贊成，香港、澳門從殖民地名單中刪除。參見內部發行：《我國代表團出席聯合國有關會議文件集》（1972），北京：人民出版社 1972 年版，第

18 頁；錢其琛：〈關於香港回歸的若干問題〉，《求是》1997 年第 12 期，第 7 頁；王鳳超：〈關於香港問題的幾個重要提法〉，《同舟共進》2012 年第 9 期，第 22 頁。

15. 具體內容參見胡繩主編，中共中央黨史研究室著：《中國共產黨的七十年》，北京：中共黨史出版社 1991 年版，第 526-548 頁。

16. 從 "革命憲法" 向 "改革憲法" 轉化是夏勇教授提出的命題，並且指出中國目前的任務是實現從 "改革憲法" 向 "憲政憲法" 的進一步轉化。參見夏勇：〈國家憲法改革的幾個基本理論問題〉，《中國社會科學》2003 年第 2 期，第 4-6 頁。

17. 另外兩項任務是：實現四個現代化與中美關係正常化。中共中央文獻研究室、中國人民解放軍軍事科學院編：《鄧小平軍事文集》（第三卷），北京：軍事科學出版社、中央文獻出版社 2004 年版，第 141 頁。

18. 當然也有觀點認為是中方先向英方提出香港問題的。如時任港英政府立法局首席議員的鍾士元，就在其回憶錄中寫道，"麥理浩說是鄧小平在會談中，先向他提出了香港問題。" 鍾士元：《香港回歸歷程：鍾士元回憶錄》，香港：香港中文大學出版社 2001 年版，第 20-21 頁。

19. 參見齊鵬飛：《鄧小平與香港回歸》，北京：華夏出版社 2004 年版，第 60 頁。

20. 1974 年葡萄牙發生政變後，葡國新政府提出要放棄葡萄牙在全球的所有殖民地，要成為無殖民地的國家，為此他們向中國政府提出要立即歸還澳門。當時中央政府的考慮是如果葡萄牙要歸還澳門，中國當然要接受，但如此便會影響到香港，考慮到整個港澳的大局，中葡之間達成了關於澳門的四點協議：一、澳門是中國領土，主權一貫屬中國政府所有；二、澳門是歷史遺留問題；三、在適當時機通過中葡兩國政府談判解決；四、解決之前維持現狀。這就是 "澳門模式"。參見黃文放：《中國對香港恢復行使主權的決策歷程與執行》，香港：明報出版有限公司 1997 年版，第 7-8 頁；〔美〕傅高義著，馮克利譯：《鄧小平改變中國》，台北：遠見天下文化出版股份有限公司 2012 年版，第 652-653 頁。

21. 1981 年 2 月 17 日鄧小平委託鄧力群給廖承志打電話，告訴他香港問題已經擺上日程，我們應該有一個明確的方針。請各有關部門研究，提出材料和方案，供中央參考。冷溶、汪作玲主編：《鄧小平年譜》（1975-1997）（下），北京：中央文獻出版社 2004 年版，第 715 頁。

22. 對於收回香港決策的過程，主要參考了當事人的回憶錄。參見魯平口述，錢亦蕉整理：《魯平口述香港回歸》，香港：三聯書店（香港）有限公司 2009

年版，第 1-21 頁；許家屯：《許家屯香港回憶錄》，台北：聯合報股份有限公司 2014 年版，第 87 頁；李後：《百年屈辱史的終結——香港問題始末》，北京：中央文獻出版社 1997 年版，第 68-71 頁；黃文放：《中國對香港恢復行使主權的決策歷程與執行》，香港：明報出版有限公司 1997 年版，第 2-15、26 頁；張春生編著：《周南解密港澳回歸：中英及中葡談判台前幕後》，北京：新華出版社 2013 年版，第 98-100 頁。

23. 從目前本書收集到的材料看，憲法第 31 條大致是在 1982 年 2 月到 4 月間，寫入 1982 年憲法的。許崇德教授指出，"1982 年 2 月 27 日，憲法修改委員會第二次全體會議討論並審議了憲法修改委員會秘書處草擬的《中華人民共和國憲法修改草案（討論稿）》，在這次會議之前，憲法修改委員會秘書處預先印發了一份書面材料，題為《中華人民共和國憲法修改草案（討論稿）的說明》，其中提到第二十九條（後來調整為第三十一條）是新增加的，考慮到在統一祖國大業過程中可能遇到的複雜情況，憲法中規定在必要時設立特別行政區是適當的。"許崇德：《中華人民共和國憲法史》，福州：福建人民出版社 2005 年版，第 387-389 頁。同樣參與了 1982 年憲法全面修改工作的蕭蔚雲教授指出，"憲法從 1980 年 9 月開始啟動修改程序，最初的憲法修改稿中並沒有體現'一國兩制'的條文，到 1982 年 4 月的憲法修改草案中才增加了一條關於'一國兩制'內容的條文，這就是 1982 年憲法第 31 條。"蕭蔚雲：《論香港基本法》，北京：北京大學出版社 2003 年版，第 242 頁。鄧小平在 1982 年 4 月 6 日會見英國前首相希斯時，就專門提到"香港回歸後仍將是一個自由港和全球金融中心，我們新憲法有規定，允許建立特別行政區。"〔美〕傅高義著，馮克利譯：《鄧小平改變中國》，台北：遠見天下文化出版股份有限公司 2012 年版，第 659-661 頁。

24. 從目前的材料看，具體提出 1982 年憲法應該對"一國兩制"作出相應規定是胡喬木，他親自起草了憲法第 31 條和第 62 條的最初稿。參見程中原：〈胡喬木對一九八二年憲法修改的貢獻〉，《中共黨史研究》2011 年第 8 期，第 44 頁。

25. 彭真在對憲法第 31 條的有關說明中也沒有提到港澳，只是說這是我們處理這類問題的基本立場。參見王漢斌：《王漢斌訪談錄——親歷新時期社會主義民主法制建設》，北京：中國民主法制出版社 2012 年版，第 75-76 頁。

26. 強世功教授認為，鄧小平提出的"一國兩制"政策，是將國家凌駕於意識形態之上，將維護中華民族的最高政治利益置於支持中國共產黨的政治統治之上，這是一種古典意義上的國家觀。參見強世功：〈和平革命的司法管轄權之爭——從馬維騉案和吳嘉玲案看香港憲政秩序的轉型〉，《中外法學》2007

年第 6 期，第 666 頁。

27. 參見中華人民共和國香港特別行政區基本法起草委員會秘書處編：《香港各界人士對〈基本法〉結構等問題的意見彙編》，1986 年 4 月，第 22-24 頁。需要說明的是，由於本書使用的原始文檔，並非正式出版物，因此在頁碼標注問題上，選擇的均是 pdf 文檔自動顯示的頁碼，有些或許與原始文檔自帶的頁碼不一致。

28. 香港起草委員的意見，See Mark Roberti, *The Fall of Hong Kong: China's triumph and Britain's Betrayal* (New York: John Wiley & Sons Press, 1994), pp. 165-166.

29. 參見中華人民共和國香港特別行政區基本法起草委員會秘書處編：《中華人民共和國香港特別行政區基本法起草委員會第二次全體會議文件彙編》，1986 年 4 月，第 27-29 頁；王禹編：《港澳基本法草案彙編》，澳門：濠江法律學社 2014 年版，第 8、16 頁。

30. 1985 年 4 月，全國人民代表大會決定成立香港特別行政區基本法起草委員會，起草委員會在 1985 年 7 月舉行第一次會議後，為了更為廣泛並有效地聽取香港市民的意見，因此決定委託起草委員會中的香港委員在香港成立一個具有廣泛代表性的基本法諮詢委員會，該委員會於 1985 年 12 月成立，委員全部由香港居民組成，共 180 人，諮詢委員會接受起草委員會的諮詢，並且就特定問題向起草委員會提供建議，但二者沒有隸屬關係。

31. 參見〈分批研討會參考資料 2——研討專題：基本法的結構〉，載《基本法諮詢委員會全體會議記錄》，第 105 頁，發佈主體、發佈時間等更為詳細的記錄缺失。

32. 實際上自大律師公會提出"四角原則"概念後，就被不斷用來解釋中央與香港特別行政區的關係。參見〈"一國兩制"與"高度自治"專題報告〉，載中華人民共和國香港特別行政區基本法諮詢委員會編：《中華人民共和國香港特別行政區基本法（草案）徵求意見稿（諮詢報告 2）》，1988 年 10 月，第 29 頁。

33. 參見〈中央與香港特別行政區的關係專題小組工作報告（1986 年 11 月 11 日）〉，載中華人民共和國香港特別行政區基本法起草委員會秘書處編：《中華人民共和國香港特別行政區基本法起草委員會第三次全體會議文件彙編》，1986 年 11 月，第 4-17 頁。

34. 這個"憲法與基本法關係小組"屬香港基本法諮詢委員會中央與特別行政區關係專責小組下設的六個工作組之一，召集人是麥海華，成員包括葉文慶、徐四民、李紹基、鄒燦基、馮華健、鍾期榮、歐成威。在〈基本法與憲法的關係最終報告〉1987年2月提交給起草委員會參考前，該小組曾經於1986年12月草擬出〈基本法與憲法的關係討論問題〉，內容與最終報告基本一致。參見《香港特別行政區基本法諮詢委員會中央與特別行政區的關係專責小組會議記錄（1986年至1987年1月）》，第87-88、104-111頁。

35. 參見中華人民共和國香港特別行政區基本法諮詢委員會中央與特別行政區的關係專責小組編：〈基本法與憲法的關係最後報告〉，載《香港特別行政區基本法諮詢委員會中央與特別行政的關係專責小組會議記錄（1987年2月至1989年）》，1987年2月，第28-35頁。

36. 參見〈中央與香港特別行政區的關係專題小組工作報告（1987年4月13日）〉，載中華人民共和國香港特別行政區基本法起草委員會秘書處編：《中華人民共和國香港特別行政區基本法起草委員會第四次全體會議文件彙編》，1987年4月，第17-18頁。

37. 參見〈中央與香港特別行政區的關係專題小組工作報告（1987年8月22日）〉，載中華人民共和國香港特別行政區基本法起草委員會秘書處編：《中華人民共和國香港特別行政區基本法起草委員會第五次全體會議文件彙編》，1987年8月，第5-7、12-13頁。

38. 參見〈香港特別行政區基本法起草委員會各專題小組擬定的各章條文草稿彙編〉，載中華人民共和國香港特別行政區基本法起草委員會秘書處編：《中華人民共和國香港特別行政區基本法起草委員會第六次全體會議文件彙編》，1987年12月，第19-20頁。

39. 參見〈中華人民共和國香港特別行政區基本法（草案）徵求意見稿〉，載中華人民共和國香港特別行政區基本法起草委員會秘書處編：《中華人民共和國香港特別行政區基本法起草委員會第七次全體會議文件彙編》，1988年5月，第35頁。

40. 參見中華人民共和國香港特別行政區基本法起草委員會秘書處編：《內地人士對〈香港特別行政區基本法（草案）徵求意見稿〉的意見彙編》，1988年9月，第6頁。

41. 參見〈基本法諮詢委員會中央與香港特別行政區的關係專責小組對基本法（草案）徵求意見稿第一、第二、第七及第九章的意見彙編〉，載中華人民共和國香港特別行政區基本法諮詢委員會編：《中華人民共和國香港特別行政區基本法（草案）徵求意見稿（諮詢報告第一冊）》，1988年10月，第44頁；中華人民共和國香港特別行政區基本法諮詢委員會編：《中華人民共和國香港特別行政區基本法（草案）徵求意見稿（諮詢報告第五冊——條文總報告）》，1988 年 10 月，第 40-42 頁；李浩然主編：《香港基本法起草過程概覽》（上冊），香港：三聯書店（香港）有限公司 2012 年版，第 66-67 頁。

42. 其中值得玩味的是憲法第 33 條規定的法律面前人人平等的問題，他們認為由於目前基本法規定的基本權利條款較國家憲法保障力度更大，所以違反了憲法第 33 條。

43. 參見〈基本法與國家憲法及《中英聯合聲明》的關係專題報告〉，載中華人民共和國香港特別行政區基本法諮詢委員會編：《中華人民共和國香港特別行政區基本法（草案）徵求意見稿（諮詢報告第二冊）》，1988 年 10 月，第 5-11 頁。

44. See Hungdah Chiu (ed.), *The Draft Basic Law of Hong Kong: Analysis and Documents* (Maryland: University of Maryland, 1988), pp. 82-83, 90.

45. 〈"一國兩制"下互不干預專題報告〉，載中華人民共和國香港特別行政區基本法諮詢委員會編：《中華人民共和國香港特別行政區基本法（草案）（諮詢報告第二冊）》，1989 年 11 月，第 9 頁。對此正式的官方說法，參見〈中國的內政不容干涉——評西方七國首腦會議關於中國的聲明〉，《人民日報》1989 年 7 月 17 日；〈一國兩制不容破壞〉，《人民日報》1989 年 7 月 21 日。

46. 參見中華人民共和國香港特別行政區基本法諮詢委員會編：《中華人民共和國香港特別行政區基本法（草案）（諮詢報告第一冊）》，1989 年 11 月，第 63 頁；中華人民共和國香港特別行政區基本法諮詢委員會編：《中華人民共和國香港特別行政區基本法（草案）（諮詢報告第三冊條文總報告）》，1989 年 11 月，第 7、27-28、30 頁。

47. See *Hot off the Press* (Hong Kong: Hong Kong Lawyer, 1998 Aug), pp. 25-26.

48. See Margaret Ng, *PRC Constitution Made Part of Laws of Hong Kong?* (Hong Kong: Hong Kong Lawyer, 1998 Oct), p. 21.

49. See Tony Yen, *The PRC Constitution and Hong Kong Law* (Hong Kong: Hong Kong Lawyer, 1998 Dec), p. 16.

50. 立法會會議過程正式記錄，香港立法會 1999 年 2 月 10 日，資料來源於：http://www.legco.gov.hk/yr98-99/chinese/counmtg/general/cou_mtg.htm（最後訪問時間：2019 年 1 月 1 日），第 3748-3750、3876 頁。

51. 香港黃江天律師曾經引入內地憲法學界提出的"整體實施，具體部分不實施"的學說回應該問題，但並未獲香港律師界以及政府部門採納。See James K. T. Wong, *The Applicability of the PRC Constitution to Hong Kong* (Hong Kong:

Hong Kong Lawyer, 1999 Mar), pp. 23-25.

52. *Ng Ka Ling and Another v. The Director of Immigration*, FACV 14/1998, paras. 61-66.

53. See Siu K. Lee, *Much Ado about Something* (Hong Kong: Hong Kong Lawyer, 1999 Jul), pp. 26-29.

54. 根據香港大學陳文敏教授的研究，在 1950 年代之前，香港社會幾乎沒有聽過司法審查這一概念。就算到 1988 年，香港法院也僅受理過 29 個司法審查申請，這其中的大部分還是針對行政行為的司法審查，而非憲法審查。See Johannes Chan, "Administrative Law, Politics and Governance: The Hong Kong Experience", in Tom Ginsburg, Albert H. Y. Chen (eds.), *Administrative Law and Governance in Asia — Comparative Perspectives* (London: Routledge, 2009), p. 143.

55. 回顧香港回歸後，歷屆中央政府工作報告中涉及港澳的段落，在 1997 至 2008 年間，除了 2000 年，均使用了 "認真執行基本法"、"全面貫徹落實基本法" 或 "嚴格按照基本法辦事" 等用語。在 2009 年至 2013 年間，相關表述被取消，2014 年恢復使用，但其內容被微調為 "全面準確落實基本法"。2015 年出現較為明顯的變化，使用了 "嚴格依照憲法和基本法辦事" 的表述，並一直持續至今。

56. 雖然內地學界對於中央對港工作方針的調整並不陌生，但對其進行學術分析的文章並不多。筆者僅發現程潔教授曾對此問題的起源和過程有過專文論述。See Jie Cheng, "The Story of a New Policy", (2009) *Hong Kong Journal* 7.

57. 胡錦濤：〈在慶祝香港回歸祖國 10 周年大會暨香港特別行政區第三屆政府就職典禮上的講話〉，2007 年 7 月 1 日，載中央駐港聯絡辦公室官網，資源來源於：http://www.locpg.gov.cn/gjldrnxg/hujingtao/200707/t20070709_2600. asp（最後訪問時間：2019 年 11 月 4 日）；胡錦濤：〈在慶祝香港回歸祖國 15 周年大會暨香港特別行政區第四屆政府就職典禮上的講話〉，2012 年 7 月 1 日，載中央駐港聯絡辦公室官網，資源來源於：http://www.locpg.gov.cn/ shouyexinwen/201207/t20120701_6102.asp（最後訪問時間：2019 年 11 月 4 日）；喬曉陽：〈從 "一國兩制" 的高度看待釋法的必要性與合法性〉，載全國人大常委會香港、澳門基本法委員會編：《中央有關部門發言人及負責人關於基本法問題的談話和演講》，北京：中國民主法制出版社 2011 年版，第 21 頁。

58. 吳邦國：〈在十屆全國人大常委會第十五次會議上的講話〉，2005 年 4 月

27 日，載中央駐港聯絡辦公室官網，資料來源於：http://www.locpg.gov.cn/gjldrnxg/wubangguo/200701/t20070105_1016.asp（最後訪問時間：2019 年 11 月 4 日）；吳邦國：〈深入實施香港特別行政區基本法　把 "一國兩制" 偉大實踐推向前進——在紀念中華人民共和國香港特別行政區基本法實施十周年座談會上的講話〉，載全國人大常委會香港基本法委員會辦公室編：《紀念香港基本法實施十周年文集》，北京：中國民主法制出版社 2007 年版，第 5-6 頁；喬曉陽：〈從 "一國兩制" 的高度看待釋法的必要性與合法性〉，載全國人大常委會香港、澳門基本法委員會編：《中央有關部門發言人及負責人關於基本法問題的談話和演講》，北京：中國民主法制出版社 2011 年版，第 22 頁。

59. 吳邦國：〈深入實施香港特別行政區基本法　把 "一國兩制" 偉大實踐推向前進——在紀念中華人民共和國香港特別行政區基本法實施十周年座談會上的講話〉，載全國人大常委會香港基本法委員會辦公室編：《紀念香港基本法實施十周年文集》，北京：中國民主法制出版社 2007 年版，第 6-7 頁；徐澤：〈在基本法軌道上發展香港政制〉，載全國人大常委會香港、澳門基本法委員會編：《中央有關部門發言人及負責人關於基本法問題的談話和演講》，北京：中國民主法制出版社 2011 年版，第 36 頁。

60. 喬曉陽：〈2013 年 3 月 24 日在香港立法會部分議員座談會上的講話〉，資料來源於：http://news.xinhuanet.com/gangao/2015-03/18/c_127595010.htm（最後訪問時間：2019 年 10 月 12 日）。

61. 〈譚惠珠：特首抗中央違憲，法律學者指憲法在港不實施，批合理化喬言論〉，資料來源於：http://specials.mingpao.com/cfm/News.cfm?SpecialsID=137&Page=96&News=c19b724a460969ec4c92d3cadc0321ecc81fd5aeca4367e4851b35e84a（最後訪問時間：2019 年 10 月 13 日）。

62. 〈工聯普選特首方案：參選要聲明擁護國家憲法〉，資料來源於：http://specials.mingpao.com/cfm/News.cfm?SpecialsID=137&News=cefe74b941680a5adce4702fed4c061295a6f63b09ee45921ea6d2a9b9602edadc6c02（最後訪問時間：2019 年 10 月 13 日）。

63. 李林、莫紀宏、陳欣新：〈"愛國愛港" 是中國公民擔任香港特別行政區行政長官的基本法律要件〉，《港澳研究》2013 年第 1 期，第 22-23 頁。

64. 公民黨議員陳家洛將譚惠珠的言論和工聯會的方案無限上綱，並直接引入到當年 11 月 13 日的立法會辯論中，要求政府交代立場，得益於中央從 2003 年開始有意向香港社會傳遞全面準確理解 "一國兩制" 的重要性，香港政制及內地事務局局長譚志源雖表示不會對個別言論和方案作出評價，但也明確表示行政長官擁護國家憲法，無論是否已通過法律形式規定，都是理所應當，應有之義，符合憲制秩序和政治倫理。資料來源於：http://www.info.gov.hk/gia/general/201311/13/P201311130347.htm（最後訪問時間：2019 年 10 月 13 日）。

65. 最具代表性的言論見戴耀廷：〈公民抗命的最大殺傷力武器〉，《信報》2013 年 1 月 16 日。

66. 中華人民共和國國務院新聞辦公室：《"一國兩制" 在香港特別行政區的實踐》，北京：人民出版社 2014 年版，第 32 頁。

67. 人民日報評論員：〈準確把握香港特別行政區憲制基礎〉，《人民日報》2014 年 6 月 19 日。

68. 當然，這並非意味著中央政府的官員之前並未有過如此表述，實際上喬曉陽主任就曾有過類似說法，韓大元教授更曾以此為題發表過文章，但在中央最高層面，對此的確認應該是從白皮書開始的，這一論述納入政府工作報告也是從 2015 年開始的。參見喬曉陽：〈關於香港基本法的幾個主要問題〉，載全國人大常委會香港、澳門基本法委員會編：《中央有關部門發言人及負責人關於基本法問題的談話和演講》，北京：中國民主法制出版社 2011 年版，第 146-147 頁；韓大元：〈中華人民共和國憲法與香港特別行政區基本法共同構成香港憲制的基礎〉，載中國人大網，資源來源於：http://www.npc.gov.cn/npc/xinwen/rdlt/fzjs/2007-06/07/content_366697.htm（最後訪問時間：2019 年 11 月 1 日）。

第三章

國家憲法在香港實施的實踐

目前學界在討論國家憲法在香港的實施問題時，往往將精力集中於論證國家憲法能否在香港實施，但是對於國家憲法在實踐中究竟在香港有無實施，以及具體的實施形態則少有涉及。如果說在香港憲制轉軌的"非常政治"時期，這種"定性"的研究路徑確實有利於向香港社會闡明國家憲法在香港地位的話，當轉軌完成，香港進入"日常政治"時期後，這一路徑對研究的局限作用則日益凸顯。長期以來，兩地學界對此問題的爭論在很大程度上流為政治立場的對峙，無法超越並深入討論下去的原因就在於此。

鑒於此，本章將從實證的角度對國家憲法在香港實施的整體狀況展開分析。首先，以回歸後香港各級法院引用國家憲法的判決為樣本，從司法性實施的角度分析香港法院在回歸後對國家憲法持何種態度，以及在具體案件中會如何實施憲法；其次，再將視角轉移到全國人大及其常委會身上，通過梳理它們作出的涉及香港的規範性文件，以涉及的主題為線索，從五個方面展現全國人大及其常委會是如何在香港實施國家憲法的；最後，將目光往返於香港法院和全國人大及其常委會之間，從憲法條文的選擇、憲法實施的方式以及憲法實施的困境這三個角度，對二者實施憲法的基本情況進行對比，希望以此把握憲法在香港實施的真實狀態。

香港法院實施國家憲法的實踐 [1]

————————— ● —————————

通過初步的檢索，回歸後香港各級法院至少在 46 份判決書中引用了國家憲法，其中有 40 份判決涉及憲法實施問題。[2] 從時間跨度和影響力看，幾乎覆蓋了香港回歸以來所有引發學術爭議的判決。但是嚴格地說，判決中引用了國家憲法，並不一定意味著國家憲法在香港被司法機關所實施。本節所討論的憲法司法性實施，是指當香港法院在處理一個真實的案件爭議點，且該爭議點的解決與案件的最終結果具有直接關係時，國家憲法作為裁判爭議點的依據被實施，這其中包括但不限於在憲法審查意義上被實施。以此為標準，並考慮到論述的連貫性及案件之間的關聯性，擬將香港法院的相關判決大致分為四類進行分析。

一、憲法在特定案件中作為裁判依據

長期以來在學界有一種觀點，認為基於國家憲法的社會主義性質，香港法院不能夠實施憲法。實際上，上述觀點與香港本身的司法實踐並不相符。[3] 香港法院至少在六份判決中將憲法作為特定案件爭議點的裁判依據。在這其中，丁磊淼案和華天輪案具有重要的學術意義。

丁磊淼案[4]起因於香港法院是否應該承認和執行台灣地區法院涉及破產的裁決。對此，在回歸前，香港高等法院陳兆愷法官基於英國政府不認為台灣為一個獨立主權國家的立場，拒絕承認和執行台北法院的裁定。[5]而在回歸後，鑒於內地和香港關係的巨大轉變，上述判決被高等法院上訴庭以多數意見推翻，此結果最終為終審法院所維持。

如果從案件的核心爭議點出發，會發現該案之所以能夠產生，與香港法院對國家憲法序言第九段的解釋直接相關。憲法序言第九段規定"台灣是中華人民共和國的神聖領土的一部分。完成統一祖國的大業是包括台灣同胞在內的全體中國人民的神聖職責。"正是基於這一規定，香港法院將現在台灣當局的性質描述為"叛逆政府"（rebel government）或"謀反政府的不法實際控制"（de facto albeit unlawful control of usurper government），而非外國政府。這一事實認定使得該案在法律實施上，與以往香港法院承認和執行外國民事判決的案件截然不同（也使得該案的二審與其回歸前的一審有了明顯區別）。

此外，Wilberforce 原則[6]的運用在承認台灣法院破產裁決上起了核心作用，為了論證運用 Wilberforce 原則的合理性，香港法院一方面在普通法資源中尋找依據，另一方面則直接訴諸了國家憲法序言第九段。高等法院上訴庭的 Godfrey 法官認為 Wilberforce 原則在本案中能夠實施的基礎在於：中華人民共和國作為主權者雖然不能直接對台灣行使主權，但其仍有義務盡一切可能保護台灣人民的福祉。這就使台灣的非法控制者得到了一種默示的授權去維護該地方的法制與秩序，而在有限的範圍內，主權者應該承認這些行為的有效性。作為中國一部分的香港如果拒絕承認這一點，則將與憲法序言第九段所體現的精神相背離。[7]

值得留意的是，高等法院上訴庭的 Rogers 法官雖然持少數不同意見，但是他也明確承認憲法序言第九段在該案的實施性。[8] 上述邏輯被終審法院所確認，Lord Cooke 法官進一步指出，香港法院對台灣民事破產裁定的承認，沒有損害中國對台灣的主權或與公共政策相抵觸，相反，作為中國組成部分的香港承認涉及台灣居民的破產裁決，有助於強化"完成祖國統一大業"這一論點。[9] 該案實施憲法所得出的上述結論，在另外兩份判決書中也為香港法院所遵循。[10]

華天輪案主要涉及一家馬來西亞公司與廣東打撈局的民事糾紛，該案是香港回歸後首個關於官方豁免權（crown immunity）（起源於英國，即"國王不能為非"以及"國王不能在自己的法庭被起訴"）的案例，其判決的內容與中國對香港恢復行使主權的事實具有密切關係。[11] 法院處理該案兩個核心爭議點時實施了國家憲法。

其一，回歸後，中央政府是否可以依據官方豁免原則免受香港法院的管轄。對此，代表廣東打撈局的大律師認為根據國家憲法第 31 條，香港是中國的一個地方行政區，其法院亦是中國的法院，所以根據官方豁免原則，香港法院無權審理以中央政府為被告的案件（除非經其同意）。[12] 對此論點香港法院予以接受。[13]

其二，廣東打撈局是否屬中央政府的隸屬機構，從而也享有官方豁免權。法院首先採取"控制說"判斷廣東打撈局不是一個獨立法律主體，而是中國交通部的隸屬機構。之後根據國家憲法第 89 條的規定指出，交通部需要接受中央人民政府的領導，是其組成部門。[14] 由此最終得出，廣東打撈局作為中央政府的隸屬機構享有官方豁免權。[15]

通過對上述兩個典型案例的分析，可以發現香港法院雖然在涉及台灣問題、官方豁免等特定案件中會以憲法作為裁判案件爭議點的依據，但是這一司法性實施並不涉及對其他法律效力的評判問題，即沒有在憲法審查意義上實施過國家憲法。

二、憲法在特定問題上作為裁判依據

據統計，香港法院至少在十六份判決中，實施國家憲法處理圍繞全國人民代表大會及其常務委員會（以下簡稱為全國人大及其常委會）和香港法院之間關係展開的特定問題。這其中包括在兩地學界引發過熱烈討論的馬維騉案、吳嘉玲案、劉港榕案、莊豐源案、剛果（金）案、外傭居留權案與立法會議員宣誓案等。鑒於對這些案件的案情學者們都有過專門介紹，所以這裏跨過基本案情的分析，直接以國家憲法的實施為線索，對上述案件的脈絡進行重新梳理。

一切仍要從馬維騉案（以下簡稱為馬案）說起。馬案中一個核心爭議就是臨時立法會的合法性。這實際上涉及兩個問題：第一，全國人大是否有權成立籌委會，並授權籌委會對包括成立臨時立法會在內的諸多事宜作出決定。對此，陳兆愷法官"實施"了憲法第 62 條第 14 項，認為授權籌委會成立臨時立法會，顯然屬"決定特別行政區的設立及其制度"的範疇之內,並據此認為全國人大當然有權作出上述決定。[16] 而在處理第二個問題,即香港法院是否可以審查全國人大的上述行為時,陳兆愷法官論證的重心主要放在基本法第 19 條之上,即通過類比回歸前香港法院無權審查英國國會行為的憲法慣例,認為香港法院在回歸後仍應無權審查全國人大——這個新主權機關的行為。在論證中雖然也籠統提及了國家憲法,但只是為了加強上述推論,並沒有實施憲法。[17]

這裏法院實際上忽視了之所以回歸前香港法院對此類問題沒有管轄權,根本原因在於英國的憲制結構。所以從學理上說,真正限制香港法院對全國人大管轄權的並不是回歸前的情況,而是國家憲法規定的憲制體制。正是在這一點上立論薄弱,使得終審法院在吳嘉玲案中以一句"把舊制度與此相提並論是對問題有所誤解"而將上述判決推翻。[18] 如果陳兆愷法官能實施憲法,從中國的憲制結構出發進行論述,結果或許會有所變化。

當然歷史不能假設,現在就進入聚訟紛紛的吳嘉玲案(以下簡稱為吳案)。吳案中有兩部分集中提到了國家憲法:第一,在憲制結構部分,香港法院實施了憲法第 31 條、第 57 條和第 58 條,用以說明基本法為香港的憲法,為之後論證兩個層面的"違反基本法審查權"埋下伏筆。(It became **the** Constitution of the Hong Kong Special Administrative Region. 注意定冠詞 the 的使用)[19] 第二,在法院的司法管轄權部分,香港終審法院又實施國家憲法,並據此指出它有權審查全國人大及其常委會的行為是否符合基本法。

結合上下文，法院的邏輯是：全國人大既然根據憲法制定了基本法，其本身也要受基本法的約束。而基本法明確授權香港法院享有獨立的司法權、終審權和解釋基本法的權力，所以香港法院有權審查全國人大及其常委會的行為是否符合基本法。基本法第159條關於修改權的限制規定，也加強了上述論點的合理性。[20]

這一論斷所內含的普通法理念與內地學界關於國家憲法體制的通說大相徑庭。[21] 這顯然是終審法院的一次"豪賭"，[22] 無怪乎這一判決立即引起了中央政府和內地學界的嚴重關切。客觀地說，吳案中香港終審法院是否以憲法條文作為裁判依據很模糊，如果考慮到引用的目的是為了論證該案的重要爭議點，即香港法院有權在兩個層面，特別是在全國人大層面行使違反基本法審查權，那麼可勉強歸類為司法性實施。當然這是一次錯誤實施憲法的典型案例。

面對這一錯誤，終審法院在隨後的劉港榕案（以下簡稱劉案）中做了部分修正，至少通過對"人大釋法"效力的承認，在全國人大及其常委會的定位上，又回到了國家憲法規定的軌道上來。劉案在基本法判例中處於特殊地位，它是1999年"人大釋法"後，終審法院審理的第一起涉及該釋法效力的案件，在處理"人大釋法"的權力來源、釋法方式和釋法範圍問題上均實施了國家憲法。

李國能法官指出，全國人大常委會對基本法的解釋權源自國家憲法第67條第4項的授權，基本法第158條第1款也確認了這一點。此外，根據上述規定，全國人大常委會對基本法任何條款都可以解釋，這項權力是普遍且不受限制的。[23] 梅師賢

法官（Sir Anthony Mason NPJ）補充道，國家憲法規定的權力
分配體制與普通法地區通常理解的分權概念有所不同，作為最
高權力機構常設機關的全國人大常委會可以在任何時候，主動
就基本法的所有條款進行解釋，這與香港法院對基本法的限制
性解釋權形成了鮮明的對比。這一點普通法地區的律師也許會
感到奇怪，但卻是在國家憲法秩序下理解基本法的必然結果。[24]

在劉港榕案後，香港法院在莊豐源案、吳小彤案、剛果
（金）案以及外傭居留權案等案件[25]中又多次涉及"人大釋法"
的問題，香港法院沒有再作出新的論斷，無一不援用了劉案的
結論。這有利於兩地在"人大釋法"的權力來源、釋法方式和
釋法範圍問題上逐步形成共識。當然，這並非意味著香港法律
界對"人大釋法"再無異議，在近期發生的香港立法會議員宣
誓系列案中，有關問題再被提及。

該案當事人認為，按照普通法的觀點，全國人大常委會關
於基本法第 104 條的解釋其實是"修法"而非"釋法"，因此
不屬基本法第 158 條所講的"有效釋法"，因此，香港法院在判
決中不應受其拘束。香港法院在判決中明確指出，全國人大常
委會的釋法權來自於憲法第 67 條第 4 項，並且載於基本法 158
條之中。對於"人大釋法"的理解不能僅僅依照普通法理論，
而是必須根據內地的憲法理論進行綜合考慮，這是"一國兩制"
的必然。"人大釋法"已經成為香港法律制度的一部分，對香港
法院具有毫無疑問的拘束力。[26]

通過上述梳理可以發現，香港法院在全國人大及其常委會
的性質、香港法院是否有權審查全國人大及其常委會的行為，
以及"人大釋法"的約束力等特定問題上均實施了國家憲法，

其實施範圍雖然是有限的，但是所涉及的都是中央與香港之間的核心問題，從實際影響看也在“一國兩制”法治實踐中處於關鍵地位。

三、憲法作為說明事實或解釋法律條文的輔助資料

在有些判決書中（18 份），香港法院引用憲法主要是為了輔助其明確基本法或本地法具體條款的含義。“憲法的引入”與“法律條款含義的明確”之間具有直接的因果關係，從而憲法發揮了間接影響案件裁判結果的功能。

在國旗、區旗案中，香港法院為了說明中國國旗為五星紅旗的事實，引用了國家憲法第 136 條。[27] 此外，香港法院在一些判決中籠統地引用國家憲法或國家憲法第 31 條，說明香港基本法的來源，法院如此引用憲法的目的，主要是為了加強基本法的權威，這樣的使用往往伴隨著對基本法序言和基本法第 1 條、第 2 條、第 11 條和第 12 條的援引。[28]

而在有些案件中，香港法院還會引用國家憲法作為解釋基本法（第 31 條、第 37 條和第 105 條）或其他法律[29]的參考資料。例如在 *Gurung Deu Kumari and Another v. Director of Immigration* 案中，一名來自尼泊爾的 58 歲婦女於 2008 年以訪問者（visitor）的身份來看望她在香港定居的兒子，由於身體和家庭原因，她希望香港入境處處長行使裁量權，改變她的訪問者身份，以她兒子受養人（dependency）的身份留在香港，對此請求，香港入境處處長基於現有政策沒有批准。就此，該名婦女和其兒子提出司法審查之訴，他們的其中一項理由是，入

境處處長的上述決定違反了基本法第 37 條所保護的 "贍養或由成人子女照顧父母"（right to raise a family freely）的權利。在如何解釋基本法第 37 條這個問題上，香港法院引用了國家憲法第 49 條，法院認為，基本法第 37 條的中文本將 "right to raise a family freely" 表述為 "自願生育的權利"，這一表述是相對於國家憲法第 49 條第 2 款所規定的 "計劃生育義務" 而言的，基本法如此規定的目的只是為了說明香港居民不受計劃生育政策的約束。此外，國家憲法第 49 條第 3 款又另外規定了 "贍養義務"。由此可見，基本法第 37 條並不包括 "由成年子女照顧、贍養父母或維持家庭團聚" 的含義。[30] 上述立場在後續的六個相關判決中又得到了確認。[31]

在涉及基本法第 105 條中 "deprivation" 的解釋上，香港法院也援引了國家憲法。如在 *Hong Kong Kam Lan Koon Ltd v. Realray Investment Ltd* 案中，一方主張香港《時效條例》第 7 條關於收回土地的訴訟時效的規定和第 17 條關於所有權於期限屆滿後終止的規定，違反基本法第 105 條。這裏主要涉及如何理解 "deprivation" 的問題，對此，香港法院參考了 1954 年憲法第 13 條、1975 年憲法第 6 條和 1982 年憲法第 10 條的規定，認為基本法第 105 條所言的 "deprivation" 應該被理解為一個更為狹義的概念，相當於 "expropriation"。這裏的 "徵用" 只涉及私主體財產被政府剝奪的概念，並不調整個人的財產被其他私主體剝奪的情況。[32] 此外，在 *Gurung Kesh Bahadur v. Director of Immigration* 案中，香港法院為了說明基本法第 31 條規定的旅行和出入境自由較之於國家憲法的規定要更寬，也籠統引用了國家憲法。[33]

四、當事人或證人提出實施憲法，但法院沒有回應

有的判決書（五份）雖然也提出了實施憲法的要求，但這僅僅是複述當事人的請求或專家證人的證詞，香港法院本身並沒有依據國家憲法作出裁決。比如在 *Xin Jiang Xingmei Oil-Pipeline Co. Ltd v. China Petroleum & Chemical Corporation* 案中，中石化集團為該案的被告，原告律師提出中國內地法院在處理涉及國有資產（如中石化集團）的案件中存在司法偏向，內地法院會由於行政壓力而作出不公判決。對此，被告的專家證人（一名前最高法院的法官）指出上述指責是站不腳的，為此，他／她引用了國家憲法第 11 條、第 13 條和第 126 條，說明私有財產是受憲法保護的權利，並且指出內地法院依法獨立行使審判權亦為一項憲法性義務。對於上述專家證人引用憲法的說明，香港高等法院沒有評論，只是指出從現有證據看，原告的證據不足以支撐其提出的司法不公論斷。[34]

再比如在馬沛東系列案中，當事人為了充分利用司法程序維護自己的權益，在案件基本事實沒有太大變化的情況下，相繼在多起案件中提出律師懲戒委員會的懲戒程序違反國家憲法、[35] 司法審查需要前置申請的程序違反國家憲法、[36] 香港特區政府沒有設立憲法和人權法院的行為違反國家憲法，[37] 以及香港居民應享有國家憲法規定的權利和義務等諸多訴求。[38] 對此，香港法院大多不予認可或以當事人的主張屬"假設的學術問題"為由不予回應。[39]

綜上所述，通過對香港法院引用國家憲法的類型化分析，應該指出，雖然香港法院引用國家憲法的情形不能都被認定為

是在實施憲法，但是斷然否認國家憲法在香港司法性實施的觀點與香港的司法實踐並不相符。在承認這一前提的基礎上，也要看到，香港法院對憲法的司法性實施主要集中於某種特定案件或特定問題之上，並未在憲法審查這一典型形態上實施過憲法。相較而言，香港法院以基本法為依據進行司法審查的案件則十分常見，從這個意義上看，香港法律界、法學界人士稱基本法為"小憲法"，甚至"香港憲法"，雖然在應然意義上缺乏法理依據，但是由於它在實然意義上反映了香港司法實踐的情況，因而在香港社會具有很大的影響力。這再次證明國家憲法在香港的落地，憲法觀念在香港社會的傳播，也必須依託具體的實施機制。

全國人大及其常委會
在香港實施國家憲法的實踐[40]

───── • ─────

全國人大及其常委會對憲法的實施，主要體現在其立法、作出法律解釋及決定的過程中，其實施方式與它們的權力行使方式密切相關。據統計，全國人大及其常委會曾先後發佈過 45 份針對香港問題的規範性文件。[41] 通過梳理，其中至少有 33 份規範性文件涉及國家憲法實施問題，[42] 這其中既包括比較明確的 "標準式實施"，還包括作用有限的 "聯名式實施"，[43] 以及雖未出現 "憲法" 二字，但從結論中可以反推出憲法實則發揮著決定性作用的 "隱名式實施"。為了照顧論述的連貫性，以憲法實施所涉及的主題為標準，[44] 此處將全國人大及其常委會在香港實施憲法的情形劃分為以下五類：

一、實施憲法解決《中英聯合聲明》的批准問題

在時任英國首相撒切爾夫人訪華後，中英雙方正式對香港問題展開會談。經過兩年艱苦的外交談判，雙方在 1984 年 9 月 17 日達成了協議，並於同年 9 月 26 年對協議文本進行了草簽。

按照一般的程序，中國方面將在兩國政府首腦正式簽署《中英聯合聲明》後，由全國人大常委會根據憲法第 67 條第 15 項授予的職權，對該條約進行批准，從而完成中方的法律程序。但實際上全國人大及其常委會對《中英聯合聲明》的批准，採取了一個相當特殊的方式。

中英關於香港的協議草簽後，時任外交部部長的吳學謙代表國務院向全國人大常委會提交了《中英關於香港問題協議文件的報告》，請求審議《中英聯合聲明》（草簽本）。全國人大常委會在審議過程中，由於考慮到上述協議中涉及特別行政區的設立及其制度的內容不屬於自己的職權範圍，所以在決議中只是表明，對國務院的工作以及吳學謙外長的報告表示滿意，並沒有對該協議本身作出實質決定，而是提出在兩國政府正式簽署《中英聯合聲明》後，由全國人大 —— 而非根據國家憲法第 67 條第 15 項規定的由全國人大常委會，對該條約進行審議和批准。[45]1985 年 4 月，第六屆全國人大第三次會議作出了批准《中英聯合聲明》的決定。[46] 雖然上述決議、決定中並未出現"憲法"二字，但顯然這其中蘊含著全國人大及其常委會實施憲法的行為。

詳細來說，《中英聯合聲明》的批准不僅涉及條約的審批，同時還涉及特別行政區的設立和制度。在憲法上，前者的權力屬全國人大常委會，後者的權力則屬全國人大。毫無疑問，如何在批准的過程中協調兩個主體的憲法實施行為成為關鍵。從上述的決議和決定看，《中英聯合聲明》批准採取的路徑是：全國人大常委會主動放棄條約批准權，交由全國人大實施憲法第 31 條、第 62 條和第 67 條一攬子解決。該路徑的理論基礎在於將全國人大和全國人大常委會之間的權力關係，看作是內部分權關係，作為全國人大的常設機構，全國人大常委會的權力來自全國人大的內部分權，既然如此，在面對《中英聯合聲明》批准這一特殊情況時，全國人大自然可以收回其自身分出的權力，對《中英聯合聲明》予以批准。上述解釋雖說不無道理，但並非最佳方案。

第一，從維持規範體系的內部協調性來看，由全國人大直接批准《中英聯合聲明》，會直接與憲法第 67 條第 15 項的規定相抵觸，進一步而言，如此決定還導致當時發佈的主席令（李先念主席簽發批准《中英聯合聲明》的六屆第 25 號主席令）與憲法第 81 條發生衝突。因為憲法第 81 條明確規定國家主席將根據"全國人大常委會"的決定，批准條約和重要協定的締結，但批准《中英聯合聲明》的主席令，實際上是根據全國人大的有關決定作出的。[47]

第二，從理論的解釋力來看，較之於"內部分權說"，以"憲法授權說"來理解全國人大和全國人大常委會的職權關係更符合立憲主義理念。全國人大與全國人大常委會雖然在事實上存在權力隸屬關係，但是它們都是憲法設立的國家權力機關，其權力均來自憲法的授權，既然憲法在 62 條和 67 條對它們的權力進行了分別列舉，則至少在明文列舉的權力範圍內，二者的權力不能隨意放棄或相互替代。[48]

第三，以"憲法授權說"為基礎來設計方案，也完全可以兼顧《中英聯合聲明》的特殊性與憲法的既有規定。關鍵在於將全國人大和全國人大常委會的介入順序顛倒過來。具體而言，在《中英聯合聲明》草簽後，應該先由全國人大根據憲法

第 31 條和第 62 條第 14 項的規定，審議協議中涉及特別行政區
設立和制度的實質性內容，並作出決定，國務院據此來簽署正
式文本，之後再提交全國人大常委會根據憲法第 67 條第 15 項
進行批准，最後國家主席根據全國人大常委會的批准決定發佈
主席令。

實際上，全國人大自身也認識到了《中英聯合聲明》批准
程序上存在不周延之處。因而，在《中葡聯合聲明》的批准過
程中，就採取了先經全國人大作出決定，再由全國人大常委會
予以批准的程序。[49]

二、實施憲法創設香港新憲制秩序

提到國家憲法在香港的實施，首先想到的就是根據憲法創
設特別行政區以及制定基本法，甚至有觀點認為國家憲法在香
港實施的主要功能就在於為特別行政區和基本法提供效力依
據。為了深入分析憲法究竟在香港新憲制秩序創設過程中是如
何被實施的，以及實施的效果如何，有必要結合具體規範文本
加以分析。

全國人大及其常委會圍繞創設香港憲制秩序這一主題，先
後制定了兩部法律，作出了五份決議、決定。[50] 其中，《香港基
本法》、《香港駐軍法》、《全國人民代表大會關於設立香港特
別行政區的決定》與《全國人民代表大會關於〈中華人民共和
國香港特別行政區基本法〉的決定》（以下簡稱《全國人大關於
基本法的決定》）處於核心地位。《基本法》與《駐軍法》的制
定自不必多言，屬典型對憲法的立法性實施。《全國人民代表大

會關於設立香港特別行政區的決定》在憲法實施的類型上也比較清晰，其文本中已經明確，全國人大將根據《憲法》第 31 條和第 62 條第 14 項授予的決定權，在香港回歸後成立特別行政區。而《全國人大關於基本法的決定》則值得特別留意，因為這是中國憲法史上少有的、由全國人大依據憲法第 62 條第 2 項的規定進行憲法監督的例證，學界關於"基本法合憲性"的爭論也多圍繞這一決定展開。

《全國人大關於基本法的決定》緣於香港社會在基本法起草過程中對憲法與基本法關係產生的疑慮。這種疑慮雖然因為《基本法》第 11 條的納入得到了一定程度的消解，但香港本地的基本法諮詢委員會，特別是法律專家對於第 11 條能否完全化解上述問題仍然憂心忡忡。[51] 為此，在起草委員會的建議下，全國人大在通過基本法的同時頒佈了該決定。該決定的文本相當簡潔，在複述了憲法第 31 條的內容後，實質性內容均集中在以下兩句話中："香港特別行政區基本法是根據《中華人民共和國憲法》按照香港的具體情況制定的，是符合憲法的。香港特別行政區設立後實行的制度、政策和法律，以香港特別行政區基本法為依據。" 不難發現，如此簡明的決斷式語言，與這次憲法審查所承載的巨大價值形成鮮明對比。[52] 這其中所遺留的理論空隙有待後來者通過憲法解釋技術予以填補，其中的關鍵在於如何通過 "憲法第 31 條"，將 "憲法" 與 "基本法" 放入一個邏輯自洽的法體系結構中。

除了上述對憲法的 "標準式實施" 外，全國人大在創設香港憲制秩序過程中，還通過對憲法的 "隱名式實施" 解決了一些附帶性問題。這些決定雖然在文本中並未提及憲法，但對其內容進行分析，可以看出這些決定的結論只有全國人大實施憲法後才能得出。換句話說，得出結論與憲法實施之間具有明確的唯一指向性。例如在《全國人民代表大會關於成立中華人民共和國香港特別行政區基本法起草委員會的決定》中，全國人大為什麼可以採取與其他法律不同的起草路徑，成立過去只有在憲法起草時才存在的起草委員會？再比如，在《全國人民代表大會關於批准香港特別行政區基本法起草委員會關於設立全國人民代表大會常務委員會香港特別行政區基本法委員會的建議的決定》中，作為全國人大常委會工作機構的基本法委員會，為什麼要由全國人大來決定設立，而非根據《中華人民共和國全國人民代表大會組織法》第 28 條的規定由全國人大常委會設立，這些疑問都必須、也只能從憲法實施的角度才能找到答案。簡而言之，根據憲法第 31 條和第 62 條第 14 項的授權，全國人大以法律規定特別行政區的具體制度，在這項總括性權力之下，包含著一系列與該權力具有合理延展關係的子權力，這裏所討論的成立專門起草委員會、設立專門機構都是這些子權力運用的產物。

三、實施憲法處理香港的政改爭議

政制改革一直是香港社會的敏感問題，2014 年 8 月 31 日全國人大常委會作出《關於香港特別行政區行政長官普選問題和 2016 年立法會產生辦法的決定》（簡稱為 "831 政改決定"），但由於香港部分政治勢力對 "831 政改決定" 的內容不滿，提出 "不要認命要抗命" 的激進口號，鼓吹通過 "佔領中環" 的激進方式進行政治抗爭，逼迫中央和特區政府就範。隨著"佔中運動"的爆發，整個香港社會都被拉入到政改爭議的漩渦中。這些爭議究其實質，就在於部分香港政治勢力始終認為香港政改是由港人依據基本法自己處理的問題，不願意承認、甚至抵制中央對香港政改具有的主導權與決定權。

對此，通過對香港政改的源頭進行回溯，以全國人大及其常委會實施憲法處理香港過渡期的政改爭議為背景，可以清晰地看到中央政府對香港政改的主導權是一以貫之的。該項主導權本質上是一項憲法性權力，這一特性在香港回歸過渡期表現得十分明顯，回歸後由於國家憲法往往隱身於香港基本法身後發揮作用，因而容易被忽視。以憲法實施為視角回顧這段歷史，有利於澄清香港政改決定權的爭議，從而有助於香港未來民主政治的健康發展。

在中英關於香港問題的談判後期，由於英方已經意識到香港的回歸進程不可逆轉，作為殖民政治的高手，英國在香港啟動了延宕百年的代議制改革，希望藉此保證英國在香港回歸後，仍能對其保持特殊的影響力和控制力。[53] 對於英國的上述政治企圖，中方從一開始就保持著高度警惕，中國政府曾多次聲明，絕不允許有人利用香港的高度自治權，將它變為一個獨立或實質獨立的政治體，明確提出香港過渡時期的政制改革要與基本法相銜接。[54]

英方在 1992 年之前由於在香港問題上還保持著與中方合作的態度，所以對於政制銜接的建議，原則上表示同意，並願意就如何實現銜接的具體問題與中方進一步討論。經過雙方高層多次磋商，最終達成共識，在滿足一定條件的情況下，中方承諾可以通過"直通車"方案實現從港英立法局到特區立法會的銜接。對於這一共識的具體內容，由於涉及到在回歸前就要開始運作的事項，所以並沒有寫入基本法之中，而是由全國人大對此單獨作出決定，這就是《全國人民代表大會關於香港特別行政區第一屆政府和立法會產生辦法的決定》出台的政治背景。[55]

該《決定》的要點在於：第一，全國人大將在 1996 年設立籌備委員會，負責籌備成立香港特別行政區的有關事宜；第二，設計了"直通車"方案，指出香港回歸前最後一屆立法局的組成方式如果符合本決定和基本法，其議員也願意擁護香港基本法，效忠香港特別行政區，並符合基本法的任職資格，在籌委會確認後，可以直接成為香港特別行政區第一屆立法會議員。對於上述《決定》的制定依據，決定文本中並無說明，但分析其內容不難看出，無論是籌委會、還是"直通車"方案都涉及特別行政區成立之初的基本政治架構，而這屬憲法第 31 條和第 62 條第 14 項的調整範圍，因此，上述《決定》應被視為全國人大實施憲法行使決定權的產物。

20 世紀 90 年代，在蘇東劇變的全球政治大環境下，英國對中國的政治形勢產生錯誤判斷，改變了就香港過渡問題與中方合作的態度，企圖將其在香港過渡時期政改問題上的政治攻勢，作為對中國進行全面遏制戰略的組成部分，其標誌性事件就是以"強勢"的彭定康取代"示弱"的衛奕信作為香港總督。[56] 對此，正如英國外交部的"中國通"官員珀西·柯利達所言，這意味著中英在香港問題上合作期的結束，中英轉入對抗的時代。[57]

彭定康上任後不久就在香港發佈了名為《香港的未來：五年大計展新猷》的施政報告，其中明確提出要對香港傳統的政治體制進行根本性改革，具體內容包括：其一，將行政和立法兩局徹底分開，直接造成"行政機關向立法機關負責"的政治現實，從而以"立法主導體制"架空基本法所確立的"行政主導體制"。其二，對香港三級民意機構的選舉辦法進行變革，取消委任制議席，實現全部議席均由選舉產生，特別是在涉及香港政制銜接的關鍵——1995 年立法局選舉辦法上，彭定康的政改方案通過在功能組別中引入"新九組"，以及將"法人票"改為"個人票"的方式，實際上讓功能組別選舉成為了變相的直接選舉，根本上改變了功能組別選舉的性質和意義。其三，該方案罔顧中英高層已經達成的協議，藉口香港基本法並無訂明 1995 年選舉委員會的成員組成，提出產生部分立法局議席的選舉委員會，將全部或大部分由直接選舉產生的區議會議員出任。[58]

應該指出，這套政改方案的政治圖謀相當明顯，英國企圖利用"直通車"計劃，通過插手香港在後過渡期的政治發展，影響回歸後的香港政治，進而確保回歸後英國在香港的政治影響力能夠持續存在。就連新加坡總理李光耀都認為，彭定康的政改方案根本不像一個末任總督的殖民地退出計劃，反倒像一個國民領袖制定出來的獨立行動時間表。[59] 對於這一違反《中英聯合聲明》、違反與基本法相銜接的原則、違反中英兩國政府之間已經達成的有關協議和諒解的"三違反方案"，中方表示強烈抗議，但是彭定康在英國政府的支持下，仍在 1993 年 3 月強行將上述政改方案刊登在憲報上。

面對香港政治局勢出現的新變化，中國政府清醒地認識到這場政治鬥爭的嚴峻性，全國人大及其常委會依據憲法連續作出一系列決定，據此彰顯對香港的政改主導權。

首先，加快籌備香港特別行政區各項工作的步伐，在彭定康政改方案刊憲後不久，全國人大就通過了《關於授權全國人民代表大會常務委員會設立香港特別行政區籌備委員會的準備工作機構的決定》，[60] 全國人大常委會之後據此作出了《關於設立全國人民代表大會香港特別行政區籌備委員會預備工作委員會的決定》，成立預委會為中國政府在香港政改問題上"另起爐灶"搭建平台。

其次，1993 年 12 月港英政府一意孤行將政改法案提交香港立法局，並於來年 2 月獲得立法局通過，這意味著中英雙方關於香港政改談判的政治基礎已經不復存在。[61] 在這種情況下，1994 年 8 月全國人大常委會在《關於鄭耀棠等 32 名全國人大代表所提議案的決定》中明確指出，由於中英合作的基礎已經被破壞，所以原先為香港政制體制在回歸前後實現銜接所設計的"直通車"方案將不復存在，中方會透過籌委會"以我為主"組建香港特別行政區第一屆政府和立法會。

最後，由於"直通車"方案不能實現，為了應對香港回歸前後可能產生的立法真空、權力真空問題，全國人大在《第八屆全國人民代表大會第五次會議關於全國人民代表大會香港特別行政區籌備委員會工作報告的決議》中，肯定了籌委會提出的設立臨時立法會和臨時區域政治組織的設想。[62]

梳理上述決定的目的在於從憲法學角度探討一個根本性的憲制問題：全國人大及其常委會在香港後過渡期出現政改爭議

時，設立預委會、宣佈 "直通車" 方案不復存在、設立臨時立
法會以及臨時區域政治組織的權力依據是什麼？這顯然無法從
基本法中找到答案，從條文看基本法並不涉及這些問題，況且
基本法在當時也還沒有生效。對此，有學者引入 "緊急狀態"
的概念，認為 "直通車" 談判的破裂使得香港憲政的和平轉型
陷入了危機，在這種緊急狀態下唯一的解決辦法就是由超越法
治的主權者出場，在形式法治外尋求解決之道。因此，該學者
將臨時立法會視為國家主權者政治決斷的產物，甚至提出，臨
時立法會的 "特殊性" 恰恰展示了主權者在緊急狀態下超越基
本法、甚至終止基本法的權力。[63]

顯然，這種具有強烈政治憲法學意味的解讀，忽視了憲法
規範本身的價值。應該看到，在憲制轉型時期，任何法律決定
背後都帶有或多或少的政治因素，甚至有些決定本身就是政治
爭議的產物，但法學研究者不能將這種政治性無限上綱，動輒
就以 "政治決斷" 為由替代對有關文件的規範分析。主權者在
緊急狀態下出場是一種具有特定內涵的、極為特殊的情況，不
能被常態化。從憲法解釋學的角度看，上述決定的內容沒有游
離出憲法第 31 條和第 62 條第 14 項 "決定特別行政區制度" 的
規範內涵，其所具有的 "決斷特性" 其實是作為最高國家權力
機關的全國人大在行使憲法第 62 條第 16 項的授權而已。[64]

透過上述分析可以看出，中央對港管治權的核心在於把控
香港政治的基本結構及其發展方向，在此過程中國家憲法的實
施起著十分關鍵的作用，可以說貫穿於香港政治發展的每個關
鍵節點，不僅回歸前如此，回歸後亦然。有所區別的是，回歸
前由於香港基本法尚未生效，國家憲法往往需要親自出場，政

改主導權的中央屬性與憲法特性體現得相當明顯。而在回歸後，這種依據憲法享有的對香港政改的決定權雖然依然存在，但由於香港基本法對此問題的規定更為細緻，所以全國人大常委會往往會將說理重心放在基本法身上，這在回歸後作出的三份政改決定中都有體現。[65]

四、實施憲法行使法律解釋權

法律解釋權是憲法授予給全國人大常委會的一項重要權力，但其重要性並未在中國內地的憲制實踐中得到充分體現。與此相較，全國人大常委會法律解釋權在香港的運用則要積極得多，在回歸前後，全國人大常委會曾先後對《國籍法》和《基本法》進行過六次解釋，這些釋法文本將成為本節分析的主要對象。[66]

先從全國人大常委會《關於〈中華人民共和國國籍法〉在香港特別行政區實施的幾個問題的解釋》說起（以下簡稱《〈國籍法〉在香港實施問題的解釋》）。在回歸過程中，如何處理香港居民的國籍問題由於牽涉到每個港人的切身利益，所以一直是各方爭議的焦點，並為香港社會普遍關注。

此問題的困境在於，一方面，國籍是涉及國家主權的重要事項，從國際法的基本原則來看，中國對香港恢復行使主權，也就意味著生活在香港這塊土地上的人，應該由中央政府按照《中華人民共和國國籍法》確定其國籍身份；另一方面，回歸前，香港居民的國籍狀況十分複雜，[67]如果照搬中國內地的國籍政策，就需要對香港居民的國籍進行一次全面普查，這對於正處於回歸初期的香港而言，無疑會加劇港人對身份問題的擔憂，與中央政府希望保障香港平穩回歸、維持繁榮穩定的大政方針政策不符。

在此背景下，全國人大常委會作出《〈國籍法〉在香港實施問題的解釋》，為在"一國兩制"政策下靈活處理國籍法在香港的實施問題提供了法律依據。雖然這次釋法在文字上並未提及憲法，但結合釋法的內容與法律解釋權的歸屬，不難發現其中的憲法實施行為。

《〈國籍法〉在香港實施問題的解釋》共包括六點，對比《國籍法》的規定，其變通之處主要體現在以下四個方面：

第一，對香港居民中國國籍原始取得的認定，只看其血統，而不再追溯其父母的國籍。這一變通是基於一個基本的事實，即英國已經統治香港一百多年，香港居民持有英國或其他國家護照的情況也持續了幾代人之久，如果嚴格按照中國的國籍法，以父母國籍為標準來甄別香港居民國籍的話，在實際操作中將會帶來困難。鑒於香港居民擁有外國國籍的事實發生在中國收回香港之前，因此《〈國籍法〉在香港實施問題的解釋》規定，香港居民只要具有中國血統，即可證明自己的中國國籍身份。這一變通在遵循中國國籍法以血統主義和出生地主義綜合判斷國籍身份的基本原則的同時，也避免了中國國籍法在香港僵化實施所可能導致的複雜局面。

第二，將香港居民是否持有外國護照與其是否具有中國國籍問題脫鉤。該解釋承認香港居民當時主要持有的"英國屬土公民護照"或"英國國民（海外）護照"，在回歸後仍可作為有效旅行證件繼續使用，但也明確指出，持有人不得據此在香港或中國其他地區主張領事保護權。

眾所周知,中國國籍法不承認雙重國籍,但香港作為世界金融中心與航運中心,其居民的外出便利是保持香港繁榮穩定和居民生活水平的重要條件之一,加之香港居民持有外國護照的情況複雜、數量龐大,就算要換發特區護照,也需要相當長的政策緩衝期,因此《〈國籍法〉在香港實施問題的解釋》在堅持不承認雙重國籍的原則下,靈活對待香港居民持有的外國護照問題,最大限度地保證了港人的經商、旅行和求學便利,這有利於維持香港作為自由港和國際金融貿易中心的地位。

第三,為了保證絕大部分香港居民在回歸後原則上都具有中國國籍,國籍法第 9 條和第 10 條關於國籍自動喪失以及出籍的規定在香港予以變通,專門創設出"國籍變更申報"的概念處理香港居民的國籍變更問題,實質上收緊了喪失中國國籍的條件。

第四,對於香港居民的國籍申請審批權,授權給香港特別行政區入境事務處予以全權處理。從世界各國的通例看,國籍的加入、變更和退出一般是由中央政府負責處理的事務。在內地,根據國籍法的規定,負責處理國籍問題的部門是各地的公安機關。鑒於基本法已經明確香港在回歸後實行"港人治港、高度自治"原則,並且考慮到內地公安機關與香港的警務部門並沒有直接的隸屬關係,因此,《〈國籍法〉在香港實施問題的解釋》授權香港入境事務處為香港受理國籍申請的機關,這是"一國兩制"原則在國籍領域的重要體現。[68]

一個可能會引發爭議的問題在於:上述規範性文件雖然名為"法律解釋",但其在內容中卻夾雜著很強的造法意味,至少可以說，補充與修改的成分要大於解釋的成分。如果立足於《立法法》的規定和今日法理學界對法律解釋的共識，可能會質疑全國人大常委會在此次解釋的過程中是否已經突破了"法律擴張解釋"的界限，模糊了釋法和修法，從而無法被放置到憲法第 67 條第 4 項的規範內涵之中。

對此，或許可以從憲法第 67 條自身規範含義變遷的角度去加以理解。《〈國籍法〉在香港實施問題的解釋》是由全國人大常委會在 1996 年作出的，而當時《立法法》尚未制定，指導當時法律解釋工作的規範性文件是《全國人大常委會關於加強法律解釋工作的決議》，其中明確規定 "法律需要作出補充規定的，可以由全國人大常委會進行解釋"，而在《立法法》通過後，其中對 "法律解釋" 的規定則演變為 "當法律的規定需要進一步明確具體含義，或法律制定後出現新的情況，需要明確適用法律依據的，可以由全國人大常委會進行法律解釋。" 兩相對比不難發現，憲法第 67 條第 4 項所言的 "解釋法律"，其規範內涵在《立法法》制定前後出現了變化。從這一角度出發，或許有利於化解上述關於《〈國籍法〉在香港實施問題的解釋》的造法疑慮。

再來審視 "人大釋法" 問題，目前學界對 "人大釋法" 中是否存在憲法實施問題幾乎沒有疑問，畢竟在五次 "人大釋法" 的文本中，都明確寫著 "根據憲法第 67 條第 4 項作出如下解釋"。但我們認為憲法實施行為在五次 "人大釋法" 中所發揮的作用卻不一致，大體上可分為兩種情況：

第一，實施憲法主要是為了在基本法第 158 條第 1 款之外，進一步為全國人大常委會擁有基本法的解釋權增加說服力，憲法本身在"人大釋法"的結論上不起決定性作用，是一種"聯名式實施"，1999 年關於吳嘉玲案的"人大釋法"、2005 年關於補選行政長官任期的"人大釋法"、2011 年關於剛果（金）案的"人大釋法"、2016 年關於宣誓問題的"人大釋法"就屬這一類型。

第二，憲法在加強釋法權之外，也對釋法結論產生了影響，這在 2004 年"人大釋法"中表現得較為明顯，值得從學理上展開分析。

2004 年"人大釋法"的核心爭議點在於：由誰決定行政長官和立法會的產生辦法是否需要修改，這是關係到香港政治發展的決定權和主導權究竟在誰手中的重大憲制問題，也是這次釋法的"要害"。[69] 對此，基本法文本並未明確規定，香港有人提出應該由香港立法會確定。中央政府敏銳地認識到，如果依照這些人的意見，全國人大常委會的決定權只有在經過立法會和行政長官兩個程序後才起作用，此時假若他們通過了讓中央無法接受的方案，全國人大常委會無論批准與否都將在政治上陷入被動，從而喪失對香港政改的主導權。由此可見，這次釋法的關鍵是"如何將程序上置於最後的中央權力提前，使程序上被動的中央權力轉變為程序上主動的中央權力"。為了實現這一目標，全國人大常委會在釋法中運用了目的解釋的方法，憲法的作用也體現於立法目的確認的過程中。

具體而言，全國人大常委會認為，對基本法附件一第 7 條和附件二第 3 條立法目的的分析，不光要看基本法相關條文的規定，還要將其放在中國憲制秩序的大格局中予以系統考量。基於此，時任基本法委員會副主任的李飛在《關於 2004 年"人大釋法"說明》中專門指出，中國的國家結構形式屬單一制，而非聯邦制，這意味著地方行政單位無權自行決定或改變其政治體制。

具體到香港的情況來看，是否修改以及如何修改行政長官和立法會的產生辦法，屬香港政制發展的重大問題，需要由中央政府決定，這是憲法和香港基本法確立的一項極為重要的原則。由此可見，全國人大常委會在此次釋法核心問題的證明上，援引了憲法中關於國家結構形式的規定，並且這次憲法實施對釋法結論的得出發揮了實質影響。

五、實施憲法決定特區租管地

國家憲法在香港的實施不僅體現在上述"熱門"話題上，在一些"冷門"的問題中，也發揮著十分重要的作用，其實施形態甚至由於"一國兩制"政策為港澳特別行政區所獨有。對此，本節以"深圳灣口岸特區租管地"與"西九龍高鐵站'內地口岸區'"為例來分析其中蘊含的憲法實施問題。

香港回歸後，隨著中國內地與香港之間的交往日益頻繁，原有的通關口岸已經無法滿足深港兩地之間的交通運輸需要，經中央政府與香港特別行政區反覆協商，決定創設新的深圳灣口岸。在計劃實施過程中，香港政府提出受大橋港方一側地理條件所限，無法設立檢查設施，希望參考澳門拱北新邊檢大樓的經驗，將整個口岸區都建在深圳一側，分為深、港兩個口岸區，實行"一地兩檢"。

如果採納上述建議，就意味著深圳的一塊土地將被劃撥出

來，交由香港特別行政區政府按照香港法律管理。有學者結合
澳門拱北新邊檢大樓與橫琴島的實踐，將這種類型的土地稱為
"特區租管地"，即同一國家內，實施不同制度的特別行政區租
賃了其他一般行政區的土地，並按照特別行政區法律予以管轄
的區域。[70] 因涉及 "一國兩制" 與法律適用的重大問題，國務院
提請全國人大常委會予以決定。

　　2006 年 10 月 31 日，全國人大常委會作出了《關於授權香
港特別行政區對深圳灣口岸港方口岸區實施管轄的決定》，其核
心在於明確深圳灣口岸香港口岸區 —— 這塊深圳的土地，將按
照香港特別行政區的法律進行管理，雖然該地並未被納入香港
的行政區劃，土地管理的權力基礎是租賃，但不可否認，該決
定在擴展香港法律管轄權範圍的同時，勢必造成對中國內地法
律管轄權的限縮。[71]

　　很顯然，這種 "一擴一縮" 必須具有憲法依據，對此，該
決定正文並沒有指明，時任國務院港澳辦副主任的陳佐洱在《關
於〈國務院關於提請審議授權香港特別行政區對深圳灣口岸港
方口岸區實施管轄的議案〉的說明》中也只是籠統指出，"由於
港方口岸區位於深圳市行政區域內，要使香港能夠對其進行有
效管理，涉及行政管理權和司法管轄權，涉及香港法律的適用
問題，所以必須依照憲法，由全國人大常委會決定，才具有最
為充分的法律地位和權威。"

　　至於如何依照憲法，具體依照憲法哪些條文，則沒有展開
論述。應該承認，這種 "一國兩制" 下法律管轄權的讓渡確實
比較特殊，它不同於中國內地不同行政區之間的管轄權變動，
更不同於主權國家間根據國際條約而發生的管轄權變動，對這

項機制創新需要從決定的內涵出發，來探析其中具體涉及的憲法實施問題。

首先，該決定擴展了特別行政區自治權的範圍。根據憲法第 31 條和第 62 條第 14 項規定，全國人大有權根據 "一國兩制" 原則，決定特別行政區的設立及其所實施的制度，這裏的 "特別行政區設立和制度決定權" 可被視作一個總括性的權力，其中還可以再延伸出一系列具有合理關聯的子權力。據此，全國人大當然有權決定特別行政區自治權範圍的擴展問題，香港也將根據《基本法》第 20 條的規定，承接上述授權，在特區租管地行使管轄權。

其次，該決定事實上導致中國內地特定地區原有施行的法律被香港法律所替代，這屬重大憲制問題，並且其發生具有特殊的條件，只能由最高國家權力機關依據憲法第 62 條第 16 項的兜底條款予以決定。

最後，該決定是由全國人大常委會作出的，然而上述兩點所羅列的憲法權力均屬全國人大，所以這裏還涉及憲法第 67 條第 22 項的實施問題，即全國人大向全國人大常委會就此問題進行專門授權。然而，從實踐情況看，這樣的授權行為並沒有以法律文本的形式出現，[72] 這些不足在 "西九龍高鐵站 '內地口岸區'" 設置上得到逐步完善。

西九龍高鐵站 "一地兩檢" 模式，是 "一國兩制" 面對新時期、新情況的又一次發展和創新。根據《內地與香港關於在廣深港高鐵西九龍站設立口岸實施 "一地兩檢" 的合作安排》（以下簡稱為 "西九龍合作安排"），香港西九龍高鐵站共有五層，劃分為 "內地口岸區" 和 "香港口岸區"，兩個口岸區分別由兩地的有關部門按照各自的法律進行管理，並辦理通關手續。這意味著內地的邊檢、檢驗檢疫、海關、鐵路公安、口岸綜合管理五大機構將歷史性地進駐香港，按照內地法律執法。對此，香港法律界部分人士質疑這種安排是否符合基本法的規定。

而更為複雜的問題在於，與深圳灣口岸"一地兩檢"模式對兩地管轄權進行了清晰劃分不同，西九龍內地口岸區雖然名義上被視為內地，適用內地法律，但受限於工程管理和法律適用等"兩制"條件下無法改變的因素，有關方案又同時保留了香港法律管轄的六項例外，主要涉及港鐵員工的職務行為、建築物的工程和消防、高鐵服務商的經營保險稅務、香港高鐵系統安全運作和環境問題、乘客之間的民事爭議、以及其他專門約定由香港管轄的事項。這些例外的存在，使得西九龍內地口岸區實際上存在兩地法律管轄的交叉，執法中的法律衝突幾乎不可避免。

為了解決上述"西九龍合作安排"與基本法的協調性問題，並為妥善處理運行過程中產生的法律爭議提供指引，全國人大常委會在 2017 年作出了《關於批准〈內地與香港特別行政區關於在廣深港高鐵西九龍站設立口岸實施"一地兩檢"的合作安排〉的決定》（以下簡稱"西九龍一地兩檢決定"）。這份法律決定的作出，意味著"內地—特區租管地"的完整形態得以體現，不僅內地可以將土地租給特別行政區成立"特區租管地"，反之亦可由香港將原屬自身的一塊土地租賃給內地。此外，與以往憲法在涉及"租管地"問題上均以"隱名式"的路徑加以實施不同，此次"西九龍一地兩檢決定"的正文直接點明了其憲法依據。更為關鍵的是，全國人大常委會少有地動用憲法第

67 條第 1 項的規定，對"一地兩檢"的合作安排作出了合憲性判斷。這份決定所蘊含的憲制意涵，對於完善"一國兩制"具有深遠影響。

綜上所述，通過對有關規範性文件的歸納和整理，本節從五個方面對全國人大及其常委會在香港實施憲法的實踐進行了類型化分析。從結果看，全國人大及其常委會在香港實施國家憲法的情況，實際上比學界過去想象的要活躍得多，特別是在涉及香港基本法爭議的重要問題上，國家憲法都沒有缺席。

香港法院與全國人大及其常委會
在香港實施憲法的實踐對比

─────── • ───────

一、對兩主體實施憲法所涉條文的對比分析

　　為了更加形象地對比香港法院與全國人大及其常委會在香港實施國家憲法過程中在條文選擇上的異同，本章將上述二節所涉及的憲法條文通過表格形式歸納如下：

表 3.1　香港法院與全國人大及其常委會在香港實施憲法時在條文選擇上的異同

選擇實施的 憲法條文	香港法院	全國人大及常委會
憲法序言第 9 段	丁磊淼案；*Cef New Aisa Co.Ltd v. Wong Kwong Yiu, John, HCA 374/1998*；*Cef New Aisa Co.Ltd v. Wong Kwong Yiu, John, CACV77/1999*	
憲法第 3 條第 4 款		2004 年 "人大釋法"

憲法第 31 條	華天輪案	關於批准《中英聯合聲明》的兩份決定；《全國人民代表大會關於設立香港特別行政區的決定》；制定基本法
憲法第 57 條	吳嘉玲案	
憲法第 58 條	吳嘉玲案	
憲法第 59 條		關於港區人大代表的八份決定
憲法第 62 條第 2 項		關於《香港基本法》的決定
憲法第 62 條第 14 項	馬維騉案	關於成立基本法起草委員會的決定；關於基本法審議和表決辦法的決定；關於設立基本法委員會的決定；關於香港特區第一屆政府和立法會產生辦法的決定；關於設立預委會的決定；關於成立臨時立法會和臨時區域組織的決定
憲法第 62 條第 16 項		關於鄭耀棠等 32 名全國人大代表所提議案的決定；關於深圳灣口岸的決定；關於西九龍"一地兩檢"的決定
憲法第 67 條第 1 項		關於西九龍"一地兩檢"的決定
憲法第 67 條第 2 項		制定駐軍法
憲法第 67 條第 3 項		關於國籍法的解釋

憲法第 67 條第 4 項	劉港榕案；莊豐源案；吳小彤案；剛果（金）案；外傭居留權案；立法會議員宣誓系列案	1999 年 "人大釋法"；2004 年 "人大釋法"；2005 年 "人大釋法"；2011 年 "人大釋法"；2016 年 "人大釋法"
憲法第 67 條第 22 項		關於深圳灣口岸的決定；關於西九龍 "一地兩檢" 的決定
憲法第 89 條	華天輪案	2011 年 "人大釋法"

　　透過上述表格的對比不難看出，無論是香港法院還是全國人大及其常委會，在香港實施國家憲法時，選擇的條文具有高度的重疊性。具體來說，兩者實施的憲法條文均集中於憲法第 31 條、憲法第 57 條到 67 條之中關於全國人大及其常委會職權的規定，特別是在實施憲法第 67 條第 4 項關於法律解釋權的規定方面，兩者具有明顯交集。偶有的例外也絕對與國家體制或國家機構相關，例如憲法序言第 9 段涉及台灣問題，憲法第 3 條第 4 款涉及單一制的國家結構，憲法第 89 條涉及國務院的職權。

　　應該說，上述情況的出現，一方面與基本法制定時兩地起草委員對國家憲法在香港實施所達成的共識相關，即憲法中確認和體現國家主權、統一和領土完整，以及涉及中央國家機關職權的規定應該在香港實施，而憲法中關於社會主義政治、經濟和文化教育制度的規定不在香港實施；另一方面則也體現出憲法不同條款實施的活躍度存在差異。

　　具體而言，憲法包括基本權利保障和國家機構權力兩部分內容，甚至在 1982 年憲法修改時，為了突出前者的地位高於後者，還有意在憲法篇章結構上將基本權利的章節放置在前。[73]

但在現實中，憲法作為國家機構組織法的功能明顯強於作為基本權利保障法的功能，目前我們對憲法基本權利的保護仍遵循的"相對保護模式"[74]，憲法中對基本權利的保護，只是一個原則性的規定，其本身不能直接作為當事人主張基本權利的依據，基本權利的保障必須依據下位法來加以落實，至於在落實的過程中是否存在對基本權利保護範圍和內容的過當限制[75]，當事人無法直接借助憲法審查制度予以救濟。有學者基於這一狀況，認為中國憲法的實施存在一種傾斜性結構，並進一步指出這反映了憲法在價值層面上的結構傾斜性，即作為一個兼具國家主義和立憲主義價值取向的轉型期憲法，體現立憲主義精神條款的"活性"仍遠不如那些體現了國家主義價值的條款。[76]

二、對兩主體憲法實施方式的對比分析

從外在表現形態看，香港法院和全國人大及其常委會在憲法實施方式上存在較大的差異，前者基於司法機關的權力屬性，對國家憲法的實施均離不開具體案件。較之於這種單純的司法性實施，後者在香港實施憲法的方式則更為多元，以權力屬性為標準，可以將上小節涉及的 33 份規範性文件劃分為四類：立法性實施（2 次）、決定性實施（24 次）、解釋性實施（5次）和監督性實施（2 次）。如果拋開文本外在形式的差異，深入探尋各種實施方式的意涵，則會發現兩個主體所採取的實施方式，均存在進一步完善的空間。

從香港法院角度看，雖然在四十份判決中，將國家憲法作為裁判依據處理案件爭議點，並且憲法的實施也確實與判決結

果具有直接或間接的關聯，但與極其豐富的香港基本法判例相比，這些針對特定問題的憲法實施判決無異於滄海一粟。更為關鍵的是，憲法在這些數量極為有限的判決中，也從未在憲法審查意義上被實施過，憲法所獨具的高級法特性無法在實施方式中得以充分表現。上述問題在香港基本法審查制度日漸完善的背景下，不僅沒有得以改善，反而愈發嚴重。香港法院實施國家憲法的判決，大多數是在回歸頭五年作出的，此後，憲法連作為"一般法律"在香港司法機構中出場的機會也日漸稀少，毫無疑問，憲法實施的空間已經被香港法院通過實施基本法的方式予以壓縮了。

全國人大及其常委會針對香港問題實施憲法的實踐要比學界過去想象的活躍得多，特別是在涉及創設香港新憲制秩序、政制發展等重要問題上，憲法都沒有缺席。當然，如果將其與其他的國家業已成熟的憲法實施情況對比，二者仍存在一定區別。具體而言，從憲法實施方式看，"隱名式實施"與"聯名式實施"情況普遍，在涉及憲法實施的 33 份規範性文件中，"隱名式實施"佔比 55%。即使在注明了憲法依據的規範性文件中，對於憲法究竟是如何實施的，也惜字如金。

例如，《全國人大關於〈香港基本法〉的決定》，作為中國憲法史上僅有的幾份憲法審查文本，該決定在正文中只有最終結論，沒有推理過程。對於這些政治爭議性極強的問題，全國人大及其常委會原本可以通過對憲法實施的詳細分析，將政治問題轉化為法律問題，通過嚴謹的邏輯推理和充分的論據材料，向香港社會彰顯憲法在香港的法效力及其內在價值。然而，由於上述憲法實施決定的表述過於原則，法理論證沒有充分展開，這些文件很容易被香港部分政治勢力歪曲，成為他們攻擊中央採取政治手段干預香港高度自治的口實。

此外，"聯名式實施"也是全國人大及常委會憲法實施方式的重要特點，據統計，在注明了憲法依據的規範性文件中，也有 79% 屬"聯名式實施"，如果僅以回歸後作出的規範性文件為樣本，"聯名式實施"的比例更是高達 100%。一個實踐問題涉及憲法與多項法律十分正常，在依據上並列援引也並無不可，但既然憲法出場，就應該對憲法在其中所起的作用，以及憲法與這些法律之間的關係作出說明，否則這種實施方式不免會使人們產生基本法在香港可以"自足"，但國家憲法在香港卻無法"自立"的印象，無形中助長了"憲法必須通過基本法才能在香港實施"的理論誤區。

三、對兩主體在香港實施憲法困境的對比分析

通過上述對香港法院和全國人大及其常委會在香港實施憲法實踐的描述，不難發現雖然表現形式有所區別，但憲法所蘊含的法價值和法效力實際上在香港並未得以充分體現，二者在憲法實施上都存在完善空間。但是，在提出任何對策方案之前，著實有必要先對二者在香港實施國家憲法上的困境作出分析，唯有對這些背後的原因具有清晰的認識，提出的解決方案才更具切實可行性。對此，可從規範、理念與政治多個面向展開分析。

（一）香港法院實施國家憲法的規範困境

其實不論是主張部分實施的觀點，還是全部實施的觀點，都至少同意憲法中部分條款可以在香港實施。對於實行普通法的香港來說，上述觀點如果成立，就意味著憲法要被香港司法機關所實施，但香港法院真的有權實施國家憲法嗎？

根據憲法的規定，只有全國人大及其常委會擁有憲法解釋權，如果說在內地，憲法解釋和憲法實施這兩個概念還存在區分空間的話，這一空間在香港司法機關中並不存在，在法院沒有法律解釋權的情況下又要求法院實施法律，這不僅很難為香港法院所理解，而且在司法技術上也很難實現。由是觀之，憲法在香港司法實施首先就存在憲法解釋權這個技術難題。

退一步說，就算根據"一國兩制"原則，可以通過憲法慣例的方式默認香港法院具有憲法解釋權，也還涉及中央政府與內地學界，是否能接受香港法院在憲法審查意義上實施憲法的問題。從目前憲制體制看，這點恐怕會與人民代表大會制度的設計理念存在抵觸，根據國家憲法的規定，全國人大及其常委會享有憲法審查權，但司法機構、哪怕是最高法院都沒有這一權力，所以，香港法院對憲法的司法實施存在規範難題。實際上這一難題凸顯了目前學界觀點自身存在的語境錯位，一方面主張憲法應該部分、甚至全部在香港實施，另一方面卻未必能真正接受憲法被香港法院司法實施的後果。深層次看，內地學界主張憲法應該在香港實施的真實動因，在於糾正香港將基本法視為"憲法"，將"高度自治"曲解為"完全自治"的錯誤觀點，這裏的"實施"是根據內地語境提出的寬泛概念，其原意並非要求香港法院實施憲法。但是在香港語境下，基於普通法思維模式，上述觀點就有可能流變為內地學界也不一定完全認同的憲法的司法性實施。

（二）全國人大及其常委會在香港實施憲法的困境

依據憲法規定，全國人大及其常委會具有憲法監督權與憲法解釋權，在香港實施憲法並不存在上述規範困境，但其在憲法條文選擇、憲法實施方式上仍體現出自我規限態度，這主要是由法律理念與政治考量兩方面因素所決定的。

第一，認為憲法的實施更多是一種政治層面的主權宣示，而日常的具體法律問題都可以通過基本法的實施來處理。[77]

這種思路的形成與內地長期存在的"憲法根本法說"與"憲法母法說"密切相連。"根本法"一詞雖然在歐洲中世紀就已存在，但內地法學界將其專門用以描述憲法則主要是受了前蘇聯的影響，即希望通過使用"根本法"這一技術性術語，批判西方近代憲法的特質。[78]在這一背景下，憲法在內地長期被認為是規範國家根本制度和根本任務的法，而這裏的"根本"雖然不排斥"基本權利保障"的內涵，但從憲法實施的實踐看，政治制度才是、而且一直都是根本法的核心。對此，政治憲法學者不僅予以肯定，並且將其作為立論的基礎。如陳端洪教授就認為憲法按照優先順序，內含五大根本法，在他看來，憲法實施就是對上述五個根本法的實施，實施的目的更多地體現為高揚當下和此在的政治意識。[79]

回到本文主題，香港根本的政治問題是什麼？——顯然是主權回歸與行使，那麼憲法作為根本法當然就要將精力集中在主權宣示上，而對其他"非根本"問題則無需費心。由此出發，才能理解早期學界提出的"憲法在香港整體實施"的觀點。從規範法學看，憲法實施肯定要落實到具體條文上，何來"整體實施"之說？其實，這裏所謂的"整體"，指的是憲法作為主權象徵時所表現出的樣態，整體實施，其實想說的是"憲法作為主權象徵的整體在香港實施"。

　　與上述觀點相關，但側重有所不同的是，在界定憲法屬性問題上，內地學界還存在"憲法母法說"。母法這一用語原本是國際法上用來形容一國對他國法律繼受的情形，後來進入國內法，成為描述"法律制定依據"的概念，這裏的制定依據在初期包括憲法，但不限於憲法。然而，從 1954 年開始，內地學界出現了以"母法"專指憲法的傾向，並由此成為學界通說，其核心內涵在於強調憲法的"繁殖功能"，認為憲法是其他法律的立法依據，並且，憲法作為母法只能規定立法原則，不能代替普通立法，同時也不能像普通法律那樣在司法層面予以實施。[80]在這一知識背景下，內地學界基於憲法和基本法之間的"母子關係"，提出基本法是憲法在香港實施的中介，憲法應透過基本法在香港實施。[81] 作為憲法實施主體的全國人大及其常委會，顯然也受到了這一學術觀點的影響，並體現在其憲法實施方式上。在回歸後發佈的涉及憲法實施的規範性文件中，為何憲法只要出場就必須要有基本法的"伴駕"，除卻下文將要論述的政治因素外，不得不說與權力機關對憲法"母法"屬性的堅持直接相關。

　　對於現有憲法實施模式所體現出來的法律理念，我們認為，不僅對其立論基礎的"根本法說"與"母法說"存在反思的必要，更為關鍵的是，上述憲法實施方式，忽視了香港在回歸後所形成的特殊憲制結構，如不加以完善，從長期看不利於紓解中央管治香港的困境。具體而言，香港事實上存在著一種複合式憲制結構，[82] 即憲法和基本法共同構成香港的憲制基礎，儘管從法律位階角度看，基本法是憲法的下位法、子法，但基本法作為 "憲法性特別法"（非 "憲法的特別法"），在中國法律體系中卻處於特殊地位，而且在香港法院的積極推動下，基本法已經日漸呈現出 "憲法化" 的趨勢。在此背景下，希望單純通過基本法的實施來解決香港管治問題並不現實，無視憲法、單方面抬高基本法地位的舉措反而會致使香港憲制結構進一步失衡。

實際上，憲法在這場競爭中已然處於下風。回歸後香港終審法院在 "吳嘉玲案" 中，以其激進的司法立場迅速確立了基本法審查制度，並利用普通法的優勢在短時期內積累了大批判例。[83] 因此，全國人大及其常委會針對香港問題實施憲法的實踐是極其有限的。據此，本書認為，在香港複合式憲制結構的背景下，憲法在實施問題上自我規限的立場，不僅無助於維持憲法在香港的主權象徵地位，還進一步強化了香港居民認為 "憲法在香港不能實施，或者只能通過基本法才能實施" 的誤區。

第二，全國人大及其常委會有意將實施的憲法條文主動集中在極為有限的範圍內，希望藉此向香港社會表明中央政府堅定貫徹 "一國兩制" 的決心。

短期看，這種克制和包容態度確實在相當程度上紓解了回歸初期香港社會對此問題的疑慮，然而隨著香港基本法實踐日益豐富，這種做法的局限性也開始顯現。回歸後，香港法院在司法能動主義的牽引下，在行使基本法解釋權時，通過大量援引外國憲法與國際人權法，在事實上建立了一套以基本法為外在標識，以西方人權價值為核心內容的人權保障體系，這套體系儼然成為了港人引以為傲的本土身份特徵。[84] 試問今日受到基本法權利保障的港人會如何看待憲法，他們會因為國家權力機關在憲法實施問題上的自我謙抑，而增強對憲法的認同嗎？事實是，如今憲法在香港的每次出場，不是被香港媒體解讀為中央試圖收緊對港政策，就是將其與干預香港自治、減損港人權利相聯。可見，限制憲法的實施沒有實現當年預設的政治目標，反而與之背道而馳，固化了港人對憲法的偏見。

第三，全國人大及其常委會在內地憲法實施過程中所考量的政治因素，對其針對香港問題實施憲法也起到了一定影響。

正如有學者指出的，作為"第一責任人"的全國人大及其常委會之所以在憲法實施中長期秉持一種自我謙抑的立場，與憲法實施所處的政治環境直接相關。在內地的政治實踐中，除了現行憲法文本之外，還存在某種"隱形憲法"，二者共同構成實在憲法的全部內容。憲法文本在內地貌似沒有得到全面實施，其部分原因正在於"隱形憲法"本身的實效運行，在一定範圍和程度上，彌補了"顯形憲法"的功能。[85] 而作為"顯形憲法實施主體"的全國人大及其常委會，也在與作為"隱形憲法實施主體"的執政黨的長期互動中明確了自我定位，從而形成了現有的憲法實施模式。不難想見，在思維慣性的作用下，上述實施模式，也必然會影響全國人大及其常委會針對香港問題實施憲法的實踐。

應注意，上述憲法實施機制在內地的建立與有效運行，有其特殊的政治背景，特別是與執政黨自身擁有的高度統合力密不可分。然而香港問題的特殊之處在於，根據“一國兩制”政策，執政黨不直接參與香港本地政治，這不僅意味著以執政黨為基軸的“隱形憲法實施機制”在香港無從展開，而且意味著“隱形憲法”對“顯形憲法”實施的彌補效應在香港也無法得到體現。在這一背景下，現有的這種基於內地政治現實所形成的憲法實施模式不能完全適應香港的政治環境，也無法實現憲法實施所欲達到的政治目標。事實上，目前在香港社會中已經顯現出在憲法之外討論基本法，脫離國家認同構建本地認同的趨勢。

小結

　　與過往成果傾向於“定性”研究不同，本章選擇從實證的角度針對香港法院和全國人大及其常委會如何在香港實施國家憲法展開討論。回歸後，香港法院在四十份判決中涉及憲法實施，這足以說明，此前部分香港學者斷然否認憲法在香港司法實施的觀點，不僅沒有法理支撐，而且也與香港自身的司法實踐不相符合。此外，全國人大及其常委會在香港實施憲法的實踐也比較豐富，國家權力機關在作出的 33 份規範性文件中以不同形式實施了國家憲法。上述論證說明國家憲法在香港的實施不是一個純粹的學理想象，而是一個真實存在的現實問題。

　　當然，本章也指出目前憲法在香港實施具有相當程度的局限性。通過對兩主體實施情況的交叉對比可以發現，這種局限性首先體現在憲法實施的條文選擇上。實際上，無論是香港法院還是全國人大及其常委會，在香港實施國家憲法時，所涉及的條文主要集中於憲法第 31 條、憲法第 57 到 67 條之間關於全國人大及其常委會職權的規定上，偶有的例外也絕對與國家體制或國家機構相關，這說明憲法在香港更表現為一部“國家機構組織法”。

其次，在憲法實施方式上，香港法院對國家憲法的司法實施，主要集中於某種特定案件或特定問題之上，國家憲法更多的是被當作"一般法律"而非"最高法"被實施，這與異常活躍的基本法審查實踐形成鮮明對比。值得玩味的是，全國人大及其常委會也對憲法實施異常謹慎，"隱名式實施"和"聯名式實施"的廣泛採用，強化了香港社會認為國家憲法必須通過基本法才能在香港實施的印象。

上述困境的出現，一方面可歸咎於憲法本身規範的限制，作為一個司法機構，香港法院在不享有憲法解釋權的情況下實施國家憲法，這在司法技術上確實很難實現。而另一方面則與政治層面的考量密切相關，由於更為注重憲法實施所能實現的政治效果，全國人大及其常委會在香港實施國家憲法的過程中實際上進行了自我規限，希望借此向香港社會表明中央政府堅定貫徹"一國兩制"的決心，這其中當然也蘊含著中央政府希望以"自我主動限權"換取"香港社會認同"的政治苦心。

1. 本節的主要內容已在公開刊物上發表，參見王振民、孫成：〈香港法院適用中國憲法問題研究〉，《政治與法律》2014 年第 4 期，第 2-12 頁。

2. 檢索的數據庫是香港法院官方網站，http://www.judiciary.gov.hk/tc/index/index.htm。以 "Chinese Constitution"、"Chinese Constitutional law"、"PRC Constitution"、"Constitution of the People's Republic of China"、"Constitution of the PRC"、"People's Republic of China's Constitution" 為關鍵詞進行 "進階搜索"，選擇 "包括完整的字句" 條件，再對結果中重複的判決進行合併，最後檢索時間為 2020 年 12 月 1 日。之所以沒有選擇 "Constitution" 或 "Constitutional Law" 為關鍵詞是因為香港判決中經常用該詞形容基本法，上述檢索方式雖不能說窮盡了所有判決，但已可反映香港法院實施國家憲法的總體情況。另外，請注意本章在分析判決書時，並不刻意區分判決理由 "ratio decidendi" 和附帶意見 "obiter dictum"，原因是香港法院判決中的一些具有學術意義的論點，經常出現在附帶意見中，如馬維騉案中臨時立法會合法性的問題，吳嘉玲案中關於憲法性管轄權的問題等。

3. 值得注意的是，上述論斷也與澳門法院的司法實踐不相符，澳門終審法院在 28/2006 號案件中，也將憲法作為裁斷案件核心爭議點的依據加以實施。參見莊真真：〈憲法在澳門特別行政區的實施問題研究〉，《"一國兩制" 研究（澳門）》2015 年第 1 期，第 45-46 頁。

4. *Ku Chia Chun and Others v. Ting Lei Miao and Others*, CACV 178/1997; *Chen Li Hung and Another v. Ting Lei Miao and others*, FACV 2/1999.

5. *Ting Lei Miao v. Chen Li Hung and Another*, HCA 5805/1991.

6. 該原則由 Wilberforce 勳爵在 *Carl Zeiss Stiftung v. Ray & Keeler Ltd* 案中提出，其含義是：對於本國政府不承認的外國政府，如果該國法院裁決滿足以下條件，本國法院也可承認上述裁決。第一，裁決所涉及的是私權利；第二，對裁決的認可符合公平正義原則、常理以及法律和秩序的要求；第三，對裁決的認可不會有損本國主權或與公共政策相抵觸。*Carl Zeiss Stiftung v. Ray & Keeler Ltd*, [1967] A.C. 853, p. 954.

7. *Ku Chia Chun and Others v. Ting Lei Miao and Others*, CACV 178/1997, paras. 46-47.

8. *Ku Chia Chun and Others v. Ting Lei Miao and Others*, CACV 178/1997, para. 65.

9. *Chen Li Hung and Another v. Ting Lei Miao and others*, FACV 2/1999, para. 53.

10. *Cef New Aisa Co. Ltd v. Wong Kwong Yiu, John*, HCA 374/1998, para. 17; CACV 77/1999, paras. 9, 13.

11. 對該案分析的中文文獻可見，董立坤、張淑鈿：〈論中國政府機構在香港特別行政區的豁免權——以華天輪案為例〉，《政治與法律》2011 年第 5 期，第 2-12 頁。

12. *Intraline Resources Sdn Bhd v. The Owners of The Ship of Vessel "Hua Tian Long"*, HCAJ 59/2008, para. 69.

13. *Intraline Resources Sdn Bhd v. The Owners of The Ship of Vessel "Hua Tian Long"*, HCAJ 59/2008, paras. 82-83.

14. *Intraline Resources Sdn Bhd v. The Owners of The Ship of Vessel "Hua Tian Long"*, HCAJ 59/2008, para. 115.

15. 該案適用憲法所得出的上述結論，在另外一份判決書中也為香港法院所遵循。*Tnb Fuel Services Sdn Bhd v. China National Coal Group Corporation*, HCCT 23/2015, paras. 11-16.

16. *HKSAR v. Ma Wai Kwan David and Others*, CAQL 1/1997, para. 72.

17. *HKSAR v. Ma Wai Kwan David and Others*, CAQL 1/1997, paras. 57-59.

18. 實際上，如果品味 Nazareth 法官的判詞，他對陳兆愷法官的類比已經表達了保留態度。See *HKSAR v. Ma Wai Kwan David and Others*, CAQL 1/1997, para. 137.

19. *Ng Ka Ling and Another v. The Director of Immigration*, FACV 14/1998, paras. 8-10.

20. *Ng Ka Ling and Another v. The Director of Immigration*, FACV 14/1998, paras. 62-66. 其實，本案在高等法院上訴庭審理中 Dykes 大律師的觀點更為激進，他認為香港法院有權審查全國人大的行為或立法是否違反國家憲法或香港基本法。See *Ng Ka Ling and Another v. The Director of Immigration*, CACV 216/1997, para. 5.

21. 其實從普通法的角度看，終審法院的邏輯也有問題。See Paul Gweirtz, "Approaches to Constitutional Interpretation: Comparative Constitutionalism and Chinese Characteristics", (2001) *Hong Kong Law Journal* 200(31).

22. 這個豪賭的判斷來自 Jerome Cohen 教授在美國參議院外交關係委員會上所發表的觀點，他認為香港終審法院在吳嘉玲案上最大的問題，在於拒絕提請人大常委會釋法，他認為基本法第 22 條第 4 款顯然屬中央與地方關係的條款，終審法院五位大法官一直裁定無需提請釋法，是在為香港自治權最大化而進行的一次豪賭。參見陳弘毅：《法理學的世界》（第二版），北京：中國政法大學出版社 2013 年版，第 338 頁。

23. *Lau Kong Yung and Others v. The Director of Immigration*, FACV 11/1999, paras. 54, 57, 59.

24. *Lau Kong Yung and Others v. The Director of Immigration*, FACV 11/1999, paras. 161-163.

25. 除了上文提到的四個判決外，剩下九個判決和相應段落如下：*Master Chong Fung Yuen v. The Director of Immigration*, CACV 61/2000, paras. 18, 67; *The Director of Immigration v. Chong Fung Yuen*, FACV 26/2000, para. 6.2; *Tam Nga Yin and Others v. The Director of Immigration*, FACV 20/2000, para. 9; *Democratic Republic of the Congo and Others v. FG Hemisphere Associates LLC*, FACV 5/2010, paras. 395-405; *Vallejos Evangeline Banao, Also Known as Vallejos Evangeline B. v. Commissioner of Registration and Another*, HCAL 124/2010, para. 7; *Vallejos Evangeline Banao, Also Known as Vallejos Evangeline B. v. Commissioner of Registration and Another*, FACV 19/2012, para. 102; *Ng Siu Tung and Others v. The Director of Immigration*, HCAL 81/1999, para. 86; *Ng Siu Tung and Others v. The Director of Immigration*, CACV 415/2000, para. 177; *Fung Lai Ying & Others v. Secretary for Justice*, HCA 1623/2002, paras. 17, 25.

26. 在立法會議員宣誓系列案中，香港各級法院對於 "全國人大常委會關於基本法 104 條釋法" 的效力進行了反覆確認。判決書的相關情況如下：*Yau Wai Ching v. Chief Executive of the Hong Kong Special Administrative Region, Secretary for Justice*, FAMV 7/2017, para. 35; *Secretary for Justice v. Leung Kwok Hung*, CACV 200/2017, paras. 11, 14-15; *Chief Executive of the Hong Kong Special Administrative Region and Another v. The President of the Legislative Council*, HCAL 185/2016, para. 20; *Chief Executive of the Hong Kong Special Administrative Region and Another v. The President of the Legislative Council*, CACV 224/2016, paras. 21-30.

27. *HKSAR v. Ng Kung Siu and Another*, FACC 4/1999, para. 9.

28. 此類餘下的七個判決及其相應段落如下：*Harvest Good Development Ltd v. Secretary for Justice and Others*, HCAL 32/2006, para. 67; *Re Cheng Kai Nam,*

Gary, HCAL 3568/2001, para. 16; *Ch'ng Poh v. The Chief Executive of The Hong Kong Special Administrative Region*, HCAL 182/2002, para. 34; *Chan Shu Ying v. The Chief Executive of The Hong Kong Special Administrative Region*, HCAL 151/1999, paras. 25-26; *Lee Bing Chueng v. Secretary for Justice*, HCA 1092/2010, paras. 139, 146; *Re Easy Concepts International Holdings Ltd*, HCMP 327/2006, para. 35; 律政司司長訴廖榮光案（原判決為中文），HCA 5120/2001, para. 94.

29. 例如在謝耀漢訴香港特別行政區護照上訴委員會及另一人案（原判決為中文）（HCAL 1240/2000, paras. 47-48, 67-69）中，法院引用憲法第 67 條第 3 項認為，解釋《〈中華人民共和國國籍法〉在香港實施的幾個問題的解釋》時應該與《中國國籍法》的基本原則相符合。另外由於該案也可被理解為是在"國籍法的有關解釋"和國籍法存在疑問時，實施憲法做出了合法性判斷，所以在歸類上存在疑問。

30. *Gurung Deu Kumari and Another v. Director of Immigration*, HCAL 76/2009, paras. 51-58.

31. *Li Nim Han and Another v. The Director of Immigration*, HCAL 36/2011, para. 29; *Comilang Milagros T. and Another v. Commissioner of Registration and Others*, HCAL 28/2011, para. 65; *Pagtama Victorina Alegre and Another v. Director of Immigration*, HCAL 13/2014, paras. 87-98; *Comiland Milagros Tecson and Another v. Director of Immigration*, CACV 59/2016, paras. 68-70; *Rai Rajendra Kumar v. Director of Immigration*, HCAL 1093/2018, paras. 32-33; *MK v. Goverment of HKSAR*, HCAL 1077/2018, Para. 21. 最後一起案件涉及基本法是否保護同性婚姻問題，法院在判決中指出，基本法第 37 條中的 "right to raise a family freely"，需要參考憲法第 49 條進行理解，其中並不含有任何允許同性婚姻的意涵。

32. *Hong Kong Kam Lan Koon Ltd v. Realray Investment Ltd*, HCA 15824/1999, paras. 22-23.

33. *Gurung Kesh Bahadur v. Director of Immigration*, CACV 216/2000, para. 37.

34. *Xin Jiang Xingmei Oil-Pipeline Co. Ltd v. China Petroleum & Chemical Corporation*, HCCL 6/2004, paras. 42-46.

35. *Ma Pui Tung v. The Law Society of Hong Kong and Another*, HCAL 157/2004, para. 17.

36. *Ma Pui Tung v. The Law Society of Hong Kong and Another*, HCAL 157/2004,

para. 39.

37. *HKSAR v. Ma Pui Tung,* HCMA 1109/2008, para. 20.

38. *Right to Inherent Dignity Movement Association and Another v. HKSAR and Others*, HCAL 104/2008, para. 73.

39. 還有一起案件涉及入獄期間是否屬通常居住,以及通常居住連續七年是否一定要緊接申請永久居留權之日的問題,代表入境處的大律師提出籌委會的有關報告已經處理了該問題,而且報告為全國人大所批准。這雖然不算是行使了憲法第 67 條和基本法第 158 條的釋法權,但是該報告應該被視為具有說服力的附帶意見,對此問題,香港法院認為本案沒有必要作出決定。See *Commissioner of Registration v. Registration of Persons Tribunal and Another*, CACV 272/1999, para. 68.

40. 本節的主要內容已經公開發表,參見孫成:〈全國人大及其常委會針對香港問題實施憲法的實踐——以 33 份規範性文件為樣本〉,《北京社會科學》2019年第 4 期,第 26-39 頁。

41. 本章所採用的數據庫是:中國人大網的法律法規數據庫 http://www.npc.gov.cn,以及北大法寶法律法規數據庫 http://www.pkulaw.cn,檢索方式為:以"香港"為關鍵詞,以"全國人大及全國人大常委會"為發佈主體對文件進行交叉檢索,共搜索出 44 份規範性文件,同時在後期的研究中還發現一份雖然抬頭未出現"香港"二字,但實際與香港政改具有密切關係的規範性文件《關於鄭耀棠等 32 名全國人大代表所提議案的決定》,所以總數為 45 份,兩個數據庫最後訪問時間均為 2020 年 1 月 1 日。

42. 在 45 份規範性文件中,共有 12 份文件被認為與憲法實施無關,而不屬本文分析的範圍,主要涉及兩類:第一,完全是形式性和程序性的規範性文件,例如,《全國人民代表大會常務委員會關於批准全國人民代表大會香港特別行政區籌備委員會結束工作的建議的決定》;第二,完全是根據基本法作出的規範性文件,增改基本法附件三全國性法律的決定均屬此類。

43. 所謂聯名式實施,指的是在文本制定依據上同時出現憲法、基本法或其他具體法律,憲法在其中所起的作用主要是為了加強結論的說服力。這種實施方式最為集中地體現在全國人大及常委會作出的關於"港區全國人大代表"的八份決定中,這些決定雖然也涉及實施憲法,但其最主要的依據在於基本法以及《選舉法》第 16 條第 3 款,即"香港特別行政區、澳門特別行政區應選全國人民代表大會代表的名額和代表產生辦法,由全國人民代表大會另行規定。"由於其學理意義有限,所以這些決定雖然也可被納入憲法實施範疇之

44. 當然劃分的標準還有很多，例如以全國人大及常委會的權力行使方式為標準，可以將上述實施分為立法性實施、解釋性實施、決定性實施以及監督性實施。由於同一主題可能涉及多種實施方式，如果以權力行使方式為標準進行劃分，難免會出現同一事實反覆出現在不同章節的現象，因此本書並未採取這種劃分方式。

45. 全國人民代表大會常務委員會關於國務院提請審議《中華人民共和國政府和大不列顛及北愛爾蘭聯合王國政府關於香港問題的聯合聲明》的議案的決議。

46. 第六屆全國人民代表大會第三次會議關於批准《中華人民共和國和大不列顛及北愛爾蘭聯合王國政府關於香港問題的聯合聲明》的決定。

47. 中華人民共和國主席令（六屆第 25 號），中國人大網，資料來源於：http://www.npc.gov.cn/wxzl/gongbao/2000-12/04/content_5001625.htm（最後訪問時間：2019 年 12 月 21 日）。

48. 關於"內部分權說"和"憲法授權說"主要參考了秦強博士的觀點，他進一步提出"特定專屬原則"與"合憲推定原則"來理解全國人大和全國人大常委會的關係。具體而言，凡是憲法明確規定為全國人大或全國人大常委會專屬的權力，就只能由相應主體專屬所有，相互之間不能越俎代庖，但是對於二者均享有的權力，或者憲法規定不清的權力，則可以推定全國人大代行全國人大常委會的職權是合憲的。參見秦強：〈論全國人大與全國人大常委會的職權關係〉，《人大研究》2010 年第 12 期，第 15-19 頁。

49. 第六屆全國人民代表大會第五次會議關於授權全國人民代表大會常務委員會審議批准《中華人民共和國政府和葡萄牙共和國政府關於澳門問題的聯合聲明》的決定："鑒於《中華人民共和國政府和葡萄牙共和國政府關於澳門問題的聯合聲明》涉及特別行政區的設立及其制度問題，根據《中華人民共和國憲法》第三十一條、第六十二條的規定，應由全國人民代表大會決定。會議決定授權全國人民代表大會常務委員會在《中華人民共和國政府和葡萄牙共和國政府關於澳門問題的聯合聲明》經中葡兩國政府正式簽署後予以審議和決定批准。"

50. 除了本節將分析的六份規範性文件外，還有一份可被劃為此類憲法實施的規範性文件是：《第七屆全國人民代表大會第三次會議關於〈中華人民共和國香港特別行政區基本法（草案）〉的審議程序和表決辦法》。

51. 對於香港基本法諮詢委員會對憲法與基本法關係的意見，特別是香港法律界對此問題的疑慮，See Hungdah Chiu (ed.), *The Draft Basic Law of Hong Kong:*

Analysis and Documents (Maryland: University of Maryland, 1988), pp. 82-90.

52. 該決定附帶的《草案說明》也沒有對這些關鍵性問題作出解釋。《關於〈全國人民代表大會關於中華人民共和國香港特別行政區基本法的決定（草案）〉的說明》指出："《中華人民共和國憲法》第三十一條規定：'國家在必要時得設立特別行政區。在特別行政區內實行的制度按照具體情況由全國人民代表大會以法律規定。' 根據憲法這一條規定，香港特別行政區基本法可以規定保持原有的資本主義制度，不實行社會主義制度；香港特別行政區實行的制度、政策和法律，將以香港特別行政區基本法為依據。為了進一步明確香港特別行政區基本法的法律地位，法律委員會經同有關方面研究，建議這次大會在通過香港特別行政區基本法時作出關於香港特別行政區基本法的決定，並起草了決定（草案），明確香港特別行政區基本法是根據我國憲法、按照香港的具體情況制定的，是符合憲法的。香港特別行政區設立後實行的制度、政策和法律，以香港特別行政區基本法為依據。"

53. 齊鵬飛：《鄧小平與香港回歸》，北京：華夏出版社 2004 年版，第 194-195 頁。1984 年底，在中英聯合聲明簽署前，港英當局發表《代議政制在香港的進一步發展》綠皮書，開宗明義 "主要目標是逐步建立一個政制，使其權力穩固地立根於香港，有充分權威代表港人的意見，同時更能直接向港人負責。" 李後：《百年屈辱史的終結——香港問題始末》，北京：中央文獻出版社 1997 年版，第 211-212 頁。

54. 1985 年 10 月 19 日，國務院港澳辦主任姬鵬飛在會見來訪的港英政務司官員廖本懷時，表明中國政府的立場：希望香港政治體制在過渡時期不要出現急劇的變化，九七後的香港政治體制要由基本法加以規定，香港過渡時期的政治改革要與基本法相銜接。1985 年 11 月，中英聯絡小組在北京開會，雙方同意九七前後的政制改革具有銜接的必要。李後：《百年屈辱史的終結——香港問題始末》，北京：中央文獻出版社 1997 年版，第 213-214 頁。

55. 李後：《百年屈辱史的終結——香港問題始末》，北京：中央文獻出版社 1997 年版，第 228-237 頁。對於英國政策的轉變也存在不同看法，有香港學者認為英方政策轉變的原因有三點：首先，時任英國首相梅傑不希望給他的西方盟友留下親中的印象；其次，民主黨在 1991 年立法局中贏得大多數直選議席，對港府的壓力增大；最後，香港原有的保守勢力轉為親中立場。鄭宇碩、盧兆興：《九七過渡：香港的挑戰》，香港：香港中文大學出版社 1997 年版，第 40-41 頁。

56. 齊鵬飛：《鄧小平與香港回歸》，北京：華夏出版社 2004 年版，第 199 頁。

57. Percy Cradock, *Experiences of China* (London: John Murry, 1994), p. 246.

58. 齊鵬飛：《鄧小平與香港回歸》，北京：華夏出版社 2004 年版，第 197-198 頁；李後：《百年屈辱史的終結——香港問題始末》，北京：中央文獻出版社 1997 年版，第 253-257 頁；張定淮：〈香港政改的歷史與民主政治的發展〉，《中國法律評論》2015 年第 3 期，第 34-35 頁。

59. 周平：《香港政治發展（1980-2004）》，北京：中國社會科學出版社 2004 年版，第 165-167 頁。

60. 該決定是根據廣東省人大代表團提出的議案《建議八屆人大一次會議通過決議，儘早成立香港特別行政區籌備委員會的預備工作委員會的議案》而作出的。議案的具體內容是 "根據目前局勢的發展，考慮到距 1997 年我國恢復對香港行使主權的時間日益臨近，同時，考慮到港澳地區及其他省市人大代表紛紛提出要求，希望中央人民政府儘早就香港特別行政區第一屆政府和立法會的產生著手進行準備，因此，我們建議儘早成立香港特別行政區籌備委員會的預備工作委員會。具體辦法授權第八屆人大常委會審議並作出相應決定。希望本次大會能將此列入議程，並就此作出決議。附上決議草案，請審議。"

61. 對此問題的具體過程參見〈中英關於香港 1994/1995 年選舉安排會談中幾個主要問題的真相〉，載袁求實編：《香港過渡時期重要文件彙編》，香港：三聯書店（香港）有限公司 1997 年版，第 142-162 頁。

62. 《全國人民代表大會香港特別行政區籌備委員會關於設立香港特別行政區臨時立法會的決定》與《全國人民代表大會香港特別行政區籌備委員會關於設立香港特別行政區臨時性區域組織的決定》。

63. 強世功：〈和平革命中的司法管轄權之爭——從馬維騉案和吳嘉玲案看香港憲政秩序的轉型〉，《中外法學》2007 年第 6 期，第 651-652 頁。

64. 筆者注意到香港大學的陳弘毅教授也認同從憲法角度解釋臨時立法會的合法性問題。See Albert Chen, "The Provisional Legislative Council of the SAR", (1997) *Hong Kong Law Journal* 27(1).

65. "831 政改決定"、《全國人大常委會關於香港特別行政區 2012 年行政長官和立法會產生辦法及有關普選問題的決定》與《全國人大常委會關於香港特別行政區 2007 年行政長官和 2008 年立法會產生辦法有關問題的決定》。鑒於本書以憲法實施為主題，而回歸後的三份政改決定可被納入到基本法實施的範疇之內，因此不再詳述。

66. 從 1996 年到 2015 年全國人大常委會共解釋法律二十次，其中有五次是針對香港問題的，佔總數的四分之一，而剩餘的法律解釋主要是對刑法、刑事訴訟法、民法通則、婚姻法作出的，不涉及其他憲法性法律，資料來源於：http://news.xinhuanet.com/legal/2014-04/21/c_1110339712.htm（最後訪問時間：2019 年 12 月 31 日）。

67. 由於英國承認雙重國籍，所以在回歸前，香港不少居民為了經商、旅行和求學的便利具有不同的身份，包括英國屬土公民身份、英國國民（海外）身份、英國海外公民身份、英國臣民身份、受英國保護人士身份、英國公民身份、英聯邦公民身份、無國籍人士身份以及外國人身份，這造成相當一部分香港居民持有幾本護照的問題。參見張勇、陳玉田：《香港居民的國籍問題》，北京：法律出版社 2001 年版，第 65-66 頁。

68. 上述關於《〈國籍法〉在香港實施問題的解釋》變通的內容，參見王鳳超主編：《"一國兩制" 的理論與實踐》，北京：經濟科學出版社 1998 年版，第 198-207 頁；張勇、陳玉田：《香港居民的國籍問題》，北京：法律出版社 2001 年版，第 65-66 頁。

69. 參見喬曉陽：〈非萬不得已人大不出手——喬曉陽在國務院新聞辦記者會答問〉，《大公報》2004 年 4 月 7 日。

70. 董皞：〈"特區租管地"：一種區域合作法律制度創新模式〉，《中國法學》2015 年第 1 期。

71. 應該指出，全國人大常委會在審議該議案時已注意到了此問題，特別提出兩點意見：第一，要求香港政府加強對港方口岸區的管理，建議將這個區域列為禁區，實施封閉式管理，不允許任何個人和團體在禁區內進行遊行、示威、靜坐等與進出境通關檢查無關的活動，最終的決定採納了這個建議；第二，有意見認為，在港方口岸區適用的香港法律應該限於與通關檢查有關的法律，考慮到在實踐中法律關係往往是交叉存在的，如果限制香港法律適用的類型，不可避免會出現兩個執法團體，適用兩套法律處理同一問題的情形，最終這個建議沒有被採納。參見喬曉陽：《全國人大法律委員會關於〈國務院關於提請審議授權香港特別行政區對深圳灣口岸港方口岸區實施管轄的議案〉審議結果的報告》。

72. 當然，對比 2001 年國務院直接以批覆的方式處理關於澳門特別行政區新邊檢大樓及配套設施地段管轄權的情況，此次專門由全國人大常委會以決定方式處理，意味著權力機關已經對該問題所涉及的憲法問題有所認識。

73. 對於 1982 年憲法修改時，修改委員會對此問題的想法，參見許崇德：《中華人民共和國憲法史（下卷）》，福州：福建人民出版社 2005 年版，第 355-

356、389 頁。

74. 參見林來梵：《從憲法規範到規範憲法：規範憲法學的一種前言》，北京：法律出版社 2001 年版，第 94-97 頁。

75. 這一點在行政訴訟法受案範圍的限制規定上表現得尤為明顯，參見何海波：《行政訴訟法（修訂版）》，北京：法律出版社 2011 年版，第 109-116 頁。

76. 參見林來梵：〈轉型期憲法的實施形態〉，《比較法研究》2014 年第 4 期，第 30 頁。

77. 在學界權威的《香港特別行政區基本法導論》一書中，王叔文教授就指出，憲法是一個與主權密切相關的概念，由於主權在一國內具有最高性，憲法作為主權的象徵無疑也就具有最高效力。基於此，他認為，憲法中涉及主權的內容必須在香港實施，而涉及具體社會、經濟制度的內容，則可由基本法予以調整。王叔文主編：《香港特別行政區基本法導論（第三版）》，北京：中央黨校出版社 2008 年版，第 87-91 頁。

78. 林來梵：《從憲法規範到規範憲法：規範憲法學的一種前言》，北京：法律出版社 2001 年版，第 303-304 頁。

79. 陳端洪：〈論憲法作為國家的根本法與高級法〉，《中外法學》2008 年第 4 期，第 485-511 頁。

80. 謝維雁：〈"母法"觀念釋讀——憲法與法律關係新解〉，《四川大學學報（哲學社會科學版）》2005 年第 4 期，第 128-133 頁。

81. 許崇德：《港澳基本法教程》，北京：中國人民大學出版社 1994 年版，第 261-263 頁。

82. 如何從學理上描述香港的憲制結構，特別是如何分析憲法與基本法在憲制結構中的關係，目前兩地學界並無共識。對此，回歸前香港學者 Raymond Wacks 曾提出質疑：一個國家能夠具有兩個"根本規範"嗎？他認為無論是凱爾森還是哈特的法實證主義理論，都無法解釋香港憲制結構的問題。See Raymond Wacks, "One Country, Two Grundnormen? The Basic Law and the Basic Norm", in Raymond Wacks (ed.), *Hong Kong, China and 1997 Essays in Legal Theory* (Hong Kong: Hong Kong University Press, 1993), pp. 151-183. 回歸後，香港大學的陳秀慧副教授提出不宜採取一元論的觀點，將香港憲制結構放置到中國法體系中加以理解，而應借鑒歐盟法律體系所形成的多元主義法理論來解釋香港憲制結構內部的互動關係。See Cora Chan, "Reconceptualising the Relationship between the Mainland Chinese Legal System and the Hong Kong Legal System", (2011) *Asian Journal of*

Comparative Law 6(1). 而內地學界，雖然提出了 "憲法和基本法共同構成香港的憲制基礎" 這一論述，但對於 "為何要共同"、"如何來共同" 等問題並未深入展開。

83. 對此陳弘毅教授和羅沛然教授曾經對 1997 年到 2009 年間，香港終審法院作出的基本法判例進行了系統性研究，他們將其區分為奠基、鞏固和創新三個階段，認為終審法院的基本法判例法體系已經漸趨成熟，成功扮演了 "香港憲制守護者" 的角色。See Albert Chen and P. Y. Lo, "The Basic Law Jurisprudence of the Court of Final Appeal", in Simon N. M. Young, Yash Ghai (eds.), *Hong Kong's Court of Final Appeal: The Development of the Law in China's Hong Kong* (Cambridge: Cambridge University Press, 2014), pp. 352-390.

84. 李薇薇：〈香港法院基本法案件裁判依據的國際化〉，《政法論壇》2015 年第 2 期，第 129-140 頁。

85. 林來梵：〈轉型期憲法的實施形態〉，《比較法研究》2014 年第 4 期，第 26-39 頁。

憲法實施與香港極端本土意識的興起

——以"香港城邦論"為樣本

通過前述實證分析不難看出，國家憲法在香港並非沒有實施，只是目前的實施，不論是在條文選擇，還是在實施方式上都存在“局限性”問題，但這個“問題”是個“真問題”嗎？從學理的角度看，上述實施狀況固然存在法理瑕疵，但不免有人會指出，這難道不正是“一國兩制”的必然結果嗎？進一步而言，拋開現有雖不完善但現實可行的實施方式，去建構一個新的、似乎在理論上更加完備的實施方案會不會只是學者的一種知識愛好，又淪為一種在本體論層面的純粹邏輯論辯呢？

作為一篇討論“憲法實施”這個實踐性極強的專著，如果在提出完善憲法在香港實施機制的構想之前，不能在法理瑕疵之外，充分展示維持現有實施模式在實踐層面對香港管治的負面影響，則後文的論述就會存在脫離實際、無病呻吟的隱憂。為了更好打通“完善憲法在港實施機制”與“優化中央治港能力”之間的邏輯關係，本章選擇暫時先從憲法理論的分析中抽身出來，將目光聚焦於當下香港政治實踐中最敏感、卻十分關鍵的極端本土意識之上，來說明完善國家憲法在香港的實施機制不僅具有法理必要性，也具有政治現實性。

當然，需要指出的是，香港極端本土意識的興起是一個綜合的社會現象，涉及經濟、政治與法律多個維度，筆者並不會天真地認為僅憑某項法律機制就能將其完全化解，這裏選擇從憲法實施角度切入，主要是想說明，從世界各國的經驗看，透過憲法實施培養國民的憲法認同，均被認為是增進國家認同，維持國家統合的有力機制，這對於理解目前出現的“港獨”問題，並不斷優化治港思路都是一個很好的借鑒。

由於香港極端本土意識是一個新興政治現象，為了避免討論變為香港網民與報紙言論的簡單收集，這裏選擇了在香港本土意識中理論完備程度最高的"城邦論"思想為樣本，來展現極端本土意識的發展脈絡與政治危害。具體內容分為三個部分：首先，通過文本分析，歸納"城邦論"思想的基本內容；其次，將該理論嵌入香港本土意識的發展過程中予以思考，明確城邦論思想在香港本土意識脈絡中所處的相位；最後，分析"香港城邦論"思想的理論特質，並總結香港極端本土意識蔓延的危害，借此凸顯通過憲法實施強化憲法認同，進而增進國家認同的意義。

第四章　憲法實施與香港極端本土意識的興起

"香港城邦論" 思想的基本內容 [1]

—————— • ——————

2011 年，香港在《華爾街日報》和美國傳統基金會發佈的 "經濟自由度指數" 年度報告中，再次被評選為全球最自由的經濟體。[2] 但在這份繁榮的背後，香港社會已經潛藏著一股失落與焦躁的情緒。陳雲[3] 的《香港城邦論》就出版於此時，他在書中不僅主張存在割裂於中華民族之外的 "香港族群" 這一想象共同體，而且利用 "城邦" 這個充滿政治意味的概念挑戰香港在中國所處的政治地位。該書憑藉犀利的批判、激進的主張輔之以淺白甚至低俗的表述立即在香港激起輿論風暴，有人歡呼它為香港本土意識指明了方向，但也有人批判這是在傳播排外情緒，其中 "族群抗爭" 與 "中港區隔" 的主張將毀滅香港的核心競爭力。無論如何，當分析近年來香港政治環境中不斷高漲的本土化、民粹化與激進化趨勢時，陳雲與他的城邦論思想都是繞不開的話題。陳雲關於香港城邦論的思想主要體現在他撰寫的《香港城邦論》、《香港遺民論》和《香港城邦論 II 光復本土》這三本著作中，[4] 據他所言，香港遺民論是城邦論的後論，是中華邦聯論的先聲。[5] 從內容的邏輯承接關係上分析，陳雲的城邦論思想可大致歸納為三個部分。

一、挑戰：城邦自治契合香港的政治現實

在《香港城邦論》開篇，陳雲就提出香港面對的最大政治問題在於，是否需要"憲政民主"的中國作為依歸，中國不"民主"，香港的民主是否就無法前行。這顯然是對香港"泛民主派"，特別是民主黨長期秉持的"民主回歸論"和"民主抗共論"所提出的詰問。陳雲認為上述將香港民主事業與中國"民主"事業捆綁的理念，雖然聽起來具有溫和的愛國情懷，可是一旦操作就會干預中國內地的政治，反而使香港民主發展被壓制。此外，他進一步提出中國內地就算"民主"化了，對香港也並非好事，香港將會失去"一國兩制"下所具有的特權地位。[6] 總之，上述"泛民主派"的想法是無法實踐的"理想政治"。

較之於此，他提出香港要著力於"現實政治"，香港要做的，是在中國現代化過程中提供協助，但要取得應有的政治經濟利益和榮譽身份，中國的現代化進程愈緩慢，香港的特權地位愈可持久。這是政治本位的問題，政治立足點的問題，政治方向盤的問題。[7] 而為了實現所謂的從"理想政治"到"現實政治"的蛻變，他主張港人需要摒棄長期內化於心的"中國大一統"、"中華文化一體"和"港人報國"理念，並借用金庸小說中的詞彙，將其比喻為港人要解"中國情花之毒"。[8] 為此，他在書中對港人介入內地的敏感政治事件（如北京八九政治風波），或參與"保衛釣魚島運動"等都持反對態度。他認為這些參與都會變相證成中央管治香港的正當性，強化中國內地與香港構成命運共同體的事實。[9] 他認為香港人當前要放棄參與中國政治的任何觀念，專注於本土政治，對於中國內地既不關心，

也不仇視，要做到沒有希冀，只為自己打算。他公開指出"忘掉中國，香港本位，香港優先"是香港城邦論的要旨所在。[10]

二、深化：城邦自治具有歷史正當性

香港雖然過去就存在本土意識，但這種意識遠未達到能讓港人"忘掉中國"的程度。換句話說，與"台獨"、"疆獨"和"藏獨"的主張相比，香港激進勢力所能調動的知識資源相當有限，香港自古就是由中央政府管治的地方政權，即使在 1842 年被英國人佔據之後，也未被認為是獨立政權，而是大英帝國的海外殖民之地。從本地人口構成看，香港人主要是中國內地的移民及其後代，與中國內地不僅同文同種，甚至同宗同族。

在此背景下，為了給激進的本土論述尋求歷史正當性，陳雲先後擬制了"香港城邦"和"香港遺民"這兩個概念。前者比附古希臘和歐洲早期的城邦概念，認為香港自從被英國佔領開始，就形成了城邦格局，得益於大英帝國強大的制度文明與公共行政能力，香港城邦成為當時東亞最具有自由主義氣息的地區。陳雲強調"一國兩制"和《中英聯合聲明》是中英保障香港城邦地位的盟約，而現在中央對港"干預過度"，已然破壞了上述盟約。為了保護香港城邦地位，港人必須通過族群鬥爭的手法捍衛並加強本土意識。[11]

後者借用王夫之"遺民抗衡滿清"的概念，認為中國內地政權的"專制"程度比滿清更甚，而且經歷"文革"之後傳統文化精粹盡失，香港反而保留了繁體字和傳統中國的禮樂文明，進而提出"中華正朔在香港"的命題，其目的在於利用上述命題，將港人對中華文化的認同轉移到對香港族群認同之上，並通過這樣的轉移逐步消弱港人的國家意識。[12] 上述命題是否符合歷史與事實，陳雲心知肚明，他在書中公開講，這些概念或許有所造假，有所想象，但總比眼見香港淪喪而不去建設，只知批判要好。[13]

三、落點：城邦自治包含的核心內涵

在完成對城邦自治論的歷史性證成後，陳雲順理成章地提出了建立香港城邦，甚至實現所謂"中華邦聯"的具體構想。究其實質，他的設想包含兩大核心內涵：煽動兩地衝突與香港變相獨立。

陳雲指出城邦論要為港人樹立族群意識，憑藉這種意識就可以保衛香港族群的生存空間，建立自己的政治主張。他反覆要求港人思考一個核心問題："你是香港人還是中國人？""香港是什麼人做主的地方？"[14] 並以此將中國內地和香港在發展中的正常摩擦扭曲為兩地之間存在族群衝突，從而配合他提出的"香港本土政治應該以族群政治為主要內容"的想法。基於此，就不難理解為什麼他會認同"蝗蟲論"這種明顯的歧視性主張，他就是要藉此煽動港人排斥內地人的情緒。

更為甚者，與提倡以包容心態看待兩地矛盾的本土論述不同，陳雲在書中公然煽動港人暴力抗爭。他指出現實政治雖然也講一些道德原則，但不是全面的道德原則，無需任何時候都要講理，抗爭就是要有暴力的成分。[15] 陳雲眼中的香港自治就是要告別普世價值與民族主義訴求，告別香港與內地必然融合的論調，放棄和平、理性抗爭的原則，最終在香港形成大多數激進民主派和少數溫和民主派的政治格局。[16] 他在書中言明，香港需要少數激進的革命者，做小事靠理性，做大事要看意志。[17] 這裏不禁要問，他究竟要在香港幹什麼"大事"？

上述煽動兩地衝突的目的在於實現香港的變相獨立。對於城邦自治論是否就是"港獨"，由於參照系不同，結論也有所區別。如果從香港本土意識右翼的內部派系看，應該承認陳雲確實在其書中，以及他參與起草的《香港城邦自治運動總綱》中都反對香港獨立，[18] 並由於在此問題上的分歧，致使他在本土組織內部遭到攻訐。不過與中央政府反對"港獨"的核心主張不同，他反對香港短期內獨立，不是由於他認同中央對香港的全面管治權，而是因為條件尚不成熟，獨立成本太大。他主張香港要學習商末的大臣箕子，身在商朝但有所不為，順時而動。

陳雲的如意算盤是，希望香港向獨立方向前進，具有"實然主權"、"準國家地位"，保持隨時獨立的可能，至於具體何時獨立、以何種方式獨立、以什麼名義獨立則可以根據中國內地的政治發展予以應變。很顯然在這點上，他吸收了近期香港部分學者提出的"次主權"、"次國家"以及"準國家"等概念 [19]，具有一定的迷惑性。但仔細閱讀他的書，就會發現其中已經為香港謀劃了應對內地政治變局的相應對策，其中不僅包括劃定深圳、東莞和惠州為香港殖民區的荒謬想法，[20] 還包括香港在和平以及戰爭時期應該分別秉持的五點和三點策略。他言明將來中國內亂之時，香港將以自治城邦為基地，與台灣、澳門和中國內地的獨立政權各自以主權實體身份重組所謂中華邦聯。[21] 由是觀之，網絡世界封他為"港獨教父"也算實至

國家憲法在香港實施問題研究

名歸。

綜上所述，城邦論思想從批判香港"泛民主派"主流意識切入，通過虛擬香港城邦地位、華夏正統等手段，妄圖實現挑撥兩地矛盾、香港變相獨立的目的。

城邦論思想在香港本土
意識脈絡中所處的地位

—————— ● ——————

　　陳雲關於城邦論的思想之所以能夠在香港社會產生一定的
影響，主要在於它迎合了香港這一階段本土意識中激進勢力的
訴求。鑒於此，除了對其論述的基本內容加以歸納外，還要將
該理論嵌入香港本土意識的發展脈絡中進行思考，如此才能對
其理論特質予以準確把握。香港本土意識從發端至今，大致可
以分為三個階段。[22]

一、精英本土意識（19 世紀中後期至 20 世紀中期）

　　通常的說法認為香港的本土意識產生於 20 世紀 60、70 年
代，但如果仔細審視香港歷史，就會發現 19 世紀末華人精英中
就已經產生了以香港為家的意識。這些 "以香港為居住地的買
辦資產階級" 不僅依靠殖民體系獲取到巨額財富，而且也在殖
民教化下認同英國文明所蘊含的價值。鑒於此，雖然這些華人
精英並不否認自己中華民族的血脈，並積極支持內地的近代化
革新，但是他們鄙夷 "道德低下" 的內地同胞，認為自己是迴

異於前者的"高等華人",並希望以"接受西方文明洗禮的香港人"身份獲得英國管治者的認同。[23] 由此,香港精英本土意識得以滋生。

應該看到,這種本土意識之所以是"精英式"的,一方面是因為華人精英不願意將這種本土意識與香港底層民眾的鄉族意識連接起來,這與他們想要維持"高等華人"身份的初衷相悖,會使他們失去"勾結式殖民結構"中所享有的特權地位;[24]另一方面是由於當時香港的環境也限制了這種本土意識的大眾化,在二戰前相當長的時間段內,大多數華人都只視香港為謀生之地,盼望能早日賺足金錢衣錦還鄉,他們並不會攜帶家人來港,亦沒有打算以香港為終老之地。因應這種精英本土主義,英國管治者建立了不同層級的行政吸納機制予以消化(保良局、東華醫院、團防局、潔淨局、立法局、行政局),牢牢地將華人精英的本土意識納入規劃好的權力階梯內,成為配合殖民管治的輔助力量。[25] 由此可見,在這一階段的本土意識並沒有擴展到廣大香港民眾心中,對於他們而言只存在國家認同、民族認同,並不存在香港認同。這點從當時香港華人數次參與內地發起的民族主義抵制運動中可以得到佐證。[26]

二、大眾本土意識(20世紀60年代至香港回歸前後)

20世紀60、70年代上述情況發生變化,本土意識開始在香港廣大民眾中得到拓展。[27] 應該說這是諸多因素綜合作用的結果,其中最主要的原因在於代際交替。[28] 二戰後的嬰兒潮以及隨後的邊境管制,使香港出現了土生土長的一代人。對其特點，香港著名文化人、也是當事人的陳冠中總結為十點，[29] 其要旨在於，這代人對香港沒有祖輩的過客心理，香港不僅是他們唯一的家園，而且較之於內地同胞，香港人是他們引以為豪的身份象徵。這種潛在的心理認知，在上世紀 60-90 年代的歷次社會運動中被不斷催化，形成了這一時期香港大眾本土意識的基本品性。

在前述的歷次社會運動當中，1967 年的"反英抗暴"運動（五月風潮）影響最為深遠。這次由左派工會主導的政治運動，錯估了當時內地的政治形勢以及港人對殖民統治的支持程度，加深了當時港人，特別是其中的青年人對中國內地政治的負面印象和疏離感，促使他們更加認定要以香港為家，並開始將關注焦點轉向本土的社會民生議題。當這種訴求在麥理浩總督的"黃金十年"內得到有力回應後，香港本土認同的程度得到進一步提升。

在此背景下，回歸問題擺在了所有港人面前。毫無疑問，面對這一歷史性時刻，過往集中於本土社會和民生議題上的力量不可避免地轉向到政治議題之上，香港本土意識直接介入政治領域自此開始。此後北京 1989 年發生的"政治風波"更是將這種政治熱情推到頂點，以政治民主為訴求的香港本土政治性團體趁機坐大，他們提出的"民主回歸論"和"民主抗共論"思想也成為此後相當長時間內香港本土意識在政治領域的主要訴求。[30]

本土意識在這一階段三十餘年的發展歷程，不僅實現了從精英向大眾的轉型，而且完成從社會民生議題到政治議題的轉化。但是應注意到與上階段相同，這一時期的本土意識仍是以中華民族論述為底色的,也就是說,當時香港社會無論各派都是在"中國香港"的語境下討論本土問題。八九政治風波固然打破了當時香港人對兩地關係的完美想象,但也強化了香港人心中的民族認同,中國內地與香港同處一個命運共同體的意識被喚醒並加強。[31]這種本土意識所建立的,大體上是一種中國內地從經濟到政治("民主"化)都需要香港救贖的高傲香港主義。

三、本土意識的左右兩翼(2003 年至今)

如果一定要給第三階段本土意識劃定一個開始節點的話,2003 年恐怕是合適的時間。首先,這一年香港發生了"七一大遊行",中央適時改變了對港的具體工作方針,從"不干預"到"不干預,有所為";其次,這一年中央應香港特區政府要求,開始推行自由行,近年在媒體上被大肆炒作的"中港矛盾"正發端於此;再次,這一年前後香港知識界在原有的殖民史觀和愛國史觀之外,開始論述一種以"香港為本位"的歷史觀,要求重塑"香港人的香港史";[32]最後,這一年前後,香港"雙普選"問題開始發酵,此後整個香港社會都被逐步拉入"何時實現雙普選"的政治爭拗之內。正是在上述政治氛圍中,香港成長於回歸前後的新世代進入社會,並開始要求用自己的方式表達本土訴求。

與上兩波本土意識存在一以貫之的論述不同,這一階段本土意識呈現出多山頭的特點。到目前為止,大致可以劃分為左右兩翼,[33]雖然他們在以本土為中心、反對建制上具有共同點，但是之間的分歧也不可小覷，有時甚至對抗得更為激烈。[34]

具體來看，香港本土左翼從保育運動發展而來，希望通過對香港舊建築的保護，召喚港人在巨大無力感下消極的懷舊情緒，並將其轉化為積極的、守衛本土文化和歷史記憶的力量。在價值觀上他們秉持多元文化主義、普世價值的本土理念，對底層弱勢群體，包括大陸新移民都持包容態度。雖然在廣義上也認同"泛民主派"的主張，但是他們對"泛民"的政客性思維、體制性抗爭都有所不滿，他們期望可以根據個人意志"直接行動"。[35]

而香港本土右翼則是從 2011 年開始在"反雙非"、"反蝗蟲"、"光復上水"等運動中逐步形成的。與本土左翼最主要的不同之處有兩點：其一，論述和行動具有典型的民粹主義特徵，否定多元文化主義的價值，鼓吹內地與香港之間存在"族群鬥爭"，熱衷利用極端表達方式來推動本土運動。其二，就是支持港獨。在發展的過程中由於抗爭理念不同，本土右翼內部又分化出"鐵桿港獨派"、"香港民族派"和"城邦自治派"。

"鐵桿港獨派"要求香港從政治上、文化上都徹底與中國切割，以追求短期內香港獨立為直接目標，這一派主要組成人員為社會中下層激進人士，理論闡述能力有限。"香港民族派"是以香港大學《學苑》雜誌社為中心，人員組成主要是香港的大學生，他們認為在香港近年的政治形勢下，主張香港民族主義具有重大意義：首先，由於基本法限定了香港政治發展，所以需要提出"香港民族主義"來為民主治港提供新的道德基礎；其次，《"一國兩制"在香港特別區的實踐白皮書》的發佈，意味著中央對港全面干預的開始，"一國兩制"已經岌岌可危，

為了給 "兩制" 注入新的政治能量，需要以民族主義動員港人對抗 "一國" 的政治壓迫，儘快建立本土政權；最後，透過香港民族論述，重新發掘、詮釋並凝練香港的文化內涵與身份認同，避免被內地同質化。[36] "城邦自治派" 則以陳雲為掌門人，一直對承繼中華傳統文化念念不忘，並且批評短期 "港獨" 成本太大，需要等待時機再有所圖。[37]

"香港城邦論" 思想的理論特質及其危害

—————— • ——————

一、"香港城邦論" 思想的理論特質

通過上述梳理，可以清楚地辨識出香港城邦論包含著明確的民粹主義、激進主義和變相 "港獨" 的內涵，但在此之外，陳雲城邦論思想內部還存在若干張力，這些張力使得它區別於過往和現今的其他本土意識主張，形成他的理論特質。

其一，中國意識和本土意識的張力。基於民粹主義的立場，陳雲對中國內地政權和內地同胞均持排斥和鄙夷的態度，但是由於無法割捨他自己一貫以來對中華傳統文化的認同感，所以又不得不擬制出 "中華正朔在香港" 這個偽命題，企圖通過歷史虛構去調和中國意識和本土意志之間的張力。這種一方面拒絕中國政權的法統，另一方面又企圖承繼中華文化道統的想法，與當年香港右派民族主義的主張具有相似之處。正是因為這種騎牆的理念，陳雲受到了香港最為激進之 "鐵桿港獨派" 的批判，並被斥責為其實也沒有解除 "中華情花毒"。[38]

其二，現實政治和神化政治的張力。陳雲城邦論的理論起點在於批判當下香港反對派的理想政治，並且，提出香港城邦

論是以現實政治為基礎而構建的理論。但是縱觀其論述的基本
筆調,則處處充滿了神化政治的特質,與其說他是在構建一種
理論,不如說他是在傳播一種宗教。[39](無怪乎他被稱為 "教
主")具體來講,相較於理論的邏輯嚴密性而言,陳雲更在乎的
是他所使用的修辭是否能夠帶給閱讀者非理性快感,是否能夠
煽動起港人對中國內地的仇恨,這是最典型的偏執狂政治。由
此可見,陳雲的論述恰恰是反現實的,他希望藉各種知識雜亂
堆砌後產生的神秘感去緩和部分港人在大變局下不知如何自處
的內心恐懼。

二、"香港城邦論" 思想的政治危害

認清城邦論思想本質的目的在於昭示其危害,但在展開具
體論述之前,必須冷靜地看到,目前以城邦論思想為代表的"港
獨" 勢力在香港社會中並非主流,[40] 其影響力在媒體的渲染下
有被誇大的成分。因此,既要重視這股思潮的危險走向,但在
此過程中也要避免被他們的行為牽引,作出過度反應,[41] 需知
"悲情牌" 一直是這些激進勢力騙取港人同情的有利工具。從該
思想對目前香港的政治環境影響看,其危害大致包括以下三個
方面:

第一,在兩地民眾間樹立對抗情緒。在回歸後,特別是"自
由行"政策推出之後,中國內地和香港之間居民往來日益密切,
來港旅遊、購物甚至置業的內地人逐年遞增。這在有力推動香
港經濟復蘇的同時,也確實產生出 "房價升高"、"水客"、"雙
非" 等問題,但這些問題完全可以通過政策層面的調整予以改

善。"香港城邦論"卻打著為港人出頭、爭權益的幌子，將這種經濟社會結構調整中出現的摩擦煽動成所謂"中港衝突"，不遺餘力地在兩地之間製造分化，妄圖使本不矛盾的"中國人身份"和"香港人身份"變成非此即彼的選項。[42] 這種分化一方面會使香港產生懷疑中央政府、鄙夷內地同胞的情緒；另一方面也會使內地產生出香港看不起內地同胞、仍舊眷戀英國殖民統治的看法。這種在兩地民眾中製造矛盾的做法，將對中央管治香港帶來不可估量的危害。

第二，為香港政治激進勢力提供理論支撐。香港政治日趨激進是一個值得警惕的現象，環顧世界民主發展史，激進勢力能否被控制好，往往決定了民主的品質。2011 年之前，雖說香港"泛民主派"一直不願承認中央政府的對港管治權，但起碼在表面上仍同意要在基本法框架下規劃香港的政治發展。特別是在 2010 年，中央政府在與香港民主黨協商後，通過了雙方都能接受的"超級區議會方案"，使香港民主在 2012 年取得實質性進步。

但對於這樣的進步，香港激進勢力是不樂見的，因為循序漸進的發展將使他們難以擺脫被邊緣化的命運，卻又無可奈何，因為除了謾罵外，他們沒有提出體系化理論的能力。瞅準這一機會，陳雲推出"香港城邦自治"的理論，積極地為香港激進勢力提供理論支撐，使之成為他們迷惑與煽動港人的重要抓手。這套理論不僅是在對抗中央的管治權，也在侵蝕多元包容、和平仁愛、人權法治等香港立身的核心價值。很難想象如果讓這種思想坐大，香港未來將走上一條什麼道路。

第三，將香港本土意識拉向"台獨"的道路。香港本土意

156

識期望加強港人的主體性，但這種主體性訴求並非必然導向要求政治上的獨立。實際上香港很多支持本土意識的知識分子，多次強調"港人"和"中國人"不是二元對立的身份認同，他們所強調的仍是在基本法框架下，如何鞏固香港的自治權力。[43]而以城邦論為代表的"港獨"思想，無論其主觀意願上是否支持"台獨"，但客觀效果上正企圖將香港的本土意識拉上尋求政治獨立——這條"台獨"曾經走過的道路之上。

台灣的本土意識在 1970 至 1980 年代迅速發展，而其中的主力軍恰恰是台灣光復後成長起來的"戰後世代"。這些從小接受國民黨傳統愛國主義教育的一代人，基於對現實政治的失望與不滿，滋生出在台灣鄉土歷史文化中尋根的訴求。這股思潮於文學領域率先發酵（1970 年代的"鄉土文學論戰"），之後在 1979 年"美麗島事件"的催化下滲入政治領域，並伴隨著黨外運動在台灣迅速崛起，之前的民主化訴求也很快被台灣化、本土化所取代，最終發展為完整的台獨思想。

因此，從本土化的角度看，台灣的民主運動與"台獨"運動是高度關聯的，甚至可以將其認定為一件事物的兩個側面。用台灣學者施正鋒的話說就是：在台灣"國家肇建"、"民族塑造"與"國家打造"三合一工程中，民主化扮演了關鍵角色。[44]基於這一背景，對比港台兩地本土意識的發展脈絡，應該看到它們確實具有相似之處。如果聽任"城邦自治論"等極端理論在香港肆意氾濫，香港本土意識就存在發生"台獨式"進化的危險。[45]

小結

為了論證"完善憲法在香港的實施機制"不僅具有法理正當性，也具有政治緊迫性，本章對"香港城邦論"思想從基本內涵、在香港本土意識思想脈絡中所處的相位、理論特質和現實危害等角度進行了全方位的解析。客觀地說，目前這一具有"港獨"傾向的理論在香港社會中有不斷坐大的趨勢，特別是它對香港年青人的影響不容小覷，這一點在"佔中運動"、"旺角暴亂"、"修例風波"等運動中已經有所體現，如果再考慮到香港目前正處於民主轉型期的現實，極端本土意識對香港政治發展的深遠危害更應引起中央政府的高度重視。

平心而論，以"城邦論"為代表的極端本土意識之所以能在香港掀起一些風浪，除卻香港本地經濟和社會原因外，也與中央政府對香港的管治思路存在關聯，借用李飛在"8.31政改決定"高官簡介會中的一句話，就是"中央政府不該做的事情，沒有做，該做的事情，有些也沒有做"。[46] 中央政府在"保持不變心態"下生成的治港政策，已經無法全面回應"瞬息萬變的香港政治現實"。[47]

具體而言，在上個世紀八十年代，香港回歸問題剛剛浮出水面，中英兩國政府以及香港社會最大的共識點在於"保持不變"，各方都認為只要延續香港之前形成的管治手法和經濟體制，就能保證香港在回歸後繼續繁榮穩定。但實際上，回歸後兩地之間的經濟結構[48]以及香港內部的政治生態都發生了巨大變化，[49]在此背景下，進一步豐富"一國兩制"的內涵，調整中央政府管治香港的邏輯與方式已成為普遍共識。[50]

對此，如果環顧世界上其他國家處理內部"異質地區"的成功經驗，會發現憲法實施在抑制地方分離主義問題上都發揮著重要作用，這一點在加拿大最高法院針對魁北克獨立公投問題實施憲法所發表的裁決諮詢意見（Reference re Secession of Quebec）[51]，以及西班牙憲法法院針對加泰羅尼亞公投的違憲判決中表現得尤為明顯。[52]

鑒於此，應該更加注重發揮憲法在香港管治中的作用，努力將憲法實施打造成消解香港極端本土勢力，培養港人國家認同的制度平台，透過憲法實施過程中立憲主義價值的展現完成香港的"人心回歸"。[53]一旦中央政府能夠將香港政治、社會矛盾的癥結從過去的話語形式中抽離出來，放置在憲法實施的框架中加以妥善解決，滋生"港獨"理論的土壤也將逐步消失。當然，這一理念的實現不僅需要對目前憲法在香港實施的方式及其背後的理論予以反思，而且要有針對性地提出一套完善憲法在香港實施的具體機制。長遠看，憲法思維的引入是實現中央對香港良好管治的最佳選擇。[54]

| 註釋 |

1. 本節的主要內容已在公開刊物上發表，參見孫成：〈《香港城邦論》思想述評〉，載鄒平學主編：《港澳基本法實施評論》（第 2 卷），北京：法律出版社 2016 年版，第 207-219 頁。

2. "經濟自由度指數"，資料來源於：http://www.heritage.org/Index/PDF/2011/Index2011_Highlights.pdf（最後訪問時間：2020 年 3 月 2 日）。

3. 陳雲本名陳雲根，出生於上個世紀 60 年代的香港，在香港中文大學拿到本科與碩士學歷，碩士畢業後在香港樹仁學院擔任西方文學課程的老師，期間也趕上了中英就香港回歸進行談判的歷史時刻，但並未表現出對政治太大的興趣。1990 年他赴德國哥廷根大學攻讀博士學位，期間曾出任德國 "中國民主聯合陣線" 主席。在 1995 年回港後，他先是進入政府度過了一段為期 12 年的公務員生涯，2007 年他轉任嶺南大學擔任中文系教師，開始從文化角度介入香港政治問題。2011 年初，受到宜居灣區規劃事件和 "雙非" 問題影響，他開始系統性地提出香港城邦的理念，出版《香港城邦論》一書，並獲得第五屆香港書獎。看到社會輿論反應強烈，他又先後撰寫了《香港遺民論》和《香港城邦論 II 光復本土》，對其理論予以展開。伴隨著這些書引發的爭論，他一躍成為香港本土意識領域標誌性的人物，網絡稱其為 "教主" 或 "國師"。除了撰寫書籍外，他還先後參與籌組了 "香港自治運動"、"城邦學社"、"城邦論壇" 等組織，不過後來都由於內部理念分歧，無疾而終。2014 年中期他又註冊成立香港復興會，旨在推銷他的城邦論思想。以上關於陳雲的資料主要參見：維基百科，陳雲條目，資料來源於：http://zh.wikipedia.org/wiki/%E9%99%B3%E9%9B%B2_%28%E5%AD%B8%E8%80%85%29；維基百科，香港自治運動條目，http://zh.wikipedia.org/wiki/%E9%A6%99%E6%B8%AF%E8%87%AA%E6%B2%BB%E9%81%8B%E5%8B%95；維基百科，香港獨立運動條目，http://zh.wikipedia.org/wiki/%E9%A6%99%E6%B8%AF%E7%8D%A8%E7%AB%8B%E9%81%8B%E5%8B%95；香港自治運動官網，http://hkam2011.blogspot.com/；香港復興會官網，http://hkresurgence.com/；嶺南大學官網，http://www.ln.edu.hk/chi/ChinWK.htm；許知遠對陳雲的訪談《遺民與蝗蟲》，英國金融時報中文網，http://www.ftchinese.com/search/?keys=%E9%81%97%E6%B0%91%E4%B8%8E%E8%9D%97%E8%99%AB&ftsearchType=type_news&x=37&y=17。以上網站的最後訪問時間均為：2019 年 3 月 25 日。

4. 由於陳雲在網絡上提出的觀點經常出現自相矛盾的情況，從學術批評的角度，本書的分析主要建基於他出版的三本有關城邦自治論的書籍。

5. 參見陳雲:《香港遺民論》,香港:次文化有限公司 2013 年版,序言。

6. 參見陳雲:《香港城邦論》,香港:天窗出版社 2013 年版,第 20-23 頁;陳雲:〈香港城邦自治運動總綱〉(前言部分),香港自治運動官網,資料來源於:http://hkam2011.blogspot.com/2011/06/blog-post_25.html(最後訪問時間:2019 年 3 月 25 日)。

7. 參見陳雲:《香港城邦論》,香港:天窗出版社 2013 年版,第 15 頁。

8. 參見陳雲:《香港遺民論》,香港:次文化有限公司 2013 年版,第 27-29 頁。

9. 參見陳雲:《香港遺民論》,香港:次文化有限公司 2013 年版,第 12、24-25 頁。

10. 參見陳雲:《香港城邦論》,香港:天窗出版社 2013 年版,第 16、175-178 頁。

11. 參見陳雲:《香港城邦論》,香港:天窗出版社 2013 年版,第 63、67、69、75-76、80、92、96 頁;陳雲:〈香港城邦自治運動總綱〉(第 1-3 點),香港自治運動官網,資料來源於:http://hkam2011.blogspot.com/2011/06/blog-post_25.html(最後訪問時間:2019 年 3 月 25 日)。

12. 參見陳雲:《香港遺民論》,香港:次文化有限公司 2013 年版,第 52-58、130 頁;陳雲:《香港城邦論 II 光復本土》,香港:天窗出版社 2014 年版,第 198-212 頁。

13. 參見陳雲:《香港遺民論》,香港:次文化有限公司 2013 年版,第 128 頁。

14. 參見陳雲:《香港城邦論 II 光復本土》,香港:天窗出版社 2014 年版,第 47、49 頁。

15. 參見陳雲:《香港遺民論》,香港:次文化有限公司 2013 年版,第 179-184、201、225 頁。

16. 參見陳雲:《香港城邦論 II 光復本土》,香港:天窗出版社 2014 年版,第 57-59 頁;陳雲:《香港遺民論》,香港:次文化有限公司 2013 年版,第 255-261 頁。

17. 參見陳雲:《香港城邦論》,香港:天窗出版社 2013 年版,第 191 頁。

18. 參見陳雲:《香港城邦論》,香港:天窗出版社 2013 年版,第 210 頁;陳雲:〈香港城邦自治運動總綱〉(第 8 點),香港自治運動官網,資料來源於:http://hkam2011.blogspot.com/2011/06/blog-post_25.html(最後訪問時間:2019 年 3 月 25 日)。

19. "次主權" 概念參見沈旭輝:〈解構香港次主權──從曾蔭權致電菲律賓總統談起〉,《明報》,2010 年 8 月 27 日;練乙錚:〈"次主權" 是個好東西〉,

《信報》，2010 年 9 月 15 日。"次國家"概念參見洪清田：《人文香港——香港發展經驗的全新總結》，香港：中華書局（香港）有限公司 2012 年版，第 92 頁。"準國家"概念參見香港大學學生會學苑：《香港民族論》，香港：里人文化事業有限公司 2013 年版，第 84-86 頁。

20. 參見陳雲：《香港城邦論 II 光復本土》，香港：天窗出版社 2014 年版，第 253-260 頁。

21. 參見陳雲：《香港城邦論 II 光復本土》，香港：天窗出版社 2014 年版，第 8 頁；陳雲：《香港城邦論》，香港：天窗出版社 2013 年版，第 207-210、222-224 頁；陳雲：〈香港城邦自治運動總綱〉（第 7 點），香港自治運動官網，資料來源於：http://hkam2011.blogspot.com/2011/06/blog-post_25.html（最後訪問時間：2019 年 3 月 25 日）。

22. 當然對此也有不同看法，如另一名本土意識領域的激進派學者李怡就認為香港本土意識產生於近幾年。參見李怡：〈從無到有的香港本土意識的興起〉，《蘋果日報》2013 年 11 月 20 日。

23. 參見徐承恩：《城邦舊事：十二本書看香港本土史》，香港：青森文化出版社 2014 年版，第 62-63、69-72 頁；羅永生：〈香港本土意識的前世今生〉，載錢永祥編：《思想，香港：本土與左右》，台北：聯經出版事業股份有限公司 2014 年版，第 116 頁。

24. 參見羅永生：〈香港本土意識的前世今生〉，載錢永祥編：《思想，香港：本土與左右》，台北：聯經出版事業股份有限公司 2014 年版，第 117-118 頁。

25. 參見徐承恩：《城邦舊事：十二本書看香港本土史》，香港：青森文化出版社 2014 年版，第 141-142、150-152 頁。

26. 參見〔英〕高馬可著、林立偉譯：《香港簡史——從殖民地到特別行政區》，香港：中華書局（香港）有限公司 2013 年版，第 94-95 頁。

27. 參見〔英〕高馬可著、林立偉譯：《香港簡史——從殖民地到特別行政區》，香港：中華書局（香港）有限公司 2013 年版，第 213-214 頁；馬傑偉，曾仲堅：《影視香港：身份認同的時代變奏》，香港：香港中文大學香港亞太研究所 2010 年版，第 9-11 頁。

28. 實際上台灣的本土意識發展也是由"戰後世代"推動的，參見陳中寧：〈覺醒：台灣、香港的公民力量之本土篇——本土意識、政治轉型與精英鬥爭〉，台灣新社會智庫官網，資料來源於：http://www.taiwansig.tw/index.php?option=com_content&task=view&id=5690&Itemid=117（最後訪問時間：2019 年 4 月 2 日）。

29. 參見陳冠中：《下一個十年：香港的光榮時代？》，香港：牛津大學出版社 2008 年版，第 34-37 頁。

30. 參見徐承恩：《城邦舊事：十二本書看香港本土史》，香港：青森文化出版社 2014 年版，第 230-233、238-240 頁；司徒華：《大江東去：司徒華回憶錄》，香港：牛津大學出版社 2011 年版，第 140、246-247、372-373 頁。

31. 參見羅永生：〈香港本土意識的前世今生〉，載錢永祥編：《思想，香港：本土與左右》，台北：聯經出版事業股份有限公司 2014 年版，第 126、130-131 頁；馬傑偉，曾仲堅：《影視香港：身份認同的時代變奏》，香港：香港中文大學香港亞太研究所 2010 年版，第 70 頁。

32. 關於香港學界對本地史觀的變化，參見陳學然：《五四在香港：殖民情景、民族主義及本土意識》，香港：中華書局（香港）有限公司 2014 年版，第 3-14 頁。

33. 參見張鐵志：〈香港本土有兩種〉，《蘋果日報》2013 年 7 月 16 日。

34. 較為代表的就是"左膠"這個網路名詞的興起，該詞最初是香港本土右翼批評本土左翼盲目以普世價值、包容心態去幫助內地新移民的行為。參見葉蔭聰、易汶健：〈本土右翼與經濟右翼：由香港網絡上一宗爭議說起〉，載錢永祥編：《思想，香港：本土與左右》，台北：聯經出版事業股份有限公司 2014 年版，第 158 頁注釋 6，第 165-166 頁。

35. 參見葉蔭聰：《為當下懷舊：文化保育的前世今生》，香港：香港中文大學香港亞太研究所 2010 年版，第 29-44 頁。

36. 參見香港大學學生會學苑：《香港民族論》，香港：里人文化事業有限公司 2013 年版，第 10-11 頁。

37. 參見羅永生：〈香港本土意識的前世今生〉；黃國 ：〈從悲劇看香港的命運〉，載錢永祥編：《思想，香港：本土與左右》，台北：聯經出版事業股份有限公司 2014 年版，第 137-141、173-177 頁。

38. 參見羅永生：〈香港本土意識的前世今生〉，載錢永祥編：《思想，香港：本土與左右》，台北：聯經出版事業股份有限公司 2014 年版，第 141-142 頁。

39. 關於陳雲理論中所使用的神化性政治語言，參見岑朗天：〈"本土派"論述的神化操作〉，載錢永祥編：《思想，香港：本土與左右》，台北：聯經出版事業股份有限公司 2014 年版，第 217-220 頁。

40. 參見韓姍姍：〈從擅闖駐港軍營看"港獨式"激進運動：特徵、原因及危害〉，《港澳研究》2014 年第 1 期，第 73-96 頁。

41. 英國人當年處理馬文輝港獨訴求時採取的外松內緊策略值得借鑒，參見添馬男：〈港獨陽謀〉，《蘋果日報》2015 年 1 月 19 日。

42. 參見陳冠中：《下一個十年：香港的光榮時代？》，香港：牛津大學出版社 2008 年版，第 84 頁。

43. 參見梁文道：〈主體性的禁忌〉，載本土論述編輯委員會、新力量網絡編：《本土論述 2010：香港新階級鬥爭》，台北：漫遊者文化出版社 2011 年版，第 34-35 頁。

44. 施正鋒：〈由社會運動到台灣運動——台灣獨立建國聯盟遷台二十年回顧〉，載台灣教授協會主編：《回顧台灣社運二十年研討會論文集》，2010 年 12 月，第 2 頁，轉引自祝捷：〈"民主獨立"的台灣故事與香港前路〉，《港澳研究》2015 年第 2 期，第 31 頁。

45. 對此，不論是香港還是台灣都已經有人在鼓勵這種轉變。參見李怡：〈港獨主張是香港民主的思想火種〉，《蘋果日報》2014 年 4 月 16 日；陳中寧：〈覺醒：台灣、香港的公民力量之本土篇——本土意識、政治轉型與精英鬥爭〉，台灣新社會智庫官網，資料來源於：http://www.taiwansig.tw/index.php?option=com_content&task=view&id=5690&Itemid=117（最後訪問時間：2019 年 4 月 25 日）。

46. 參見李飛：〈全國人大常委會決定的政治和法律內涵——在香港特別行政區政府高級官員簡介會上的講話〉，資料來源於：http://www.locpg.hk/jsdt/2014-09/01/c_126942832.htm（最後訪問時間：2019 年 4 月 23 日）。

47. 劉兆佳：《回歸後的香港政治》，香港：商務印書館（香港）有限公司 2013 年版，第 89 頁。

48. 關於兩地經濟結構最典型的就是 GDP 比重的變化，根據世界銀行的數據，1997 年中國內地和香港的 GDP 分別約是 9527 億美元和 1774 億美元，兩者之比大致是 5.37：1，在回歸十年後的 2007 年，相同問題的數據變為 16.5:1（中國 34941 億美元，香港 2116 億美元），再到 2013 年變為 33.7:1（中國 92403 億美元，香港 2740 億美元）。參見，世界銀行官網，資料來源於：http://data.worldbank.org/indicator/NY.GDP.MKTP.CD（最後訪問時間：2019 年 4 月 23 日）。此外在人均 GDP 等方面的數據也說明了上述趨勢，具體分析參見鄭宏泰、尹寶珊：〈香港本土意識初探：身份認同的社經與政治視角〉，《港澳研究》2014 年第 3 期，第 72-75 頁。

49. 關於香港政治生態在回歸後變化的簡略梳理，參見孫成：〈香港新政治秩序的建立——評劉兆佳《回歸後的香港政治》〉，載鄒平學主編：《港澳基本法實施評論（2014 年卷）》，北京：法律出版社 2015 年版，第 196-201 頁。

50. 香港也有學者基於這一問題意識，認為港人也要反思求變，參見呂大樂：〈終於需要面對未來：香港回歸及其設計上的錯誤〉，載錢永祥編：《思想，香港：解殖與回歸》，台北：聯經出版事業股份有限公司 2011 年版，第 89-101 頁。

51. 該裁定的全文可見 *Canada Supreme Court Reports*, [1998] 2 SCR 217。在該裁定中，加拿大最高法院針對司法部提請的三個問題作出詳細回答：第一，根據加拿大憲法，任何一省如果想要獨立，必須與聯邦政府談判，魁北克不能自行公投獨立；第二，從國際法角度看，魁北克不享有"民族自決"的權利，因此魁北克不能依據國際法單方面宣佈獨立；第三，由於國際法和國內法都不支持魁北克自行獨立的權利，二者是一致的，所以不存在優先實施哪個法律的問題。

52. 根據西班牙憲法第 161 條的規定，西班牙中央政府和自治區之間的權限衝突，由西班牙憲法法院予以裁決。根據這一規定，2010 年 3 月，憲法法院裁定《加泰羅尼亞自治條例》部分條款違憲，而在 2015 年 11 月新作出的判決中，更是指出 2014 年加泰羅尼亞地方政府企圖通過公投獨立的行為是完全違憲的。關於加納羅尼亞的情況主要參見〔西〕徐利奧·里奧斯著，欒昀譯：〈西班牙的加泰羅尼亞問題〉，《世界民族》2014 年第 2 期，第 55-61 頁；屠凱：〈西方單一制多民族國家的未來——進入 21 世紀的英國和西班牙〉，《清華法學》2015 年第 4 期，第 141-153 頁；"The Spain Report", https://www.thespainreport.com/articles/88-150611171350-spain-s-constitutional-court-declares-catalan-preparations-for-november-9-vote-unconstitutional（最後訪問時間：2019 年 4 月 25 日）。

53. 對此，有學者曾以政改為背景，認為中央政府不應過度介入香港本地政治，如此，香港的溫和派才能真正發揮出中間選民的力量，香港政改才能回歸理性與和平，並將此描述為香港政改的中道觀。參見程潔：〈中央政府與香港政治發展的中道觀〉，《中國法律評論》2015 年第 3 期，第 56-58 頁。

54. 在中央政府官方場合多次強調憲法在香港地位的背景下，香港本地部分學者也提出，面對香港極端本地勢力異軍突起的政治現實，香港社會應具有憲法思維。參見朱國斌：〈從憲法維度建構特區管治的法理〉，《大公報》2016 年 3 月 29 日，A11 版；盧文端：〈中央為何強調"嚴格依照憲法和基本法辦事"〉，《文匯報》2016 年 3 月 29 日，A9 版；筆者同意上述判斷，但認為這種憲法思維應該是雙向的，即無論是中央政府，還是香港社會在處理爭議問題時，都應具有憲法思維。

第五章

理論難題的克服與
憲法實施機制的完善

上文以陳雲的“香港城邦論”為例，展現了香港極端本土意識快速崛起的思想背景，並且指出，相較於普選、政黨這些在回歸前中央政府已經面對、並有所考慮的老問題，極端本土意識的異軍突起才是香港政治未來發展最大的變數。毋庸諱言，如果在香港民主化轉型過程中，極端本土意識問題無法得到妥當處理，這一轉型不僅無助於實現強化政治正當性的預定目標，反而會給中央政府對香港的管治帶來更為嚴峻的挑戰。對此，從世界其他國家處理類似問題的成功經驗看，憲法實施在化解這一問題上都發揮著重要作用。

在前述研究的鋪陳下，如何完善國家憲法在香港的實施機制便呼之欲出，在邏輯上順理成章地成為下一個論證重心。但是本章並不會急於進入具體機制的討論，而是選擇先澄清國家憲法在香港實施需要克服的理論難題，包括基本法究竟是如何“合憲”的？為什麼失去實效支持的憲法在香港也將最終失去效力？國家憲法為什麼也能保護港人的基本權利。過往理論對這些問題的論證都存在明顯的邏輯漏洞，它們已然成為討論國家憲法在香港實施機制問題的思想障礙。

在完成了理論清障後，實施機制的討論將從“X+第31條”憲法解釋模式、實施主體、實施對象、實施程序、實施過程和結果的判斷五個方面依次展開，綜合國外憲法審查制度與香港的實際情況，提出一個體系化的實施方案。應指出，憲法實施固然存在多種形態，但是如果憲法審查意義上的實施長期付之闕如，憲法作為“根本法”的地位，及其背後所蘊含的價值將大打折扣，這在司法審查異常活躍、基本法已經呈現出“憲法化”趨勢的香港尤其值得重視。

基本法的合憲性基礎

————— • —————

一、以修憲權路徑解釋基本法合憲性的理論漏洞

香港基本法的合憲性問題曾經是基本法起草後期的三大爭議點之一，[1]而其合憲與否又與如何理解憲法第 31 條與憲法其他規範的關係直接相連。對此，目前內地學界的主流觀點傾向於將憲法第 31 條理解為特殊條款，並與憲法中宗教、語言和少數民族條款相類比，調用"特別條款優於一般條款"的理論（也有學者將其描述為"但書"理論，二者本質相同），來解釋基本法的合憲性問題。正如蕭蔚雲教授所言，香港基本法以及香港特別行政區的建立為什麼都是合憲的？正是因為憲法第 31 條作出了特殊規定。基於此，基本法所規定的制度及其相關政策儘管與憲法的部分內容不相一致，但並不違反憲法，反而可以得到憲法的保障。[2]上述學說固然抓住了憲法第 31 條具有"特殊性"這一特質，但其內部仍存在諸多論證空隙需要填補。

如果憲法第 31 條作為特殊條款的命題成立，首先遇到的理論難題就是如何解釋憲法第 31 條與憲法中國體、政體條款的關係，憲法第 31 條這個"特殊性"能否、又是如何優於憲法核心

條款的。此外，值得注意的是，憲法第 31 條並非是國家憲法的"原始條款"，它是在 1982 年憲法全面修改時被納入憲法的，既然如此，其條文本身還要與憲法原始條款進行協調，以判斷這次修憲權的行使是否突破了應有的限制。

由於上述問題的存在，香港學界實際上一直對基本法的合憲性存在憂慮，早在 1985 年《中英聯合聲明》簽訂之時，香港學者 Clarke 教授就指出，憲法第 31 條能否抵禦憲法其他條款在香港的實施是一個關鍵問題，他認為憲法第 31 條模糊的表述顯然很難勝任這一任務。[3] 香港大學的佳日思教授也認為，"憲法第 31 條的問題在於，全國人大在特別行政區設立新制度的權力到底有多大。"[4] 台灣學者的觀點更為直白，如王泰銓教授認為，制定憲法第 31 條的立法原意在於實現"一國兩制"，且實施的對象僅限於港澳台地區，但憲法文本的整個敘事結構存在嚴重缺失，對於"一國兩制"的具體內涵欠缺交代，這將使基本法始終陷入合憲性質疑的不確定性當中。[5] 不難看出，由於固有理論存在缺失，基本法的合憲性爭議並未得到有效化解，與之相關聯的憲法在香港實施的問題也自然存在諸多不明朗之處，為此，有必要重述基本法合憲性的論證思路。

論證的起點仍在於憲法第 31 條，但與固有理論不同，有必要直抵核心，將關注的焦點放在憲法第 31 條的內容與其形式之間的張力上，即憲法第 31 條通過修憲的方式被納入憲法之中，但其條文卻承載了制憲權才能規定的內容，這一張力的存在是基本法合憲性問題的癥結所在。[6] 具體而言，從外在形式看，憲法第 31 條毫無疑問是 1982 年第五屆全國人大行使修憲權的產物，這一點從當時具體負責該項工作的機構名稱——"憲法修改委員會"，以及彭真向全國人大所作的"關於中華人民共和國憲法修改草案的報告"中都能得到佐證。但問題在於，作為一種憲定權力，修憲權的行使是存在界限的，[7] 雖然學界對界限的具體內涵仍存在分歧，但均同意憲法中的"核心規範"，即憲法中關於國家基本秩序的國體、政體規範為不允許修改的部分。[8] 當我們將 1982 年的修憲行為以 1978 年憲法為基準進行檢視時，不難發現，1982 年憲法第 31 條所蘊含的"一國兩制"理念，確實很難與 1978 年憲法中的指導思想相容。[9] 從法理上看，這意味著 1982 年憲法修改至少在引入第 31 條這個問題上存在突破修憲權界限的可能。由是觀之，從修憲權的角度理解憲法第 31 條，其本身很難通過 1978 年憲法的合憲性檢驗，受其連帶影響，基本法的合憲性證成也將十分困難。

二、從制憲權角度重述基本法合憲性的論證思路

既然如此，我們能否從憲法第 31 條的實質內容出發，將其引入憲法的行為界定為制憲權的行使呢？如此，憲法第 31 條與 1978 年憲法之間的矛盾便可迎刃而解，畢竟制憲權作為創造法秩序的權力，無需服從於實定法規範。但是如此界定也將面臨一系列的問題。制憲權作為一種始源性的、並帶有終極色彩的權力，在國家整體和國家性質並沒有發生變化的情況下，將1982 年憲法全面修憲界定為制憲權的行使會不會推導出制憲權的恆常性，從而違背現有理論。進一步而言，承認制憲權的恆在，會不會出現以制憲權為理由對憲法秩序的破壞現象，從而使得憲法再次流為政治的婢女。[10] 對此，需要將制憲權理論與

中國特殊的立憲邏輯結合起來加以理解。

制憲權的主體是人民，其行使要體現人民意志，但人民意志是流動的、無常形且不受任何規範的約束，因此在憲法制定之後，人民仍然握有重新制憲的權力。當然再次制憲並非一定意味著國家延續性的斷裂，也可能是為了維護“憲法的生存”。對此，德國憲法學者博肯福德從國家法意義上對制憲權的探討頗具啟發意義，他將制憲權定義為一種政治上的力量與權威，其有能力賦予、承載並且廢棄憲法在規範上的有效性請求。

這體現了制憲權的雙面特性：一方面制憲權的行使可能是為了徹底廢除現有的憲法秩序；另一方面，制憲權的啟動可能恰恰是為了維護現有的憲法秩序，通過憲法的廢止實現憲法的生存。[11] 由此可見，在制憲權的主體沒有發生根本變化，國家的連續性也並未遭到任何阻礙的情況下，制憲權也可以出場。將制憲權界定為只能在“改朝換代”上出現的一次性權力可能過於狹窄，如果是為了達到限制制憲權使用的目的，而將制憲權理解為一次性的權力更是因噎廢食，喪失了對政治實踐的解釋力。

當然，承認這種類型的制憲權行使方式，並不意味著主張制憲權可以隨時隨地出場，其“特例”的屬性仍應堅持，雖然制憲權本身無法被限制，但是制憲權的表達則可以通過憲政實踐予以規限，即只有當國家確實出現重大變故，並且在符合程序要件的前提下，才能將有關行為認定為制憲權的表達。以此反觀實踐，1982 年憲法全面修改時引入第 31 條就是一次為了維護“憲法生存”而對制憲權的行使，憲法由此獲得了在港澳台地區的生存力。[12]

具體而言，就是通過憲法第 31 條蘊含的“一國兩制”原則，豐富了憲法中共和制的基本內涵，內地的一般行政區和民族自治區實行社會主義共和制，港澳台特別行政區實行資本主義共和制，[13] 它們均是中國的地方行政區，各自實行不同的地方制度，兩種在意識形態上存在抵觸的制度被憲法統合於一國之內。

三、制憲權思路相對於修憲權思路的理論優勢

應該說，對比修憲權與制憲權兩種理解方式，後者對憲法第 31 條的解釋更具理論優勢，這主要體現在以下三個方面：

第一，從修憲權角度理解憲法第 31 條，最大的問題就在於無法迴避以 1978 年憲法為基準而提出的合憲性質疑，但將其放入制憲權的視域中，基於制憲權具有無需受制於原有實在法體系的特質，原本難以處理的問題便可以輕鬆化解。

第二，從制憲權的角度理解 1982 年全面修改憲法的行為，更加符合新中國立憲的政治邏輯。簡而言之，新中國的建國與立憲並非發生在同一時間點，我們是先立國，後立憲。[14] 新中國建立的正當性不在於憲法，而在於憲法之外的革命理論。所以與美國由憲法塑造了國家不同，中國是由國家塑造了憲法。更為準確的說法是，中國共產黨作為中國革命的領導者、中國人民最根本利益的代表者在憲法塑造上發揮著重要作用，其對根本政策的調整與制憲權的啟動密切相關。從這一背景看，將"一國兩制"引入憲法理解為制憲權的行使，對政治現實的解釋力更強。

第三，原有的"特殊條款理論"會使人產生一種錯覺，即

基本法的合憲性是單獨針對憲法第 31 條的這一特殊條款而言的，基本法與憲法其他條款之間仍處於無法兼容的違憲狀態，受此連帶影響，香港學界形成了"憲法只有個別條款才能在香港實施"的主流學說。[15] 而從制憲權角度看，引入憲法第 31 條意味著憲法規範在內在價值和具體含義上的一種整體性擴容，憲法其他條款都因為第 31 條的引入，而具有了在港澳台地區更為豐富的規範內涵。在新的空間內，通過憲法解釋方法，憲法所有條款都可以與基本法相兼容，由此基本法將具有針對憲法所有條款的合憲性基礎。

綜上所述，基本法合憲性問題的根源在於如何理解憲法第 31 條，固有從修憲權角度理解憲法第 31 條的學說存在缺陷。對此，通過更新制憲權理論，並結合中國立憲的政治邏輯，從制憲權的角度理解 1982 年全面修憲時引入第 31 條的行為更為妥帖，有助於前述諸多理論難題的解答。既然"一國兩制"、創設特別行政區、起草基本法都是制憲權衍生的產物，圍繞這些問題的合憲疑雲自然都可一掃而空。

憲法在香港實施的效力與實效

———— • ————

一、既有觀點的發展脈絡與理論缺陷

　　憲法在香港的實施實際上涉及憲法的效力與實效兩個層面的問題。從應然層面看，如果憲法在香港沒有效力，實施自然無從談起，而從實然層面看，如果憲法在香港實施後沒有產生實效，則憲法實施的目的和意義也很難被體現出來。因此，如何使得國家憲法在香港這個特定的地域，實現從效力到實效、從應然到實然的動態轉化是憲法實施問題無法迴避的討論重點。[16]

　　對此，早期學界並不刻意區分效力與實效，而是將二者放在一起予以分析（以下簡稱為早期主流學說）。例如，蕭蔚雲教授就提出"中國憲法的最高法律效力適用於香港特別行政區"的命題，他認為：

　　　　作為最高法與根本法的憲法，從效力層面看，自然在全國具有最高法律效力，香港回歸後，作為中央政府下設的特別行政區，憲法的效力從整體上說當然也應該及於

香港。但是，由於國家憲法是社會主義憲法，而香港在
回歸後又將保持資本主義制度，所以憲法中關於四項基本
原則、社會主義制度和政策的條款不在香港特別行政區實
施。[17]

應該指出，這一論述與同時代內地法理學界從辯證唯物主
義出發，在法實施概念下不嚴格區分法效力與法實效的觀點是
一致的，[18]而且在當時的政治環境下，也有利於緩解回歸前香
港社會對此問題的種種擔憂。但其論證缺陷也不可迴避，主要
問題在於，該理論並未區分出憲法實施問題中所蘊含的效力面
向與實效面向，從而導致在論述中一方面基於主權理論強調國
家憲法當然應該整體實施於香港，但另一方面卻又基於"一國
兩制"政策指出憲法中部分條款不在香港實施，這種"整體實
施，部分不實施"的模糊結論削弱了該論述的理論說服力。

針對於此，近期有學者開始借用凱爾森的純粹法理論，從
事實與價值二元論的角度，區分討論憲法在香港的效力與實施
中的實效問題（以下簡稱為新說）。例如鄒平學教授認為憲法
效力是一種符合憲法秩序特定邏輯的、具有先定性質的存在狀
態，這種效力並不以憲法的實施及實現為原因和前提，相反，
憲法的實施及實現正是這種符合特定邏輯存在狀態的必然結
果。[19]不難看出，該學說通過對應然層面和實然層面的界分，
可以在堅持憲法效力完整性的前提下，獨立討論憲法在香港的
不同實施方式以及不同實效的問題，最終將"憲法的最高法律
效力實施於香港特別行政區"這一模糊的命題升級為："憲法的
效力及於香港，但其實施則由於'一國兩制'的因素區分為'直

接實施'與'間接實施'。"應該承認，該學說有力地紓解了"早期主流學說"存在的內在張力，然而其結論仍存在學理爭議，這主要體現在"新說"只重視到效力對實效的單向性指向關係，而未同時指出法實效對法效力的反作用，特別是沒有看到憲法實效與一般法律實效之間的區別，這些內容都值得加以深入討論。

由於"新說"主要是基於凱爾森的法秩序理論提出的，為了避免在以下的論述中出現"關羽戰秦瓊"的現象，本文也將以純粹法理論為主要依據展開分析。[20] 眾所周知，凱爾森的法律理論最大的特點在於其"純粹性"，一方面要排除所有源自道德規範和意識形態的主觀影響，另一方面則要排除研究自然現象而建立的所有經驗型聯結。[21] 但這並非意味著凱爾森不關心政治或道德問題，或者天真地認為純粹法理論可以"包打天下"，他實際上是希望通過方法論上的"純粹"，消除認識論上的不確定性，使其可以冷靜面對真理體系中的謬誤問題。[22]

正如凱爾森所言，純粹法學僅僅描述法，並將不能被納入法範疇的概念從這種描述中排除出去，以保證法律科學不受到外來因素的影響。[23] 據此，法效力與法實效被嚴格安放在應然與實然兩個層面予以討論。在純粹法的理論體系中，法效力指的是：

　　　　規範的特殊存在，指出一個規範是有效力的，就是說我們假定它的存在，或者就是說，我們假定它對那些其行為由該規範所調整的人具有"約束力"。一個法規範之所以具有效力是因為它是根據另一個法規範所決定的方式被創造的，即後一個高級規範就是前一個低級規範的效力理由，而作為效力理由的上述高級規範又是由更高一級的規範所決定的，這一循環最終以一個最高的規範即預設的基礎規範為終點，這個基礎規範也被稱作「歷史上第一個憲法」。[24]

與此相對，法實效指的是人們按照法律規範所規定的方式行為，法規範在事實上被實施和服從。凱爾森特別強調實效是人們實際行為的一種特性，而非法律本身的特性。法律是有實效的說法僅意指人們的實際行為符合法律規範。[25] 因而，說一個規範是效力的，並不是說一些人實際上是按該規則行事，而是說該規範可以通過其所屬的金字塔型法律規範體系被推導出來。由此，法律實效只是效力的一個條件，而不是效力的理由，規範並不是由於它有實效才有效力，[26] 相反，效力才是實效得以體現的前提。

這一觀點在法學內部產生了巨大影響，哈特此後雖然以「承認規則」的概念替代了凱爾森「基本規範」的概念，但在法效力與法實效的區分邏輯上與凱爾森並無本質區別。在哈特看來，指出某些規則是有效力的，就是肯定它已經通過所有承認規則所提供的判準，而指出某些規範是有實效的，則指的是一項規範某類行為的法律規則大部分時候都會被遵守，它們之間存在著內在的規範性陳述和外在的經驗性陳述的區別。[27]

應該說到此為止，上述「新說」與純粹法理論是相吻合的。然而，需要指出，凱爾森並未停留在此，他還進一步指出了實效對效力的反作用，這一點在其後期出版《純粹法理論》（第二版）中展現得更為明顯。[28] 他指出，對法效力與法實效關係的正確認定是實在法理論最重要，同時也是最困難的問題。對此要堅持一種中庸的路線，既不能如法律理想主義者所認為的，不承認法效力與法實效之間存在任何聯繫，同時也不能像法律現實主義所堅持的，將法效力與法實效完全等同起來。[29] 進而，凱爾森提出了“實效性原則”對二者的關係進行解釋。

二、從“實效性原則”看實效對效力的反作用

實效性原則是指，每個單獨的法律規範，當其所屬的整個法律規範體系喪失了實效時，單個規範也就喪失了自己的效力。全部法律秩序的實效是該秩序中的每個單獨規範效力的必要條件。[30] 這一命題在日後分析實證主義的代表人物哈特的學說中得以繼承。哈特指出，法體系具有普遍實效的事實乃是作為法體系中規則具有效力的背景。[31] 由此可以看出，就算是嚴格區分“應然”與“實然”的實證主義法學也承認法實效對法效力的反作用。

那應該如何衡量法律規範體系的實效，從而依據上述命題判斷某個規範的效力呢？首先，實效是一個程度性概念，所以判定某個法律規範體系具有實效，並非意味著該體系內所有法律規範每時每刻都得到遵守、所有法律違法行為全部都得到制裁，它只要求得到“大致的普遍服從”。此外還需要注意法律體系內不同規範對法律秩序實效具有不同的意義，拉茲就曾經指出，對於法律體系的實效而言，普遍違反交通規則的行為顯然不能同持續的叛國行為相提並論，後者顯然影響更大。[32]

據此，在衡量一個法律體系的實效時，不僅要注重法律規範體系中得到服從的法律規範數量，還要看被服從的法律規範的性質。因此，相較於對民商事法律的服從而言，憲法在法律體系實效的衡量中應該被給予特別重視，其被服從的程度與整個法律秩序的實效具有直接關聯。[33] 用直白的話表述就是，與普通規範的實效不同，一旦憲法失去其實效，則意味著建立在憲法之上的整個法律秩序整體將失去實效。此時，位於該秩序體系內的每個單獨規範的效力也就無從談起了。

三、在香港強調憲法實效的理論價值

以 "實效性原則" 的結論反觀本書主題，不難看出，如果國家憲法在香港實施的過程中，其實效性受到持續性限制，憲法本身的效力，以及根據國家憲法產生的決定、解釋和法律行為的效力也會受到實質影響。因此，憲法效力的確立不是一勞永逸的，主權原則只能被看作是憲法具有效力的 "第一推動力"，其效力的持續性與實效的表現程度密切相連。這一特性在中國內地的憲法實踐中已經有所體現，由於內地憲法審查制度長期付之闕如，其實效性不彰的問題顯然影響了社會大眾對憲法效力的確信。

而在香港，憲法實效對憲法效力的影響則更為明顯。原因在於，雖然憲法作為 "法律" 的特性，因內地憲法審查制度尚不完備而在內地沒有充分體現，但憲法的 "政治" 特性卻受到高度肯定，並且通過中國共產黨自身的高度權威保證了憲法的權威不受挑戰。這一政治機制的存在，多少彌補了憲法實效性不足對憲法效力的負面影響。但在香港，這一政治機制卻受限於"一國兩制"而無法發揮作用，此時如果憲法再端著"母法"的架子，僅滿足於在特定場合出場，其實效性缺失的問題早晚會瓦解憲法在香港的效力基礎。

更為嚴重的是，在憲法實效不足的同時，基本法卻在香港法院能動主義司法審查實踐中"趁虛而入"，被抬上"香港憲法"的神台，[34] 實際上成為港人心中的"根本大法"。如果任由這一趨勢發展下去，憲法在香港具有效力的主張恐怕最終只能流為一種空洞的口號。因此，在香港憲制轉軌已經基本結束，香港已經進入日常政治的當下，與其過分強調主權對憲法效力的決定意義，不如更加關注如何在香港展現國家憲法的實效問題，這也是本書著力強調完善憲法在港具體實施機制的理論背景。

憲法能夠保護香港居民的基本權利嗎？

香港居民（特別是其中的中國籍公民）的基本權利能受到國家憲法保障嗎？如果拋開其他因素，單從法理上看，這似乎很好回答。香港作為中國的一部分，香港居民（特別是其中的中國籍公民）的基本權利自然應受到國家憲法的保障，這也是世界各國憲法的通例。然而這一國際慣例不僅無法在香港司法實踐中得以體現，而且也沒有得到主流理論的支持，"一國兩制"政策的創新性以及香港地位的特殊性再一次挑戰了法理學的固有通識。這一問題的癥結何在？權利保障作為憲法實施的重要內容，有必要在完善憲法在香港具體實施機制前加以釐清。

一、"憲法不能保護港人基本權利"的觀念史探析

追本溯源，在中英兩國將對香港問題展開談判的消息浮出水面後，香港社會最大的擔心就是"變"，不僅擔心經濟制度會變，更憂心生活方式、權利保障方式會變。中央政府準備如何處理這方面問題，牽動著香港社會上到經濟精英，下到普通民眾的心弦。對於香港社會的"恐變"心態，廖承志——這位

"老香港"，同時也是當時中央對港工作的具體負責人是十分清楚的，因此早在 1983 年中央確定對港十二條方針政策時，就在其中專門規定："香港現行的社會、經濟制度不變，生活方式不變。保障言論、出版、集會、結社、旅行、遷徙、通信自由和宗教信仰自由。私人財產、企業所有權、合法繼承權以及外來投資均受法律保護。"[35] 雖然在以上表述中，並未指明究竟依據何種"法律"對港人的基本權利加以保護，但若結合上下文以及當時的政治環境，不難推知，中央在醞釀對港政策時，已經計劃將對港人的權利保護作出有別於國家憲法的規定。上述內容後被 1984 年簽署的《中英聯合聲明》吸納，並在附件一《中華人民共和國政府對香港的基本方針政策的具體說明》第十三條被進一步明確。

可以說，《中英聯合聲明》的上述規定，準確抓住了當時香港社會憂心"變"的心理，得到香港民眾的一致認同。當然也有法律界人士指出，《中英聯合聲明》作為國際條約，對香港本地沒有直接的法律效力，加之根據內地的國際法理論，憲法的法律位階高於國際條約，因此如何在國家憲法的框架下，確保上述規定能夠在香港落到實處至為關鍵。鑒於此，在基本法起草伊始，香港的起草委員就急迫地要求澄清國家憲法在香港的實施問題，並特別指出國家憲法與基本法在權利保障上存在實施衝突。[36]

由於這一問題涉及複雜的法理爭議，"香港基本法起草委員會中央與香港特別行政區的關係專題小組"專門委託該組中的五位法律專家委員——王鐵崖、吳建璠、李柱銘、廖瑤珠、譚惠珠對此展開研究並提出解決方案。[37] 根據專家們的意見，"中

央與香港特別行政區的關係專題小組"草擬出第九章第一條的
基本內容，即"根據中華人民共和國憲法第三十一條，香港特
別行政區的制度和政策均以本法的規定為依據。"不難看出，
其中"均以本法的規定為依據"的用意就在於承接《中英聯合
聲明》的規定，認可香港居民基本權利將由基本法予以保障。

對於這一規定，香港本地成立的基本法諮詢委員會認為條
文表述過於籠統，"香港特別行政區的制度和政策"的內涵可大
可小，不好把握，為此，他們專門向基本法起草委員會提交了
其所撰寫的《基本法與憲法的關係最終報告》，希望能夠進一步
對此問題加以明確。[38] 考慮到香港社會的現實疑慮，"中央與香
港特別行政區的關係專題小組"在提交起草委員會第四次全體
會議討論前又對第九章第一條作出了部分修改，對原文中"香
港特別行政區的政策和制度"的具體內容加以列舉，詳細規定：
"社會經濟制度，有關保障基本權利和自由的制度，以及行政管
理、立法和司法方面的制度，均以本法的規定為依據。"

這一方式獲得絕大多數起草委員的認可，最終被納入基本
法第 11 條。在基本法通過後，全國人大作出的《關於香港基本
法的決定》中也提出，"香港特別行政區設立後實行的制度、政
策和法律，以香港特別行政區基本法為依據。"由是觀之，如
果單從立法史的角度看，確實存在香港居民的基本權利將由基
本法單獨保障的立法意圖。

受此影響，"憲法中基本權利條款不在香港實施"的觀點
在學術界中也成為通說。例如主張"部分實施說"的蕭蔚雲教
授和王叔文教授在其各自的專著中都認為憲法中關於主權、外
交、國防、國家象徵、以及最高國家權力機關等規定應當在香

港實施，而涉及“兩種制度”方面的內容，根據基本法第 11 條的規定應由基本法予以調整，憲法對此不予實施。[39]

許崇德教授更是明確指出國家憲法中關於公民基本權利的規定受限於“一國兩制”政策，不能直接實施於特別行政區。[40]即使是近年來新提出的“憲法條款直接—間接區分實施說”理論，雖然在論證思路上有所優化，但結論依然。例如鄒平學教授將憲法在香港的實施區分為積極實施與消極實施，前者是指按照憲法安排的制度實施，而後者則指一種相對被動狀態的實施，對應的是認可、承認與尊重。在該理論中，基本權利的條款作為憲法關於社會主義制度與政策的組成內容，被歸類為需要消極實施的部分。可問題在於，與憲法中國體、政體條款不同，港人對國家憲法中基本權利條款予以承認與尊重沒有實質意義，因此消極實施實際效果就變成不實施。[41]

如果深一步去探究這些學說，不難發現其形成具有特定的時代背景，具體而言包括以下三點：其一，上個世紀 80、90 年代兩地學界在憲法本質以及人權保障理念上差異極大，強行實施憲法基本權利條款會影響香港的繁榮與穩定；其二，香港基本法起草時所面對的憲法文本（1988 憲法），其規範內容確實無法完全滿足香港社會對人權保障的要求；其三，在很長一段時間裏，內地判斷憲法哪些條款在香港實施的理據，在於是否涉及“主權”問題，而基本權利保護被認為不在此列，因而憲法在該領域不予香港實施。客觀地看，上述三點在特定的歷史時期確實有其合理性，但隨著憲法文本與憲法理念的變遷，有些情況已悄然發生了變化。對此，基本法研究需要與時俱進，應對而非迴避這些變化，更為關鍵的是，香港的實踐已然昭示，排除基本權利保護條款的實施，實際上未必能夠實現當初限制憲法實施所欲實現的目的，甚至有可能與之背道而馳。

二、從中國憲法理念演化的角度分析

如果穿越回香港基本法起草所處的上世紀 80 年代中期至 90 年代初期，可以發現當時內地憲法學界由於尚未完全擺脫蘇聯憲法學的影響，[42] 仍十分注重憲法的階級屬性，認為憲法的本質首先表現在它是階級鬥爭的結果和產物，是階級力量對比關係的集中體現。同時在憲法分類學中，將資產階級憲法與無產階級憲法的劃分作為最重要的內容，認為二者在歷史前提、階級屬性、社會作用和發展前途方面存在本質區別。受此影響，這種區分也被沿用到基本權利的分析上，具體表現為：

其一，不願直接使用"人權"、"法治"等概念，而是以"基本權利"和"法制"代之，將前者批駁為"資本主義的貨色"，體現了資產階級憲法的局限性與虛偽性。

其二，認為資本主義憲法以保護私有財產權為核心，而這種保護又是以"平等"保護的面目出現的。這使得人權原則貌似實施於社會全體成員，但實則只是在維護資產階級的利益，以人權的普遍性掩蓋了其階級性。而社會主義憲法以維護社會主義公有制為核心，區分公民與人民的概念，公開剝奪敵視和破壞社會主義制度的敵對階級和敵對分子的政治權利，從而具有鮮明的階級性。

其三，強調基本權利的相對性，不承認思想良心自由等絕對權利，還引用馬克思的"沒有無義務的權利，也沒有無權利的義務"理念，主張權利與義務具有一致性。[43]

可以想見，在上述理念的指導下，香港基本法在起草過程中當然會形成憲法中基本權利條款不在香港實施的立法意圖，學界通說對此的支持更是一種理論必然。實際上，這種"切割"的處理方式也是當時能讓兩地都接受的唯一選擇。

然而，時代在變化，伴隨著中國社會經濟的快速發展，內地憲法學近三十多年也進入了一個迅速發展的良性階段，在憲法理念層面，過往被批判的"法治"與"人權"等觀念，早已脫敏，不僅先後進入憲法文本，而且被執政黨所承認，成為中國共產黨形塑自身合法性的重要基石。[44]

在研究方法層面，通過學者自身對方法論的不斷反省，憲法學研究中的"泛意識形態化"傾向已經基本消退，憲法作為法律的特性，特別是其規範的自足性與邏輯的自主性得到學界的廣泛承認。規範分析方法與社會科學分析方法目前處於主流地位，隨著研究的深入，甚至出現了規範憲法學與政治憲法學的理論爭鳴。

具體到基本權利保護方面，得益於立憲主義理念的確立，越來越多的學者認同憲法的核心功能在於保障公民權利與限制公共權力。過往關於人權總論的許多基礎理念，如基本權利的相對性、權利與義務的一體性等都在比較法的視域中得到了反思與重構，[45] 將人權各論的研究與社會熱點問題聯繫起來更是受到學界青睞，並在相當程度上對推動內地人權保護水準的提升發揮著積極作用，部分學者甚至將目光投向了乞討權、同性婚姻權等新型權利的研究上。公允地說，儘管目前內地與香港在人權保護實踐上仍有差異，但是在理論研究所使用的話語體系上，兩地已經不存在本質區別，並且隨著內地憲法學的發展，雙方因理念差異而在人權保護領域無法對話的現象已經基本消失。對於上述變化與未來發展趨勢，港澳基本法研究不能熟視無睹。[46]

三、從憲法文本對比與變遷的角度分析

完成對理念變遷的分析後，再將目光轉移到憲法文本上來，"國家憲法的條款並不足以保障香港居民的基本權利"時常被作為理據，來反對憲法的基本權利條款在香港實施，這種說法有無道理，現在又如何？空說無益，以下表格中對比了"香港基本法起草時的憲法文本（1988 年）"、"香港基本法文本"與"目前憲法文本（2018 年）"中的基本權利條款，以此展現憲法文本的自身變遷，以及憲法與香港基本法有關條款的異同。

表 5.1　國家憲法與香港基本法在基本權利條款上的對比 [47]

基本權利	國家憲法（1988 年）	香港基本法（1990 年）	國家憲法（2018 年）	對比注解
總括性條款	無	第 38 條、第 39 條	第 33 條第 3 款	2004 年憲法新增了總括性條款，但與基本法相比，《公民權利和政治權利國際公約》仍不能直接在內地直接適用
平等權	第 33 條第 2 款	第 25 條	第 33 條第 2 款	字面含義上沒有區別

政治權利（一）：選舉權與被選舉權	第 34 條	第 26 條	第 34 條	字面含義上沒有區別
政治權利（二）：表達自由	第 35 條	第 27 條	第 35 條	基本法增加了新聞自由和罷工的權利
政治權利（三）：監督權（包括批評權、建議權、申訴權、控告權、檢舉權以及國家賠償請求權）	第 41 條	無	第 41 條	基本法已經將監督權內化到其他政治權利之中，沒有單獨規定
精神文化自由（一）：宗教信仰自由	第 36 條	第 32 條	第 36 條	基本法對內心的信仰自由、宗教上的行為自由與宗教上的結社自由均予以保護。憲法則對宗教上結社自由具有較為嚴格的限制
精神文化自由（二）：文化活動的自由	第 47 條	第 34 條	第 47 條	解釋學意義上沒有區別
精神文化自由（三）：通信自由和秘密	第 40 條	第 30 條	第 40 條	字面含義上沒有區別
人身自由	第 37 條、第 39 條	第 28 條、第 29 條	第 37 條、第 39 條	字面含義上沒有區別
遷徙自由	無	第 31 條	無	憲法沒有規定
婚姻與生育自由	第 49 條	第 37 條	第 49 條	基本法新增了自願生育的權利

人格尊嚴	第 38 條	無	第 38 條	基本法對人格尊嚴的保障已經內化到其他權利中
社會經濟權利（一）：私有財產權	第 13 條	第 6 條	第 13 條	2004 年憲法明確承認私有財產權不受侵犯，在解釋學意義上和基本法大體一致
社會經濟權利（二）：勞動權	第 42 條	第 33 條	第 42 條	解釋學意義上沒有區別
社會經濟權利（三）：休息權	第 43 條	第 36 條	第 43 條	解釋學意義上沒有區別
社會經濟權利（四）：生存權	第 44 條、第 45 條	第 36 條	第 44 條、第 45 條	解釋學意義上沒有區別
社會經濟權利（五）：受教育權	第 46 條	無	第 46 條	基本法對受教育權的保障已經內化到其他條文中
獲得權利救濟的權利：包括裁判請求權、申訴和控告權以及國家賠償與補償請求權	第 41 條	第 35 條	第 41 條	憲法中沒有明確規定裁判請求權，而申訴權、控訴權、國家賠償與補償權在條文上與憲法第 41 條所規定的監督權競合
特定主體的權利	第 50 條	第 40 條	第 50 條	各自情況不同，沒有可比性

　　通過分析上述表格，大致可以得出三點結論：

　　第一，國家憲法與香港基本法對基本權利規定的架構大體相同。當然，純粹從學理的角度觀察，由於立法指導思想不同，所以基本法更加注重對消極自由的保護，而國家憲法則對積極自由更為關注。

第二，香港基本法起草時，香港社會對國家憲法無法保障港人基本權利的疑慮，最主要原因其實不在於憲法條文，而在於當時中國內地所秉持的憲法理念，以及人權保障的實踐確實與香港之間存在巨大差異。較之於此，憲法與基本法在條文上的區別反而並沒有想象得那麼大。當然也要承認，鑒於 1988 年憲法尚未確立中國特色社會主義理論、沒有承認市場經濟地位、沒有明確"人權與法治"理念、對非公有制經濟以及公民私有產權保護的態度也不明確，這確實讓香港這個以經濟自由為安身立命之本的自由港很難接受。將 1988 年憲法的這部分內容實施於香港，也無法與"保持資本主義制度不變"的政治承諾相兼容，再加上遷徙自由與生育自由等問題，使得學界、乃至香港社會都留下了國家憲法條文不足以保障港人基本權利的印象。

第三，時至今日，當中國特色社會主義（憲法修正案 3），市場經濟（憲法修正案 7），法治國家（憲法修正案 13），國家鼓勵、支持和引導非公有制經濟的發展（憲法修正案 21），公民的合法的私有財產不受侵犯（憲法修正案 22）以及國家尊重和保障人權（憲法修正案 24）都先後被納入國家憲法後，現行的憲法與香港基本法在人權保障的條文上已經不存在本質差異。

具體而言，在上述表格中具有可比性的十八項權利中，字面含義完全相同的佔四項，用語有所區別但從解釋學的角度看沒有區別的佔八項，二者共佔 67%，還存在差異的六項權利分別是：表達自由內含的新聞自由和罷工的權利、宗教結社的自由、遷徙自由、生育自由、裁判請求權，此外還包括《公民權利和政治權利國際公約》的實施問題。

其中，遷徙限制和生育限制在中國內地目前已經開始逐步放寬，兩地趨同只是時間問題，而裁判請求權也可以從對憲法第 41 條的擴大解釋中推導出來，至於《公民權利和政治權利國際公約》，中國早在 1998 年就已簽署，現在只等時機成熟就可以由全國人大常委會予以批准。真正比較難以處理的其實只有新聞自由、罷工的權利和宗教結社權，而且障礙也主要在政治層面，而非規範層面，如果政治障礙消失，通過憲法第 33 條第 2 款關於人權保障的總括性權利，上述權利被解釋出來也並非難事。

由是觀之，關於國家憲法在香港實施問題的討論需要放在歷史的脈絡中予以把握，不能固守上個世紀香港起草時代針對當時憲法文本（1988 年文本）形成的結論。正如上文提到的英國憲法學家惠爾所言，如果說憲法是時代的產物，這是最普通的常識，那麼，時代是會變的，就更應是不言而喻的真理。[48]

這二十多年間，中國經濟社會發生了巨大變化，憲法條文也歷經五次修改，產生了 52 條修正案。許多當年憲法中被港人視作 "絕對不可接受" 的內容，如 "計劃經濟"、"計劃生育" 等問題，要麼被修正，要麼被賦予了新的內涵。當然，儘管如此，筆者也不否認目前國家憲法與基本法在權利保障的條文上仍有一定差異，但問題在於，對此應該秉持何種立場？是誇大它們之間的文字差距，並藉以凸顯兩地人權保障的差異性，從而加劇港人對內地的疏離感，還是運用憲法解釋學的方法，從立憲主義的立場出發，透過憲法保障港人的權利，借此提高港人對國家憲法的認受度？值得思考。

四、從主權與人權互動關係的角度分析

如果說可以透過 "時過境遷" 來輕易化解固有學說在憲法理念與憲法條文上所持理據的話，關於主權的討論則不能採取這種進路。在內地學界關於國家憲法在香港實施問題的討論中，"主權" 始終都是一個 "關鍵詞"，這不僅為老一輩學者所堅持，中青年學者亦然。從政治角度看，這毫不奇怪，香港問題的實質就是中英之間的主權爭議。

鄧小平作為一位偉大的政治家，在同英國首相撒切爾夫人這位 "鐵娘子" 第一次見面時，就敏銳地意識到了這場談判的核心，直言 "主權問題不是一個可以討論的問題"。[49] 彭真在《關於中華人民共和國憲法修改草案的報告》中對憲法第 31 條的含義進行闡釋時也指出，中國政府對於維護國家的主權、統一和領土完整向來毫不含糊，但鑒於台灣人民的意願以及台灣目前的實際狀況，我們在具體政策、措施方面可以具有很大的靈活性。這是我們處理這類問題的基本立場。[50]

這種將 "主權" 與 "一國" 相連接，從而與 "具體制度" 相分離的邏輯結構也為學者所繼受，並運用於憲法在香港實施問題的分析中。蕭蔚雲教授、王叔文教授據此直言，"憲法中凡是關於主權的規定都應在香港實施。" [51] 駱偉建教授將此進一步細化，指出："憲法關於行使主權的國家機關法律地位的規範、關於行使國家主權而賦予中央國家機關相應職權的規範，以及關於國家主權象徵的規範應在特別行政區實施。" [52] 言外之意，對於不涉及主權的基本權利條款自然可以不在香港實施。對此，值得商榷的是，憲法條款可以被分為涉及主權的部分與

不涉及主權的部分，並分別實施嗎？

討論香港問題時必然會涉及主權這一概念，但是應該進一步分析我們是在什麼意義上使用此概念的。實際上，在香港問題的論述中，主權概念的使用涉及兩個層面：

其一，國際法層面，論證的核心在於解釋為什麼中國而非英國擁有對香港的主權，所訴諸的依據主要是中國與香港之間的歷史聯繫，以及"三個不平等條約"的無效性。這一問題最終的結論體現在《中英聯合聲明》這份國際條約中，並得到世界各國的公認。可以說，在國際法上，中國對香港恢復行使主權已經實現，並成為了一個不可逆的事實。由此，憲法在香港實施的前提得以生成。

其二，國內法層面，論證的核心在於中央管治香港的合法性與正當性。回歸後，在香港的日常政治中討論國家憲法的實施也應圍繞這一層面展開，而在這個層面，憲法條款不宜被區隔為主權部分與人權部分，這不符合主權理論的基本原理。

主權這一概念最早在亞里士多德的《政治學》中就有涉及，但系統的主權學說則是由法國學者讓·博丹提出的，中間經過格勞秀斯、霍布斯、洛克、盧梭等巨匠的發展，古典主權理論基本定型。雖然他們對主權的行使主體是君主還是公民這一問題上針鋒相對，但是霍布斯之後的理論家對於主權來自何處卻意見統一，均拋棄了"權自神授"的觀念，認為主權來自於人民的授予。基本的邏輯結構是，假定一個自然狀態的存在作出討論起點，為了應對自然狀態下的險惡或不便，原始契約產生了。當然，這一契約有可能是人民之間簽訂的，也有可能是人民與國家之間簽訂的，但不論哪種情形，都堅持人民的同意是主權的基礎，因此，有學者將古典主權學說最顯著的特徵總結為 "個人主義——契約論結構"。[53] 由此可見，憲法中對人權的確認與保護是中央管治香港合法性與正當性的重要基礎，在國內法層面拋開人權討論主權，會使討論失去根基。正如哈貝馬斯所言，憲法中的主權與人權實際上是同源的，互為前提、相互證成。[54]

　　對此，有人或許會反駁道，理論雖然如此，但鑒於香港的特殊地位，需要具體問題具體分析。那就不妨來看看固有學說剝離基本權利條款，談論憲法實施的目的何在，而在實踐中這一做法的效果又如何。正如上文所言，在香港回歸的過程中，考慮到國家憲法在理念、條文上均與香港社會的實際情況存在巨大差異，所以兩地學界認可憲法條款在香港的實施要受到限制。然而，香港畢竟回歸了，如果憲法在香港毫無地位，主權回歸又從何說起呢？再加上當時香港社會已經出現只看 "兩制"、不看 "一國"，將 "高度自治" 誤讀為 "完全自治" 的傾向，所以內地理論界提出了在憲法中甄別出所謂的 "涉及主權" 條款（也稱為 "一國" 條款），並要求這部分條款必須在港實施。

　　該學說的目的是希望通過自我規限的姿態，贏得港人對中央政府和 "一國兩制" 的信心，消融他們對內地的負面情緒，逐步增加港人對國家的認同。平心而論，這一舉措在短期內確實取得了一定效果，然而隨著香港基本法實踐日漸豐富，這種做法的弊端也開始顯現。回歸後，香港法院在司法能動主義的牽引下，[55] 在行使基本法解釋權時，透過大量援引外國憲法與國際人權法，在事實上建立了一套以基本法為外在標識，以西方人權價值為核心內容的人權保障體系，這套體系儼然成為了港人引以為傲的本土身份特徵。[56]

　　當年國家憲法退場的本意在於以時間換空間，但是時間是過去了，人心回歸的問題仍然存在，試問今日受到基本法權利保障的港人會如何看待國家憲法，他們會因為國家憲法的自我謙抑，而心懷感激，進而增強對國家主權的認同嗎？反觀國家憲法在香港的每次出場，不是被香港媒體解讀為中央試圖收緊對港政策，就是將其與干預香港自治、減損港人權利相連。[57]可見，限制國家憲法的實施不僅沒有實現當年預設的目標，甚至與之背道而馳，固化了港人對國家憲法的偏見。對此，恐怕不能完全歸罪於香港法院，正如陳弘毅教授所言，由於回歸前香港本地在人權判例法以及憲法學思想方面乏善可陳，又欠缺基本權利保障的歷史傳統，因此回歸後香港法院廣泛援引外國法源是必然之事，也是實際需要。[58]

　　綜上所述，針對"國家憲法中基本權利條款不在香港實施"的主流學說，筆者從憲法理念的變遷、憲法自身的修改以及主權與人權的互動關係這三個方面提出商榷。並且指出，即使完全拋開上述理論言說，固有理論內部也存在漏洞，不妨自問，為什麼在香港一提到國家憲法，香港居民總是抱持著一種警惕與疑慮的態度，憲法不是人權的保障書嗎？怎麼在香港人眼中成為了中央治港的"緊箍咒"？中央政府時常在香港強調"一國"的重要性，但是在權利的保護上卻明顯存在憲法與基本法的分野，這如何使香港居民確信，他們和內地居民同屬一個"人民"，同在一個"國家"，同享一種"命運"？

完善國家憲法在香港實施機制的具體方案

———————— ● ————————

在內地憲法學界，憲法實施是一個多層次的概念，所以憲法的實施機制也包括：立法性實施、行政性實施、監督性實施等多種形態。但本書不準備多點開花，而會將筆墨集中於監督性實施，即憲法審查意義的實施機制之上。如此限定，部分原因在於其他實施機制在學理上爭議不大，討論也較多，[59] 而更為關鍵的原因在於，學界在國家憲法在香港實施問題的討論中存在一種誤區，即過分倚重 "母法" 與 "子法" 的理論，將基本法的制定看作是憲法在香港實施的主要、甚至是唯一的形式，受此影響，兩地都出現了 "憲法只有通過基本法才能在香港實施" 的觀點。

從歷史的角度看，憲法依託於立法予以實施確實是歐陸法系國家在近代憲法時期的普遍做法，這與當時的時代背景密切相關。以德國為例，在 19 世紀，憲法的主要功能是將等級社會改造為公民社會，廢除特權的存在，因此憲法的預設目標不是反立法，而是反封建。這一目標的實現，需要的不是憲法審查，而是活躍的立法者。[60]

立法機關通過積極的立法去貫徹憲法中蘊含的立憲主義原

理，使得司法和立法機關可以合力鉗制脫胎於君主權力的行政權，法律優位和法律保留的觀念就此生成。然而在魏瑪憲法之後，議會中心主義受到挑戰，將立法視作憲法實施主要方式的觀念也隨之式微。取而代之，對立法是否違反憲法進行審查，成為了現代憲法的主題。在這一背景下，憲法審查制度作為實現上述功能的制度性裝置在世界各法治發達國家相繼建立起來。[61] 由此可見，各種憲法實施機制之間並非可以等量齊觀，其中憲法審查意義上的實施處於核心地位。憲法只有具備了這種實施形態，其所蘊含的國家建構與人權保障的內在價值才能得以完全凸顯，[62] 也正是在這個意義上，憲法審查被德國學人譽為"法治國家大廈的拱頂石"。[63]

一、"X＋第 31 條"憲法解釋模式

在完善憲法在香港實施機制的討論中，首要的難題在於處理憲法中涉及"社會主義"內涵的條款在香港如何實施。為化解這一難題，內地學界提出將憲法條款分割為"一國"條款（也有稱之為"不涉及社會主義制度和政策"的條款或"涉及主權"的條款）與"兩制"條款，只要求前者在香港實施的學說。正如前文所述，這種觀點不僅在學理上無法邏輯自洽，而且在實踐中操作性也不強。

鑒於此，本書提出：國家憲法的所有條款均可在香港實施，但由於 1982 年憲法對第 31 條的引入是一次制憲權的行使過程，其中包含著制憲者為保證國家憲法在"港澳台"地區生存，而同意在上述地區實行特殊政策的明確意志，所以國家憲

法在香港的實施均需遵循 "X+ 第 31 條" 解釋模式——即所有憲法規範在香港實施時，其具體含義都必須在附加考慮憲法第 31 條的前提下加以確定。

最終的結果大致可分為兩種：其一，附加憲法第 31 條後，有關憲法規範的含義沒有發生實質變化，實施自然不成問題，如憲法第 33 條第 3 款關於國家尊重和保障人權的規定，第 57 條關於全國人大是最高國家權力機關的規定等；其二，附加憲法第 31 條後，有關憲法規範的含義在內地與香港之間會存在一些差異，其中的空隙，需要運用法律解釋方法、甚至是法律續造技術 64 予以化解。例如凡是憲法中包含 "社會主義" 字眼的條文，都應將其理解為 "中國特色社會主義"，後者包含了在港澳台地區實行特殊政策與制度的內涵。由於上述觀點與主流學說有異，因而需要對可能的質疑加以事前回應。

質疑一：從實施的最終結果被劃為兩類看，"X+ 第 31 條" 解釋模式，似乎與固有學說主張將憲法區分為 "一國條款" 與 "兩制條款" 並無太大區別，還是認為憲法部分條款不能在香港直接實施。新理論似乎只是玩了一個 "貓叫咪咪" 的概念把戲。

應該指出，根據 "一國兩制" 政策，憲法不在香港實施，無以體現 "一國"，憲法在香港照搬內地的實施模式，則無以凸顯 "兩制"。在這個根本性問題上，本書所提觀點與主流學說並不矛盾。然而在如何實現上述命題時，二者在路徑選擇上卻存在差異，是遷就政治現實，主張憲法部分條款乾脆在香港不實施？還是主張要運用憲法解釋技術，充分發掘憲法規範的內涵，創造條件讓其實施，路徑不同，其背後的憲政意涵自然有別。

"X+ 第 31 條" 解釋模式的理論優勢在於，它堅持了法教義學的基本立場，將看似不易化解的政治難題轉化為可以討論的法解釋問題，兩地學界完全可以在對 "X+ 第 31 條" 解釋結論的討論中，就憲法具體規範在香港實施時的含義進行良性互動、逐步達成共識。更為重要的是，這種共識具有與時俱進的特色。例如隨著內地對計劃生育政策的放寬，憲法 "第 49 條 + 第 31 條" 在香港的含義就可以隨著時代發展而發生變化。這個動態演化的特點符合目前國家憲法正處於轉型期的現實，有利於避免出現過往區隔理論落後於實際狀況的問題。

質疑二：運用 "X+ 第 31 條" 解釋模式，去界定憲法規範在香港的含義，無疑會突破內地學界過往對憲法規範的固有理解。應指出，在 "一國兩制" 原則下，國家憲法在香港實施需要構建特殊的機制是不可避免的，而中國內地和香港在憲政發展階段上的不同，以及發展方向上的差異，使得上述狀況變得更加複雜。對此問題，關鍵在於是否願意面對而非迴避這一中國憲法學的獨特問題，並堅持從立憲主義的角度切入，調用憲法解釋技術予以化解。

在此過程中，面對 "一國兩制" 這一創造性的政治智慧所遺留的憲制難題，也應提出同樣具有創造性的憲法學知識予以應對。從這個角度看，如果說 "X+31 條模式" 具有一定的特殊性，根源也在於 "一國兩制" 本身就不是一個 "日常性的政治問題"。如果再引入比較法的視角，觀察一下美國最高法院創造 "吸收理論" 與 "伴影理論" [65] 的過程，就會發現憲法規範內涵的延展性要比想象的大得多。

質疑三："X+ 第 31 條" 能夠為香港學界以及香港社會所

接受嗎？毋庸諱言，憲法實施目前在香港是個敏感且複雜的問題，每當中央政府針對香港問題強調國家憲法，香港本地就會浮現憲法要取代基本法的論調。在此種氛圍中，香港社會形成了一種對國家憲法"敬而遠之"的心態。與其說港人擔憂是"憲法條文"，還不如說他們擔憂的是"憲法在內地的實施方式被照搬到香港"，由此導致港人權利的減損、生活方式的改變。[66]

由此可見，憲法實施並不與"一國兩制"相矛盾，癥結在於憲法實施的方式，即不能在香港照搬內地的憲法實施模式。澄清了這個問題後，再反觀"X+第31條"模式，就會發現上述模式就是希望通過對憲法規範含義的擴容以及實施方式的改變，祛除港人對"憲法在香港實施必然會與'一國兩制'相抵觸"的刻板印象，以此逐步消解香港社會對國家憲法的誤解。

最後，鑒於目前內地學界在討論"憲法實施"這個命題時很少會考慮到香港的特殊情況，因此，有必要特別交代一下本書完善國家憲法在香港實施機制所遵循的基本原則。

第一，完善方案堅持以現行憲法規範為歸依，以國家憲法體制為框架，同時兼顧立憲主義的基本立場；第二，充分考慮但不遷就香港社會，特別是香港法律界、法學界人士對國家憲法實施的觀點；第三，更加注重機制構建的方向性，即所提出的完善方案是否有利於從根本上解決香港的管治難題。基於上述三項原則，本章將憲法實施機制依次分解為：實施主體、實施對象、實施程序的啟動、實施過程與結果的憲法判斷四部分，以期形成一個完整的實施體系。

二、憲法實施的主體

在內地學界，憲法實施主體長期是憲法審查制度模式討論的核心內容，通過對美國、法國和德國憲法審查制度的比較研究，學界在理論上先後形成了以美國為模板的法院說、[67] 以德國為模板的憲法法院說，[68] 和以法國為模板的憲法委員會說。其中憲法委員會說得到的關注最多，學界又根據其定位進一步細分為：全國人大下設的與全國人大常委會平行的憲法委員會、全國人大下設的專門委員會性質的憲法委員會、全國人大常委會下設的工作委員會性質的憲法委員會三種。[69] 另外，有學者在借鑒外國經驗的基礎上，提出了更具本土氣息的"複合審查制"，要旨是在全國人大之下設立憲法委員會，同時在最高法院內成立違憲審查庭，分別負擔抽象審查與具體審查任務，如果二者有衝突，以憲法委員會的意見為準。[70]

除了這種從功能維度的二分外，還有學者針對中國的國情，參考東歐等前社會主義國家的轉型經驗，試圖從時間維度上構建一個漸進型的審查制度。具體而言，國家憲法審查制度的形成可分為兩步：第一步先緊貼憲法文本設立憲法委員會，第二步在積累經驗的基礎上將其逐步發展為司法性質較強的憲法法院。[71] 立足今日，反觀上述研究成果，學者們對中國憲政理想的追求不可謂不真切，有關制度的構建思路也不可謂不精巧，但是二十餘年過去了，期間除了由"齊玉玲案批覆"引發了一波失敗的"憲法司法化"浪潮外，[72] 上述"西學東漸"的成效有限，目前內地憲法審查主要寄身於合法性審查之中，通過備案審查制度予以呈現。

這一情況向我們昭示，如果某項憲法制度的建構試圖以重構整個政治體制為預設前提的話，那麼這種建構方案所遇到的阻力將是異常強大的，可能不僅無助於原有制度困境的消解，甚至自身都也會陷入到更深的困境之中。因此，作為在法學波段或許最為可靠並有效的方法，還是要將目光緊鎖在法律文本上，最大限度地激活原有機制。

鑒於此，本書在實施主體的認定上簡單而明確，就是全國人大常委會，除卻在憲法層面不存在任何體制和規範障礙外，這種設計也考慮到在香港法律的平台中，全國人大常委會也幾乎是唯一具有固定途徑嵌入香港法律體系的全國性機構。[73] 至於香港法院，雖然在過往實踐中也存在針對特定問題實施國家憲法的判決（見本書第三章的歸納），但是受限於中國的憲法規範，以及中央與香港之間存在的隸屬關係，香港法院不宜以憲法為準據，在憲法審查意義上實施憲法。

但這並非意味著香港法院在憲法實施問題上毫無空間，除卻下文將重點分析的，香港法院可以作為全國人大常委會在香港啟動憲法實施機制的提請主體外，其在日常案件判決中也可利用合憲性解釋的途徑實施國家憲法。具體而言，香港法院在解釋作為裁判依據或說理依據的普通法律規範時，如果所解釋的法律規範涉及國家憲法的問題，且具有不只一種合理解釋，應選擇其中與憲法不衝突或與憲法規範契合度最高的解釋方案作為正解。[74] 這種實施路徑若能夠建立起來，必將與全國人大常委會在香港實施憲法之間產生良性互動關係，有利於提升國家憲法在香港的"活性"，增強憲法實施的效果。

三、憲法實施的對象

憲法實施的對象，學界也稱其為實施的範圍或客體，意在界定何種活動可被納入憲法審查的範疇，換句話說，就是何種活動可能構成違憲。從法理的角度看，無非就是行為違憲和主體違憲兩類，前者又可分為抽象行為違憲、具體行為違憲、事實行為違憲三種。[75] 當然，由於各國憲法審查制度運行的機理有所區別，所以法律對此的規定也相差較大。在美國，並無獨立的憲法審查機構和憲法訴訟形式，憲法審查實際上附隨在普通訴訟當中進行，法律自然無需對何種活動可能構成違憲作出專門規定。對比而言，施行憲法法院模式的德國，在審查對象上的劃分就詳細得多，除了有對法律法規的審查外，還包括選舉審查、國家機關權限爭議審查、政黨違憲審查、總統彈劾審查等。[76] 由此可見，何種活動可被納入憲法審查的範圍，主要由該國所選擇的憲法實施模式所決定。通過綜合比較主要國家的規定、香港的實際情況以及完善憲法在港實施機制所秉持的原則，本書認為對於國家憲法在香港的實施機制，應將 "香港立法會立法"、"香港法院判決" 以及 "特定主體的事實行為" 作為審查對象。

首先，立法行為作為實施對象最無爭議，這是各國通例。事實上，越是在法制完備的國家，立法行為佔違憲對象的比重會越大。理由很簡單，在這些國家，具體的公權力行為一般都會具有法律依據，所以表面上看是某個具體行為違憲，但由於其背後立法的存在，所以也可被歸為立法行為違憲的類型。據此，香港立法會的立法當然應被納入實施機制當中，全國人大常委會可借用香港立法會制定的法律均須報其備案這一渠道，審查這些立法是否與根據 "X+第 31 條" 模式解釋後的憲法規範相抵觸。實際上，2019 年 12 月由全國人大常委會通過的《法規、司法解釋備案審查工作辦法》第 56 條已經作出明確規定。[77]

其次，法院判決能否獨立作為憲法實施的對象，在不同憲法實施模式下，結論並不相同。在美國，由於憲法審查就附隨在普通訴訟案件當中，如果當事人對判決不滿，認為其違憲，可以按照訴訟程序法的要求提起上訴，如果不符合上訴條件，或者所涉案件已經由美國最高法院作出了終審判決，則不存在另外的救濟渠道。可見在美國普通法院審查模式中，對判決的上訴和對判決本身的憲法審查是雜糅在一起，並無必要、也不可能在立法之外，再獨立討論判決作為憲法實施對象的問題。

而德國憲法法院模式則與之不同，其所具有的憲法訴願這一救濟渠道，可以讓當事人在認為普通法院的終審判決對其權利造成損害的情況下，提請憲法法院審查該判決在程序上或在對一般法的解釋和實施上，是否損害或違法地忽視了德國基本法上所規定的基本權利。[78] 但需要注意的是，憲法法院在憲法訴願中，並非扮演 "超級複審法院" 的角色，憲法訴願是一種特殊的法律救濟方式，啟動的條件十分嚴格，除了當事人的基本權利受到侵害外，一般還要求當事人已窮盡了其他法律途徑。[79] 顯而易見，德國憲法法院並不會過問那些一般的法律實施錯誤，其將目光緊緊地聚焦於德國基本法保護的核心價值之上。[80] 應該說，德國設計如此制度，與其在法西斯統治期間人權慘遭踐踏的歷史經歷密切相關，其目的在於調整傳統的權力分配格局，在傳統的立法、司法、行政權之外，增加一個監督所有公權力的機制。[81]

帶著國外的經驗，審視憲法在香港實施機制的問題，應該說將香港法院的判決列為審查對象是適當的。這主要是因為，香港作為實施普通法的地區，其判例與成文法一樣都是香港現行有效的法律，同樣存在違憲的可能性。在此基礎上，如果再考慮到香港法院大量援引域外憲法規範的事實，以及享有香港特別行政區終審權的背景，這種監督就顯得尤為重要了。

最後，特定主體的事實行為作為憲法審查的對象是一個較為特殊的情況。這不僅要求有關行為符合事實行為的構成要件，從而不被吸納到立法違憲的類型中，而且要求這種事實行為是由特定主體作出的，普通公民的事實行為就算違憲，也不宜列入憲法審查的範圍之內。這種特殊性決定了現實中事實行為違憲的案例並不常見，學界對此的討論主要是圍繞日本首相參拜靖國神社的合憲性爭議展開。[82]

日本長期以來都存在對首相參拜靖國神社的合憲性質疑，但日本法院一般都傾向於迴避對此問題作出憲法判斷。直到 2005 年 4 月，日本福岡地方法院在判決中才首次指出，時任日本首相的小泉純一郎在 2001 年參拜靖國神社的行為違反了日本國憲法。主審該案的法官大谷正治認為，小泉參拜靖國神社時乘坐公車，有官方秘書陪同，並且簽名為 "內閣總理大臣"，這些舉動都在事實上佐證了小泉的這次參拜是 "從事宗教性質活動" 的公職行為，會給世人留下 "國家特別支持靖國神社" 的印象，從而違反了日本憲法第 20 條第 3 款所規定的政教分離原則。[83]

以此反觀香港的情況，只有行政長官、終審法院首席法官以及立法會成員這三類特定主體，作出某項違憲的事實行為（例如行政長官接受邀請，以公職身份出席鼓吹台灣獨立的晚會；立法會議員支持分裂國家），並且這一行為又能夠被納入到憲法實施程序當中，才可以成為憲法在香港實施機制的調整對象。從香港政治的現實看，這種情況出現的機率雖然不大，但危害性極大，因此有其規範的必要。

四、憲法實施程序的啟動

在明確了憲法實施主體和實施對象後，如何讓二者連接起來，就涉及到憲法實施程序的啟動問題。從各國實踐看，實施程序的啟動主要是由該國所採取的憲法審查模式決定的，因此對程序的討論離不開對模式的分析，目前世界上大致存在三類憲法審查模式：

第一類是以美國為代表的普通法院模式。憲法審查附隨在普通案件的訴訟當中完成，如果案件涉及憲法問題，當事人提起訴訟也就意味著憲法審查程序的啟動。這一模式發軔於英國普通法傳統之中，學界公認最早的案例是“博納姆醫生案”。柯克大法官在該案中指出，如果議會立法與普通權利和理性相違背，法院可以無需遵從議會立法。[84] 然而，這一理念不容於英國根深蒂固的議會主權學說，所以長期被英國司法界所冷落，沒想到該理念隨著普通法傳到美國後，被美國最高法院的馬歇爾大法官在“馬伯里訴麥迪遜案”中發揚光大，成為此後世界其他國家爭相效仿的典範。[85]

第二類是以法國為代表的憲法委員會模式。法國憲法委員會是 1958 年 "戴高樂憲法" 的產物，但在成立之初，憲法委員會表現得謹小慎微，多次向國人宣稱憲法委員會並不享有對憲法全面監督的權力，只能運用憲法授予的有限權力。具體而言就是只有根據總統、總理和兩院議長的提請，才能對尚未生效的法律草案從制定程序的角度予以審查。這一情況直到 1971 年 7 月 16 日憲法委員會作出 "自由結社案"[86] 裁決後才開始發生根本改變。在這份裁決中，憲法委員會不僅確認憲法序言具有法律效力，使得人權條款可以作為憲法審查的依據，更為重要的是，開始對法律的實質內容是否侵害基本權利進行判斷，由此法國憲法審查完成了從程序審查到程序與實體審查並重的轉軌。

對於這份判決的歷史意義，法國學者予以了高度評價，將其視為憲法委員會的第二次出生。[87] 當然，由於當時憲法規定的提請主體十分有限，所以法國憲法審查制度的活性仍然不高。據統計，1958 到 1973 年間，憲法委員會一共才審查過 9 部立法，年均僅 0.6 部。針對這一情況，法國在 1974 年通過修憲對憲法審查的提請主體進行擴容，在原有主體外，又認定了 60 名國民議會議員和 60 名參議院議員的提請資格。提請門檻的降低，極大地增強了憲法委員會的功能，從實際效果上看，自 1974 年到 2006 年，憲法委員會共審查了 343 部法律，年均達到 10.7 部。[88] 憲法委員會著實成為了一門 "議會中的少數派對準政府的大炮"。

在此基礎上，為了進一步適應歐洲現代立憲主義的發展趨勢，法國在 2008 年再次修憲，徹底拋棄了其固守多年的 "公意絕對正確的雅各賓式憲法傳統"，[89] 允許憲法委員會進行 "事後審查"。在一般訴訟過程中，如果案件當事人提出請求，認為案件所涉及的法律條款侵犯了法國憲法所保護的權利，那麼法院（重罪法院除外）應中止案件的審理，根據其所屬的司法體系提交給最高行政法院或最高法院進行複審，如若這一請求得到最高行政法院或最高法院的認可，則會被轉交給憲法委員會進行審理。當然如果合憲性爭議直接出現在最高行政法院或最高法院自身審理的案件中，當事人就可徑直提出請求，由所屬的法院決定。[90] 由此可見，合憲性先決程序的引進，使法國憲法審查制度兼具了事先與事後審查功能，並通過最高行政法院和最高法院的過濾，在增強人權保障的同時，避免了案件過多致使司法效率低下的弊端。

第三類是以德國為代表的憲法法院模式。德國憲法法院模式起源於 19 世紀初德國各邦憲法的規定，後來經過 1871 年德意志帝國憲法、1919 年魏瑪憲法的不斷發展，德國初步確立了憲法審判及其與之相關的制度，如大臣追訴制度和憲法爭議制度。然而，當時憲法審查機關的管轄權相當有限，並且制度的實效性也不強。二戰後，在深刻總結法西斯專政教訓的基礎上，西德先後制定了《德意志聯邦共和國基本法》和《聯邦憲法法院法》，重新構築了德國憲法法院制度，此後又不斷對其管轄權進行調整，增強其對憲法中基本權利保障的功能。[91]

目前，德國憲法審查程序具有三條啟動路徑：第一，聯邦政府、各邦政府或聯邦議會總額三分之一以上的議員可以提請德國憲法法院對某部法律是否違憲予以抽象審查；第二，如果普通法院在審理案件時，認為某部法律違憲，並且該法律與判決結果相關，應停止審判程序，並將該法律是否違憲的問題提交憲法法院裁定，不難看出，這是一種介乎於抽象與具體之間的審查方式；第三，自然人或鄉鎮，可因基本人權或自治權受到公權力侵害，在窮盡其他一切法律救濟途徑後，向憲法法院提起憲法訴願。[92]

將世界上三大憲法審查模式與香港的情況進行交叉對比，不難發現相較於美國普通法院模式，同樣是由專門機關集中進行審查的德國憲法法院模式和法國憲法委員會模式，對完善國家憲法在香港實施機制啟發意義較大。本書也以此為基礎，並適當借用香港基本法現有的某些管道，來構建國家憲法在香港實施程序的啟動平台。

路徑一：對香港立法事後抽象審查的啟動。

香港基本法第 17 條規定全國人大常委會可以對香港立法會的所有立法予以備案審查，如果認為其中的條款不符合基本法關於中央管理的事務及中央和特別行政區關係的條款（以下簡稱涉中央條款），可以將其發回，該法律立即失效。全國人大常委會完全可以利用香港法律都要備案這一通道，以國家憲法為依據對香港立法予以審查，即審查這些立法是否與國家憲法按照 "X+ 第 31 條模式" 解釋後所形成的規範相抵觸。[93]

此種路徑的審查內容應集中在 "涉及央地關係" 的權力分配問題上，當然在機制的運行過程中也不排斥對基本權利保護的立法進行審查，這是法國和德國的通例。對法律的抽象性審查，作為一個以維護客觀法秩序為目的的審查路徑，運行機理依託於凱爾森的法規範等級體系理論，即在一個金字塔型的等級結構中，低級規範不得與高級規範相抵觸。[94] 這種無案件背景的抽象審查，制度設立的直接目的並不是為了保護申請人自身的主觀權利，而是為了在客觀上澄清有關法律的有效性。[95]
也正是基於上述原因，法德兩國都將此種審查程序的提請權集
中於特定的國家機關身上。考慮到中國的憲制結構和相關立法
規定，可以賦予國家主席、國務院、最高人民法院、最高人民
檢察院、香港特區政府、二分之一港區人大代表、二分之一港
區政協委員七類主體提請此項審查的資格。與此同時，可以充
分發揮香港基本法委員會的作用，其作為工作機構，負責接收
此類提請，聽取香港立法會的反饋意見，以及向人大常委會提
供相應的參考建議。

路徑二：香港法院移送審查的啟動。

法律的抽象性決定了在很多時候規範是否違憲很難從字面
含義上用"肉眼"直接判斷，需要具體情境的代入，在法條與
事實對向交流、互相穿透的過程中，發現並判斷規範的合憲性
問題。基於上述原因，德法兩國在法律抽象審查的路徑外，都
先後引入了案件移送審查制度。可以說，凡是存在特定審查主
體壟斷法律審查權的情形，都必然存在將一般訴訟中出現的憲
法爭議，移送到特定審查機關的問題。

事實上，法國憲法審查制度曾經長期不願接受移送審查的
理念，但在理論和實踐的雙重倒逼下，法國最終還是在 2008 年
憲法改革時增加了此項制度，這一從無到有的轉變也從一個側
面凸顯了移送審查制度建立的必要性。對比法德兩國的規定和
香港的具體情況，鑒於香港法院已經通過"吳嘉玲案"確立了
"違反基本法審查權"，[96] 為了避免憲法審查和基本法審查之間
的衝突，並非所有案件都需移送，只有涉及"重大政治問題的
合憲性判斷、中央管理事務的合憲性判斷、中央與香港特別行

政區關係問題的合憲性判斷、在港實施的全國性法律的合憲性判斷、重要人權保障的合憲性判斷"等重大憲法性案件，才需要經由香港終審法院移送給全國人大常委會。在全國人大常委會未作出裁斷前，該案的審理應暫時中止。香港終審法院雖然在這一中轉的過程中，也涉及到解釋憲法，以便大致判斷違憲問題是否真實存在，但從根本上說這只是對憲法的認定權，而非裁判權。此外，為了保障這一機制運行的有效性，無論香港終審法院最終決定是否移送，都要專門製作裁定書說明"移送或不移送的理由"。

路徑三：當事人訴願程序的啟動。

如果香港法院沒有按照路徑二的規定，將有關憲法性案件移送到全國人大常委會，且有關當事人又認為判決中涉及的憲法判斷有誤，在案件作出不可上訴的終審判決後，當事人可以向全國人大常委會提出憲法審查的訴願。對此，全國人大常委會將首先審查原判決中的"不移送理由"是否成立，如果認為理由充分，則對訴願不予受理，如果理由不充分，則受理訴願。此後，再根據香港法院對憲法性問題的判斷是否與全國人大常委會的判斷相一致，區分為以下兩種裁定方式：在一致的情況下，全國人大常委會在憲法實施裁定中只推翻判決中"不移送理由"部分，並指出全國人大常委會確立的"移送標準"，此種裁定對判決結果不發生影響，但上述"移送標準"將對香港終審法院未來的移送行為產生約束力；如若在最終憲法判斷的結果上不一致，則全國人大常委會在裁定中，對"不移送理由"和"憲法性判斷"都予以推翻，並要求香港終審法院根據此裁定，重新對案件進行審理。

五、憲法實施過程與結果的判斷

看到上述啟動路徑，不免有人會擔憂，如果上文構建的機制付諸實踐，違憲裁定頻出，會不會在全國人大常委會與香港立法會、香港法院之間製造衝突，給中央對香港管治增加新的不穩定性因素？首先應該承認，考慮到香港目前的政治環境，以上的憂慮並非毫無道理，雖然說憲法判斷不能等同於政治判斷，但由於憲法處於法律與政治的交鋒線上，所以憲法判斷產生政治效果是無法避免的。特別是在涉及重大憲法性案件時，憲法審查機關無論是作出合憲、還是違憲判斷，都將對現實的政治產生重要影響。

然而，也要看到憲法審查絕非以"推翻立法"為宗旨，相反，在憲法審查制度較為成熟的地區，審查機關在面對憲法案件時，首要考慮的是如何在法秩序的安定性、憲法的尊嚴以及避免政治紛爭之間保持平衡。"憲法判斷的方法"就是為實現上述目的而發展出的一套審查技術，在各國憲法審查實踐中被廣泛採用。詳細來說，憲法審查機關既可以積極地作出憲法判斷，也可以消極地迴避憲法判斷，即使憲法審查機關在過程中採取積極主義立場，在審查結果的判斷上也還可以再次區分為積極地作出違憲判斷和消極地作出違憲判斷兩類。[97] 對這些審查技術的運用是否嫻熟，往往與各國憲法審查制度的發達程度相關。目前中國憲法審查的實例還不充分，但這並不妨礙以他國制度為參考，大致描繪出全國人大常委會在香港實施憲法所應秉持的基本立場，以及實現這一立場所運用的憲法判斷方法。

就目前國家憲法在香港實施的整體環境而言，全國人大常委會在實施過程中應該主動進行憲法判斷，但對實施結果則應儘量避免作出違憲判斷。對於前者而言，國家憲法在香港的實施程序無論是根據上述何種路徑啟動，全國人大常委會都應主動接納提起主體的憲法實施請求，並積極對其中涉及的憲法問題作出判斷，通俗來說，就是要"積極立案、主動審理"。面對國家憲法目前在香港實施的困境，這種積極主義的立場有利於向香港昭示國家憲法的效力與權威，促進憲法實施機制在香港的確立與展開。

當然，這裏所講的"積極立場"仍是針對重大憲制問題而言的，並非意味著香港的任何法律問題自此都將被納入到憲法實施機制當中，這既不現實，也無必要。特別是在根據當事人訴願啟動的憲法實施程序中，接受憲法訴願的全國人大常委會應避免被視為一個凌駕於香港終審法院之上的"超級複審機構"。對此，擁有類似機制的德國憲法法院，曾在判決中專門提出了"赫克公式"，以解決"提供有效救濟"與"避免成為超級上訴審"之間的矛盾。[98]

將其帶入到國家憲法在香港實施的語境中，不妨演繹如下：**憲法在香港實施機制的功能，不是為了給當事人在任何案件中，因不滿香港法院的判決而提供一個上訴渠道。一般法律程序是否合法的判定、事實的查明與認定，以及普通法律的解釋與實施仍都由香港法院負責，此類案件的終審權也仍在香港終審法院手中。只有涉及重大憲法性問題，而此問題之前又沒有被香港法院主動提請，且不提請的理由不成立時，全國人大常委會才會依據當事人的請求予以介入。**

上文已指出全國人大常委會在香港實施憲法時，在實施過程中應秉持積極的立場主動進行憲法判斷，但進入到憲法實施結果的判斷後，全國人大常委會則應轉為消極立場，避免作出違憲判斷。為實現這一目標，全國人大常委會可積極借鑒各國業已成熟的"合憲性解釋技術"與"違憲部分區分技術"。

合憲性解釋，指的是"法律的規定必須解釋為與憲法的原則相一致，如果某一特定的法律存在複數解釋的可能性，其中有的合憲、有的違憲，則應選擇與憲法相符合的解釋"[99]。日本憲法學界也將其稱為"合憲限定解釋"，[100] 這一技術在日本違憲審查實踐中運用得十分廣泛，被日本法院奉為保持違憲判斷消極主義立場的利器。[101] 其基本的邏輯結構在於：在法律具有解釋空間的情況下，嵌入一個例外規則，指出某規範並非意味著……（從而去除違憲的解釋），而是可以對其解釋如下……，故此，該規範不與憲法條文相違背。[102]

當然，合憲性解釋的對象不僅包括法律，判例這種特殊的規範也可被納入，從而對其判決理由部分進行合憲性解釋。[103] 由此可見，全國人大常委會無論是在無案件背景的抽象性實施中，還是在有案件背景的具體性實施中，都應將目光往返流轉於國家憲法與香港立法或香港法院判例之間，運用法律解釋技術，尋找二者的交集，儘量避免作出違憲判斷。

但需要注意的是，這並非意味著合憲性解釋的運用沒有界限，如果其超出了"解釋"的範圍，變為改寫法律，則實際上對立法權威的損害比違憲判斷更大。[104] 為了避免這一情況的發生，德國憲法學者根據本國實踐將合憲性解釋的界限總結為四點：其一，法律字面含義十分明確時，不得有意曲解原有含義；其二，疑問性解釋必須由規範文本自身產生；其三，該方法的實施不得逾越立法者的判斷範圍，侵蝕立法權；其四，在涉及對基本權利限制的一般法律時，合憲性解釋往往以基本權利為界限。[105] 總而言之，如果立法十分明確，並無合憲性解釋的空間，審查機關應敢於出手，直接宣佈其違憲。

第二項迴避違憲判斷的技術稱為 "違憲部分區分技術"，是指即使不可避免要作出違憲判斷，審查機關也要區分是整部法律違憲、部分法條違憲或只是某個法條中部分規範違憲，儘可能減少違憲判斷輻射的範圍。實際上在美、日、德等國，整部法律都被判決違憲的例證並非常態，主要存在於欠缺立法權限、立法程序違憲以及立法目的直接抵觸憲法核心規範等無法回轉的情況中，而對於大部分案件來說，只要違憲規範可以與其他規範相分離，則只作出部分違憲判斷。[106]

不難看出，如何判斷違憲規範能否與其他規範相區分就成為了這項技術的關鍵。總結各國的經驗，大致可以將判斷基準歸納為三點：

首先，要保證違憲部分被分離後，其他規範還可以獨立存在，對此日本學者時國康夫指出，"如果被判斷為違憲的法條和其他部分有較強的內在關聯，以至於該法條將會導致其他部分的有效性遭到嚴重破壞，此時應認定違憲部分與其他部分不可分割。" [107]

其次，進行可分離性推定，即推定法律的某部分違憲不應當影響其他部分的法律效力，如果沒有證據證明不可分離，則推定違憲部分與合憲部分可以分離。

最後，分離的結果本身要符合所涉法律的立法目的，美國法院一貫將立法目的作為判斷分離問題的重要指引，並為此確立了坎普林規則，其中明確要求法院在涉及規範分離問題時，需要率先思考如果沒有該（違憲部分）條款，立法者是否還具有制定其他剩餘條款的目的，如果沒有，則意味著分離技術的使用將與立法目的相悖。[108] 如此規定的理由在於，"部分違憲"作為一個迴避違憲判斷的技術，本意在於尊重立法權，但若此技術的行使將導致憲法審查機關實質操縱立法權，凌駕於立法機關之上，則違背了該項技術設計的初衷。

由是觀之，完善國家憲法在香港的實施機制，並不必然會對香港法律體系帶來大的衝擊，迴避違憲判斷方法的運用，會使真正被全國人大常委會推翻的立法和判例集中在極為必要、又十分有限的重大憲法性問題之中。

小結

────────── • ──────────

為了夯實完善憲法在香港實施機制的理論基礎，本章選擇先打通長期橫貫在該問題面前的三個理論障礙。

其一，過往學說從修憲權的角度理解憲法第 31 條，無法掃除圍繞在基本法身上的合憲性疑雲，因此本章通過更新制憲權理論，並結合中國立憲的邏輯，將 1982 年憲法對第 31 條的引入理解為一次制憲權的行使過程。

其二，澄清憲法效力與實效之間存在的互動關係，特別指出不能忽視憲法實效對效力的反作用。香港存在一種複合式憲制結構，實踐中基本法在香港法院的推動下正不斷呈現出 "憲法化" 的趨勢，在此種情況下，如果國家憲法僅滿足於在特定場合露臉，其實效性的缺失將逐步瓦解憲法在香港的效力基礎。

其三，針對國家憲法無需、更不能保護港人基本權利的流行觀點，提出要以發展的眼光正視國家憲法理念與文本的變遷。如若從憲法文本上看，當下的國家憲法其實有能力在解釋技術的配合下保護港人的基本權利。當然，在分析中，筆者並非沒有注意到當年中央政府希望通過限制憲法實施，贏得香港民意的政治苦心，但不得不說，回歸後隨著基本法實踐的展開，排除國家憲法中基本權利保護條款的實施，未必能夠實現當初以"時間換空間"的政治目標，甚至有可能與之背道而馳。

在理論障礙得以紓解的前提下，本章在憲法審查意義上，提出憲法在香港實施機制的完善方案，具體包括"X+31條"憲法解釋模式、實施的主體、實施的對象、實施程序的啟動與實施過程及結果的判斷五個部分。整個機制的核心價值立場是，全國人大常委會應積極地在香港進行憲法判斷，但消極地作出違憲判斷。

有人可能會質疑，為協調憲法條文與"一國兩制"的關係而提出的"X+第31條"模式，是否是在削足（國家憲法）適履（香港）？在基本法已經確立成熟實施機制的情況下，再構建憲法在香港的實施機制是不是在疊床架屋，徒增衝突煩惱？專注於完善基本法實施機制不是更好嗎？況且在"消極主義"的價值立場下，全國人大常委會對違憲判斷會秉持謹慎的態度，對於這一"作用不明顯"機制，其理論意義何在？對於這些問題，本書都將在下一章中嘗試從國家統合的角度予以澄清。

| 註釋 |

1. 其他兩個爭議點是剩餘權力問題，以及基本法的解釋問題，參見強世功：《中國香港：政治與文化的視野》，北京：生活・讀書・新知三聯書店 2010 年版，第 249-250 頁。

2. 此觀點在內地處於通說地位，參見蕭蔚雲：《論香港基本法》，北京：北京大學出版社 2003 年版，第 48-49 頁；黃志勇：《港澳基本法要論》，廣州：暨南大學出版社 2012 年版，第 33 頁；王禹：〈憲法第 31 條研究〉，載楊允中主編：《"一國兩制" 與憲政發展──慶祝澳門特別行政區成立十周年研討會論文集》，澳門：澳門理工學院一國兩制研究中心 2009 年版，第 76-81 頁。該觀點也得到部分香港學者認同，如戴耀廷就認為基本法合憲的法理基礎完全是因為憲法第 31 條這一例外規定。參見戴耀廷、羅敏威：《香港特區的法律制度》，香港：中華書局（香港）有限公司 2011 年版，第 55-58 頁；戴耀廷：《香港的憲政之路》，香港：中華書局（香港）有限公司 2010 年版，第 131 頁；Anton Cooray, *Constitutional Law in Hong Kong* (Nertherlands: Kluwer Law International, 2010), pp. 169-170.

3. See W. S. Clarke, "Hong Kong Under the Chinese Constitution", (1984) *Hong Kong Law Journal* 71(14), pp. 75-77.

4. See Yash Ghai, *Hong Kong's New Constitutional Order: the Resumption of Chinese Sovereignty and the Basic Law* (Hong Kong: Hong Kong University Press, 1999), 2nd edition, p. 89. 傅華伶教授也指出，"雖然國家憲法第 31 條賦予國家在必要時可設立特別行政區的權力，但該條並沒有注明特別行政區的制度在何種程度上可與社會主義制度相背離。" See H. L. Fu, "Supremacy of a Different Kind: The Constitution, the NPC, and the Hong Kong SAR", in Johannes M. M. Chan, Yash Ghai (eds.), *Hong Kong's Constitutional Debate: Conflict over Interpretation* (Hong Kong: Hong Kong University Press, 2000), p. 98.

5. 參見王泰銓：《香港基本法》，台北：三民書局 1995 年版，第 21 頁。相類似的觀點還有翁松然：《"一國兩制" 芻論──概念、性質、內容、困難和前景》，載張富美編：《台灣問題討論集──台灣現狀與台灣前途》，台北：前衛出版社 1988 年版，第 102 頁。

6. 葉海波教授指出基本法以其普通法律的形式承載了主權決斷的內容，是基本法面臨合憲性質疑的根本原因，這一論述具有啟發意義，但是本書認為可以順著這一思路進一步追問，基本法這種張力存在的原因何在？不難發現，問題的根源還是在憲法，特別是憲法第 31 條之上。所以本書將憲法第 31 條在內容與形式之間的張力作為基本法合憲性的根源。參見葉海波：〈特別行政區基本法的合憲性推定〉，《清華法學》2012 年第 5 期，第 99-100 頁；葉海波：〈主權決斷對法律形式的背離與回歸——憲法第 31 條與港澳基本法的合憲性〉，《法律方法與法律思維》第八輯，第 120-124 頁。

7. 當然本書並不否認，在憲法理論發展過程中，"憲法修改界限否認說" 曾經一度處於主流地位，但目前在大陸法系，"憲法修改界限承認說" 已經取而代之成為主流觀點。參見豆星星：《修憲權基本理論研究：國家憲法良性化之若干思考》，北京：知識產權出版社 2009 年版，第 140-152 頁。

8. 在修憲權理論發展史上，盧梭和西耶斯都認為修憲權本身也是國民意志的表達，是制憲權的一部分，所以修憲權不應該受到限制；而施密特則認為修憲權是憲定權，它與制憲權存在差別，因此，修憲權應該在程序以及內容上受到實質限制。而日本對制憲權理論深有研究的蘆部信喜教授雖然不接受憲法是 "政治決斷的產物" 這一學說，但他認為施密特關於區分制憲權和修憲權的理論具有啟發意義，並從修憲權的本質、憲法的歷史等多個角度論證了修憲權的界限問題。參見，〔日〕蘆部信喜著，王貴松譯：《制憲權》，北京：中國政法大學出版社 2012 年版，第 19、34、42-57 頁。受此影響，當下內地憲法學界通說認為修憲權應具有程序和實體上的限制。參見韓大元、林來梵、鄭賢君：《憲法學專題研究》（第二版），北京：中國人民大學出版社 2008 年版，第 219 頁；林來梵：《憲法學講義》（第二版），北京：法律出版社 2015 年版，第 95-102 頁。

9. 關於 1978 年憲法的情況，參見許崇德：《中華人民共和國憲法史》，福州：福建人民出版社 2005 年版，第 313-344 頁。

10. 西耶斯和施密特均承認制憲權的恆常性，參見〔日〕蘆部信喜著，王貴松譯：《制憲權》，北京：中國政法大學出版社 2012 年版，第 43 頁。內地學界陳端洪教授也認同制憲權可以反覆出場，參見陳端洪：〈一個政治學者和一個憲法學者關於制憲權的對話〉，載陳端洪：《制憲權與根本法》，北京：中國法制出版社 2010 年版，第 1-45 頁。

11. 關於博肯福德的制憲權理論，參見李忠夏：〈從制憲權角度透視新國家憲法的發展〉，《中外法學》2014 年第 3 期，第 635-636 頁。

12. 關於 1982 年憲法全面修改到底應該定性為修憲權，還是制憲權的行使，內地學界主流學說以韓大元教授為代表，認為由於共和國整體和國家性質並沒有發生變化，所以全面修憲不是制憲權的行使，1954 年憲法是新中國成立後唯

——次運用制憲權制定的憲法。近期，也有學者對此提出商榷意見。本書認為至少在引入憲法第 31 條這個問題上，運用制憲權理論予以解釋具有優勢。參見韓大元：《1954 年憲法制定過程》，北京：法律出版社 2014 年版，第 72 頁。對此的 "新說" 參見李忠夏：〈從制憲權角度透視新國家憲法的發展〉，《中外法學》2014 年第 3 期，第 618-641 頁。

13. 參見葉海波：〈特別行政區基本法的合憲性推定〉，《清華法學》2012 年第 5 期，第 100 頁；葉海波：〈主權決斷對法律形式的背離與回歸——憲法第 31 條與港澳基本法的合憲性〉，《法律方法與法律思維》第八輯，第 126-127 頁。

14. 新中國之所以在 1949 年建國時沒有立即制定憲法，主要原因在於當時革命並未完成，制憲的條件並不成熟。由此可見，革命在當時被認為是建國的根基，而憲法只是在革命成功有了民主事實之後，頒佈的一個承認上述事實的根本大法。

15. 參見王禹：〈憲法第 31 條研究〉，載楊允中主編：《"一國兩制" 與憲政發展——慶祝澳門特別行政區成立十周年研討會論文集》，澳門理工學院一國兩制研究中心 2009 年版，第 77-78 頁。

16. 參見夏引業：〈憲法在香港特別行政區的適用〉，《甘肅政法學院學報》2015 年第 5 期，第 28-29 頁。

17. 參見蕭蔚雲：《論香港基本法》，北京大學出版社 2003 年版，第 47、50 頁。

18. 當時內地法理學界認為所謂法律效力，就是法律的實施範圍，指的是法律在什麼時間、什麼空間和對什麼人具有效力。參見北京大學法律系法學理論教研室編：《法學基礎理論》，北京大學出版社 1984 年版，第 422 頁；孫國華主編：《法學基礎理論》，北京：中國人民大學出版社 1987 年版，第 414 頁。

19. 參見鄒平學等著：《香港基本法實踐問題研究》，北京：社會科學文獻出版社 2014 年版，第 90-91 頁；持類似觀點的還有焦洪昌、葉強：〈憲法在特別行政區的效力〉（未刊稿），載《中國法學會憲法學研究會 2011 年年會論文集》（上冊），第 522-535 頁。

20. 本書如此限定的原因在於，在法哲學理論中，對於法效力的含義，學者曾基於各自所堅持的哲學觀作出過不同的理解。除卻本書將要提及的實證主義的解讀外，自然法學派提出，法效力是一個 "倫理的概念"，認為只有符合正義和道德的法律才是有效力的；社會法學派認為應將法對社會成員是否具有實際的或事實上的效果作為法效力的判斷標準；而現實主義法學派，則從社會心理學角度解釋法效力，認為法效力取決於法對人民施加的心理影響，以及被施予對象是否願意接受法約束的心理態度。如果將這些理論都引入本書的討論中，不僅無助於核心問題的澄清，而且會讓被批駁對象簡單地認為這只是"公說公有理，婆說婆有理"的問題，無法達到論述目的。參見張文顯：《二十世紀西方法哲學思潮研究》，北京：法律出版社 2006 年版，第 365-376 頁。

21. 參見王春雷：〈凱爾森論法的效力與實效〉，《河南科技大學學報》（社會科學版）2014 年第 5 期，第 105 頁。

22. 參見〔英〕韋恩・莫里森著，李桂林、李清偉、侯健、鄭雲瑞譯：《法理學：從古希臘到後現代》，武漢大學出版社 2003 年版，第 347 頁。

23. See Hans Kelsen, *Pure Theory of Law* (Berkeley: California University Press, 1967), translation from the second german edition by Max Knight, p. 1. 特別說明一下本書在這裏之所以選擇英文本，是因為目前內地出版的《純粹法理論》（張書友譯本）是根據該書第一版翻譯的，而凱爾森在 1960 年出版的《純粹法理論》第二版不僅在篇幅上比原版大了許多，而在內容上也作了不少實質性的修正，其中就包括效力和實效的關係問題。鑒於此，本書認為在此處引用英文本更為適宜。

24. 參見〔奧〕凱爾森著，沈宗靈譯：《法與國家一般理論》，北京：商務印書館 2013 年版，第 65、181、193-194 頁。

25. 參見〔奧〕凱爾森著，沈宗靈譯：《法與國家一般理論》，北京：商務印書館 2013 年版，第 78 頁。

26. 參見〔奧〕凱爾森著，沈宗靈譯：《法與國家一般理論》，北京：商務印書館 2013 年版，第 74、80-81 頁。

27. 參見〔英〕哈特著，許家馨、李冠宜譯：《法律的概念》（第二版），北京：法律出版社 2013 年版，第 93 頁。

28. 參見〔奧〕凱爾森著，張書友譯：《純粹法理論》，北京：中國法制出版社 2008 年版，第 14 頁；印月：《凱爾森的法的效力與實效理論研究》，吉林大學 2006 年碩士學位論文，第 14 頁。

29. See Hans Kelsen, *Pure Theory of Law* (Berkeley: California University Press, 1967), translation from the second german edition by Max Knight, p. 211.

30. 參見〔奧〕凱爾森著，沈宗靈譯：《法與國家一般理論》，北京：商務印書館 2013 年版，第 185-186 頁。

31. 參見〔英〕哈特著，許家馨、李冠宜譯：《法律的概念》（第二版），北京：法律出版社 2013 年版，第 94 頁。

32. 參見〔英〕約瑟夫·拉茲著，吳玉章譯：《法律體系的概念》，北京：中國法制出版社 2003 年版，第 244 頁。

33. 參見劉葉深：〈法律效力理論中的實效性原則〉，《北方法學》2013 年第 5 期，第 33 頁。

34. 吳嘉玲案判決中，李國能大法官指出，"It (basic law) became the Constitution of the Hong Kong Special Administrative Region." 注意定冠詞 the 的使用。See *Ng Ka Ling and Another v. The Director of Immigration*, FACV 14/1998, paras. 8-10.

35. 參見李後：《百年屈辱史的終結——香港問題始末》，北京：中央文獻出版社 1997 年版，第 100-102 頁；許家屯：《許家屯香港回憶錄》，台北：聯合報股份有限公司 2014 年版，第 87-88 頁。

36. 參見中華人民共和國香港特別行政區基本法起草委員會秘書處編：《香港各界人士對〈基本法〉結構等問題的意見彙編》，1986 年 4 月，第 22-24 頁。

37. 參見〈中央與香港特別行政區的關係專題小組工作報告（1986 年 11 月 11 日）〉，載中華人民共和國香港特別行政區基本法起草委員會秘書處編：《中華人民共和國香港特別行政區基本法起草委員會第三次全體會議文件彙編》，1986 年 11 月，第 4-17 頁。

38. 參見中華人民共和國香港特別行政區基本法諮詢委員會中央與特別行政區的關係專責小組編：〈基本法與憲法的關係最後報告〉，載《香港特別行政區基本法諮詢委員會中央與特別行政區的關係專責小組會議記錄（1987 年 2 月至 1989 年）》，1987 年 2 月，第 28-35 頁。

39. 參見蕭蔚雲：〈論中華人民共和國憲法與香港特別行政區基本法的關係〉，《北京大學學報》（哲學社會科學版）1990 年第 3 期，第 10 頁；王叔文：《香港特別行政區基本法導論》，北京：中共中央黨校出版社 2006 年版，第 89 頁。

40. 參見許崇德主編：《港澳基本法教程》，北京：中國人民大學出版社 1994 年版，第 288 頁。實際上這一觀點在後續學者的著作中也十分普遍，例如王振民：〈"一國兩制"實施中的若干憲法問題淺析〉，《法商研究》2000 年第 4 期，第 9 頁；楊靜輝、李祥琴：《港澳基本法比較研究》，北京大學出版社 1997 年版，第 21-23 頁；李緯華：《論香港特區對居民基本權利的解釋》，清華大學 2012 年博士畢業論文，第 274-276 頁。

41. 參見鄒平學等著：《香港基本法實踐問題研究》，北京：社會科學文獻出版社 2014 年版，第 114-117 頁；殷嘯虎：〈論憲法在特別行政區的適用〉，《法學》2010 年第 1 期，第 54 頁。

42. 關於蘇聯憲法學對國家憲法學的影響，較為深入的研究參見劉春萍：〈蘇聯憲法學說對國家憲法學說的影響〉，《北方法學》2012 年第 4 期，第 33-44 頁；韓大元主編：《國家憲法學學說史研究》（上），北京：中國人民大學出版社 2012 年版，第 286-293 頁。

43. 以上三點表現形式，是根據當時刊行的五本主流憲法學教材所歸納的，參見蔣碧昆主編：《憲法學》，北京：中國政法大學出版社 1994 年版，第 14-16、20-21、24-26、205-207、229-231 頁；王珉燦主編：《憲法講義》，北京：法律出版社 1983 年版，第 7-11、90-95 頁；廉希聖主編：《憲法概要》，北京：中國政法大學出版社 1989 年版，第 11-19、124-131 頁；許崇德主編：《國家憲法》，北京：中國人民大學出版社 1989 年版，第 24、46、397-400 頁；蕭蔚雲主編：《憲法學概論》，北京：北京大學出版社 1982 年版，第 9-15、38-41、65-67、263-264 頁。

44. 2014 年 10 月，中國共產黨第十八屆中央委員會第四次全體會議首次專題討論依法治國的問題，後發佈《中共中央關於全面推進依法治國若干重大問題的決定》。

45. 比如針對基本權利具有相對性這一憲法學通說，林來梵教授指出，如果從規範科學的角度加以分析，那麼可以發現，與其說憲法權力是有界限的，因而是相對的，倒不如說這種界限自身才是相對的。這種界限的相對性表現在：從法學角度看，某些憲法權利具有界限，而某些憲法權利則不具有界限，如內心的信仰自由。目前這一觀點已為內地憲法學界普遍接受。林來梵：《從憲法規範到規範憲法：規範憲法學的一種前言》，北京：法律出版社 2001 年版，第 98 頁。

46. 關於近年中國內地憲法學發展的總體趨勢，參見韓大元：〈國家憲法學研究三十年：1978-2008〉，《湖南社會科學》2008 年第 5 期，第 1-3、7-8 頁；韓大元：〈國家憲法學研究三十年：歷史脈絡與學術自主性〉，《中國法學》2008 年第 5 期，第 4-6 頁；任喜榮：〈國家憲法學發展 30 年〉，《法制與社會發展》2009 年第 1 期，第 29-35 頁；林來梵：〈國家憲法學的現狀與展望〉，《法學研究》2011 年第 6 期，第 20-22 頁。

47. 關於基本權利條款的分類方式，本書參照了林來梵教授的觀點，參見林來梵：《從憲法規範到規範憲法——規範憲法學的一種前言》，北京：法律出版社 2001 年版，第 91-93 頁。

48. 參見〔英〕K・C・惠爾著，翟小波譯：《現代憲法》，北京：法律出版社 2006 年版，第 66 頁。

49. 參見鄧小平：〈我們對香港問題的基本立場〉，載《鄧小平論"一國兩制"》，香港：三聯書店（香港）有限公司 2004 年版，第 1 頁。

50. 參見王培英：《國家憲法文獻通編》（修訂版），北京：中國民主法制出版社 2007 年版，第 70 頁。

51. 參見蕭蔚雲：《論香港基本法》，北京：北京大學出版社 2003 年版，第 50 頁；王叔文：《香港特別行政區基本法導論》，北京：中共中央黨校出版社 2006 年版，第 85-88 頁。

52. 參見駱偉建：《澳門特別行政區基本法新論》，北京：社會科學文獻出版社 2012 年版，第 54 頁。

53. 參見〔美〕小查爾斯・愛德華・梅里亞姆著，畢洪海譯：《盧梭以來的主權學說史》，北京：法律出版社 2006 年版，第 3-24 頁。

54. 參見李龍、李小萍：〈論憲法中人民主權與基本人權原則的溝通〉，《法律科學》2008 年第 1 期，第 36-37 頁。

55. 有學者認為香港法院司法能動主義的取向是必然的，並從六個方面分析了其原因所在：第一，成熟的法治環境；第二，尚未定型的司法審查模式；第三，相對弱勢並欠缺民意支持的行政和立法機關；第四，香港社會對司法的高度信任；第五，較高法律素質的法官團隊；第六，大量涉及憲制問題的案件。參見李浩然：《回歸初期香港法院司法積極主義傾向研究》，清華大學 2012 年博士畢業論文，第 79-80 頁。

56. 關於香港法院在基本法判決中大量援引域外的憲法規範，參見李薇薇：〈香港法院基本法案件裁判依據的國際化〉，《政法論壇》2015 年第 3 期，第 129-140 頁。

57. 參見香港泛民主派人士對"嚴格依照憲法辦事"的看法，如明報專訊：〈政協報告對港首提嚴格依據憲法辦事〉，《明報》2016 年 3 月 4 日；明報專訊：〈總理報告首提"依憲法辦事"〉，《明報》2015 年 3 月 6 日。

58. 參見陳弘毅：〈公法與國際人權法的互動：香港特別行政區的個案〉，《中外法學》2011 年第 1 期，第 79 頁。

59. 例如鄒平學等著：《香港基本法實踐問題研究》，北京：社會科學文獻出版社 2014 年版，第 110-111 頁；龐嘉穎：〈論憲法在特別行政區的最終權威性〉，《"一國兩制"研究（澳門）》2012 年第 3 期，第 24-25 頁。目前對此問題最為詳細的研究參見王禹：《論憲法在特別行政區的適用》，澳門：三聯出版（澳門）有限公司 2019 年版；胡錦光：《憲法在特別行政區的適用問題研究》（未刊稿），全國人大常委會香港基本法委員會課題（編號：JBF201005）項目成果，第 64-72 頁。

60. 參見〔德〕米歇爾‧施托萊斯著，雷勇譯：《德國公法史（1800-1914）——國家法學說和行政學》，北京：法律出版社 2007 年版，第 499 頁。

61. 參見林來梵：〈轉型期憲法的實施形態〉，《比較法研究》2014 年第 4 期，第 32-33 頁。

62. 內地不少學者都認同憲法審查在憲法實施中處於核心地位，參見韓大元、林來梵、鄭賢君：《憲法學專題研究》，北京：中國人民大學出版社 2008 年版，第 161 頁；林來梵：《憲法學講義》（第二版），北京：法律出版社 2015 年版，第 146-148、406-411 頁；胡錦光：《違憲審查論》，海口：海南出版社 2007 年版，第 34-35 頁；黃明濤：〈兩種 "憲法解釋" 的概念分野與合憲性解釋的可能性〉，《中國法學》2014 年第 6 期，第 284-285 頁。

63. 參見林來梵主編：《憲法審查的原理與技術》，北京：法律出版社 2009 年版，第 2 頁。

64. 廣義的法律解釋概念分為狹義的法律解釋和法律續造，後者最為典型的技藝就是目的性擴張和目的性限縮。其要旨在於，它是一種當法律文字與立法目的之間出現緊張關係，且在文義可能涵射的範圍內已無法通過狹義的解釋方法得出妥當的解釋結論時，為彌補此法律規範漏洞，達到立法之目的，所採取的法律解釋技術。對於法律解釋的廣義概念和狹義概念之間的關係，拉倫茨教授曾指出："法律解釋與法的續造並非本質截然不同之事，毋寧應視其為同一思考過程的不同階段。……每項解釋都包含理解者有創意的成果，只是從事法的續造的創意性更高。因此對於下述情況不需驚訝：解釋幾乎可以沒有中斷地過渡到開放的法的續造之階段。" 參見，〔德〕伯恩‧魏德士著，丁小春、吳越譯：《法理學》，北京：法律出版社 2013 年版，第 370-372 頁；〔德〕卡爾‧拉倫茨著，陳愛娥譯：《法學方法論》，北京：商務印書館 2003 年版，第 246-247 頁。

65. 關於吸收理論後文還有論述，這裏按下不表。所謂 "伴影理論" 是由美國聯邦最高法院大法官道格拉斯（Douglas）在格瑞斯沃爾德訴康涅狄格州案（*Griswold v. Connecticut*）中提出的觀點，目的是論證美國憲法儘管在條文中並未出現 "隱私權" 的字眼，但憲法依然保護公民的 "隱私權"。具體而言，他認為憲法權利法案明確列舉的權利之間都存在著暗影，這些暗影是由明示權利擴展而形成的，而隱私權就存在於美國第一、三、四、五修正案的伴影之中，再結合第九修正案，可以推知對隱私權保護的重要性絲毫不亞於那些明文列舉的權利。參見〔美〕保羅‧布萊斯特、桑福‧列文森、傑克‧巴爾金、阿基爾・阿瑪編著，陸符嘉、周青風、張千帆、沈根明譯：《憲法決策的過程：案例與材料》（第四版下冊），北京：中國政法大學 2002 年版，第 1115-1118 頁。

66. 從嚴謹的學術角度看，此結論的提出應該基於一份完整的問卷調查，但由於香港發生修例風波，正常交流困難，因此筆者選擇了與部分香港青年知識分子交流的方式，感謝北京港澳學人研究中心的協助。

67. 代表性的觀點可參見王磊：《憲法的司法化》，北京：中國政法大學出版社 2000 年版，第 147-153 頁；黃松有：〈憲法司法化及其意義——從最高人民法院今天的一個批覆談起〉，《人民法院報》，2001 年 8 月 3 日。

68. 參見張千帆：《憲法學導論——原理與應用》（第三版），北京：法律出版社 2014 年版，第 195-196 頁；黃學賢：〈關於完善我國憲法監督機制的理性思考〉，《江海學刊》2001 年第 2 期，第 70-71 頁。

69. 主張憲法委員會模式的論文最多，在此不一一列舉，綜述性的文獻可參見胡錦光：《違憲審查比較研究》，北京：中國人民大學出版社 2006 年版，第 370-373 頁。

70. 複合制方案的研究，參見包萬超：〈設立憲法委員會和最高法院違憲審查庭並行的複合審查制——完善我國違憲審查制度的另一種思路〉，《法學》1998 年第 4 期，第 14-15 頁；林廣華：《違憲審查制度比較研究》，北京：社會科學文獻出版社 2004 年版，第 214-220 頁；胡錦光：《違憲審查比較研究》，北京：中國人民大學出版社 2006 年版，第 377-381 頁；蔡定劍：〈國家憲法司法化路徑探索〉，《法學研究》2005 年第 5 期，第 122-124 頁。值得注意的是，後來包萬超教授的觀點似乎有所修正，更為傾向於採取分階段的構建方案。

71. 參見季衛東：〈合憲性審查與司法權的強化〉，《中國社會科學》2002 年第 2 期，第 16 頁；季衛東：〈再論合憲性審查——權力關係網的拓撲與制度變遷的博弈〉，《開放時代》2003 年第 5 期，第 18-21 頁；包萬超：〈憲政轉型與中國司法審查制度〉，《中外法學》2008 年第 6 期，第 824-826 頁。

72. "齊玉玲案批覆" 曾經是內地憲法學討論的熱點問題，對壘雙方的代表性觀點可參見蔡定劍：〈國家憲法實施的私法化之路〉，《中國社會科學》2004 年第 2 期，第 56-67 頁；童之偉：〈憲法司法實施研究中的幾個問題〉，《法學》2001 年第 11 期，第 3-9 頁。在 2008 年 12 月最高院廢止該批覆後，學界又進行了一些反思性研究，代表性的觀點參見秦前紅：〈廢止齊案 "批覆" 之舉值得嘉許〉，《法學》2009 年第 4 期，第 14-17 頁；韓大元：〈以《憲法》第

126 條為基礎尋求憲法實施的共識〉,《法學》2009 年第 3 期,第 4-10 頁。

73. 這裏需要特別注意的是,本節所講的"實施主體"指的是"在憲法審查意義上對憲法予以實施的主體",因此沒有將全國人大列入其中,這只代表本書認為鑒於全國人大的體量和工作方式,不宜在憲法審查意義上作為實施主體,但並不排斥全國人大在其他憲法實施方式上作為主體。

74. 參見黃明濤:〈兩種"憲法解釋"的概念分野與合憲性解釋的可能性〉,《中國法學》2014 年第 6 期,第 281 頁。應該看到合憲性解釋的概念在內地學界仍存在一定分歧,除了這裏所援引的概念外,還有學者在憲法審查層面上使用這一概念,具體是指憲法審查機構在進行立法審查時需要儘量尋找所爭議法律的合憲性解釋空間,以在最大限度上避免作出有損立法權威的違憲判斷。這屬於一種憲法審查中的判斷技術。對於這場爭論,本書認為關鍵不在於追問哪種概念是本源正統,而在於從實質層面明確它們之間的區別。普通訴訟中的合憲性解釋,運用者的目光是往返流轉於法律與案情事實之間,目的在於從保障法體系完備性的角度避免法律衝突,追求的是"案結事了"的結果,這一過程雖然也涉及對憲法的解釋,但不能徑直對法律的合憲性作出判斷;而憲法審查意義上的合憲性解釋,運用者的目光是往返流轉於憲法與法律之間,目的在於對法律本身的合憲性予以判斷時,為顯示出審查機關對民意機關的尊重,儘量避免作出違憲判斷。由此可見,問題的關鍵或許在於明確作者到底是在哪個層面上使用這一概念的。關於這一概念之爭的總結,可參見黃卉:〈合憲性解釋及其理論檢討〉,《中國法學》2014 年第 1 期,第 286-289 頁。

75. 參見林來梵:《憲法學講義》(第二版),北京:法律出版社 2015 年版,第 415-417 頁。

76. 參見〔德〕克勞斯·施萊希、斯特凡·克利奧特著,劉飛譯:《德國聯邦憲法法院地位、程序與裁判》,北京:法律出版社 2007 年版,第 82-85 頁;劉兆興:《德國聯邦憲法法院總論》,北京:法律出版社 1998 年版,第 64-67 頁。

77. 《法規、司法解釋備案審查工作辦法》第五十六條:對香港特別行政區、澳門特別行政區依法報全國人大常委會備案的法律的備案審查,參照適用本辦法。"

78. 參見〔德〕克勞斯·施萊希、斯特凡·克利奧特著,劉飛譯:《德國聯邦憲法法院地位、程序與裁判》,北京:法律出版社 2007 年版,第 7 頁。受此制度的影響,中國台灣地區也在"司法院"大法官釋字 153 號和 154 號解釋中將司法判決納入到憲法審查制度中:"最高法院及行政法院判例,在未變更前,有其拘束力，可為各級法院裁判之依據，如有違憲情形，自根據司法院大法官會議法之規範予以審查，用以維護人民權利。"參見王澤鑒：《民法總則》（增訂新版），台北：新學林出版股份有限公司2014年版，第95頁。

79. 參見劉兆興：《德國聯邦憲法法院總論》，北京：法律出版社1998年版，第311-313頁。

80. 對此，憲法法院在"職業最高年齡限制之合憲性"的判決中，指出："聯邦憲法法院並非是行政訴訟的超級上訴法院，因此與行政法院相較，並不會對行政機關的裁量錯誤進行廣泛審查，如果行政法院已經在判決中對行政行為予以了審查，則憲法法院的關鍵在於審查該法院判決是否違憲。"BVerfGE, 9, 338(343). 轉引自林來梵主編：《憲法審查的原理與技術》，北京：法律出版社2009年版，第388頁。

81. 參見馬嶺：〈德國和美國違憲審查制度之比較〉，《環球法律評論》2005年第2期，第159頁。

82. 參見林來梵：《從憲法規範到規範憲法——規範憲法學的一種前言》，北京：法律出版社2001年版，第336-337頁。

83. 參見裘索：《日本違憲審查制度：兼對中國的啟示》，北京：商務印書館2008年版，第102-103頁。

84. 關於"博納姆醫生案"的案情參見胡建淼：《外國憲法：案例及評述》（下冊），北京大學出版社2004年版，第497-498頁。有關分析參見〔美〕約翰·V·奧爾特著，楊明成、陳霜玲譯：《正當法律程序簡史》，北京：商務印書館2006年版，第14-17頁。

85. 據統計目前世界上擁有憲法審查制度的國家共有152個，採用美國普通法院審查模式的有81個，遠超採用德國憲法法院模式和法國憲法委員會的國家。該數據來自林來梵主編：《憲法審查的原理與技術》，北京：法律出版社2009年版，第2頁注釋2。

86. "結社自由案"的案情和判詞，參見李曉兵：《法國第五共和國憲法與憲法委員會》，北京：知識產權出版社2008年版，第166-168頁。

87. 參見吳天昊：《法國違憲審查制度》，北京：中國政法大學出版社2011年版，第60-79頁。

88. 參見吳天昊：《法國違憲審查制度》，北京：中國政法大學出版社2011年版，第80-85頁。

89. 嚴格地說，在1985年"新喀里多尼亞演進法案"的裁決中，"議會立法是公意的體現”這一長期困擾法國憲法審查制度發展的觀念已經開始鬆動。憲法委員會在該案中指出，只有不違背憲法的法律才是公意的體現，因此審查法律是否合憲，就是在檢視其是否符合公意。應該說，這一判決標誌著法國現代立憲主義理念已經走向成熟。參見方建中：《超越主權理論的憲法審查——以法國為中心的考察》，北京：法律出版社 2010 年版，第 94-95 頁。

90. 關於法國 2008 年憲法改革的情況，參見張莉：《當代法國公法——制度、學說與判例》，北京：中國政法大學出版社 2013 年版，第 111-117 頁；吳天昊：〈從事先審查到事後審查：法國違憲審查的改革與實踐〉，《比較法研究》2013 年第 2 期，第 28-32 頁；王建學：〈從“憲法委員會”到“憲法法院”——法國合憲性先決程序改革述評〉，《浙江社會科學》2010 年第 8 期，第 111-115 頁；〔法〕皮埃爾 若克斯著，賴榮發譯，王建學校：〈法國合憲性審查的五十年〉，《廈門大學法律評論》第十八輯，廈門大學出版社 2010 年版，第 170-183 頁。

91. 參見劉兆興：《德國聯邦憲法法院總論》，北京：法律出版社 1998 年版，第 10-23 頁。

92. 以上三條啟動路徑分別規定於《德意志聯邦共和國基本法》第 93 條第 1 款第 2 項，第 100 條第 1 項，第 93 條第 1 款第 4 項。資料來源於：台灣司法院官網，http://www.judicial.gov.tw/db/db04/GE-Base-200111.asp（最後訪問時間：2019 年 12 月 29 日）。

93. 胡錦光教授雖然秉持 “憲法在香港整體實施說”，但是他也認為憲法可以成為審查特別行政區法律的準據。參見胡錦光：〈論憲法與基本法的關係〉，載楊允中主編：《“一國兩制” 與澳門特區法制建設——大型學術研討會論文集》，澳門理工學院一國兩制研究中心 2010 年版，第 19-24 頁。

94. 對於法律抽象審查的理論變遷史可參見，劉義：《憲法審查的程序研究》，北京：法律出版社 2010 年版，第 85-92 頁。

95. 參見劉兆興：《德國聯邦憲法法院總論》，北京：法律出版社 1998 年版，第 187-188 頁。

96. *Ng Ka Ling and Another v. The Director of Immigration*, FACV 14/1998, paras. 61-62.

97. 參見林來梵主編：《憲法審查的原理與技術》，北京：法律出版社 2009 年版，第 341-342 頁。

98. “不正確的法院裁判可能同時侵犯了當事人的憲法權利，如果當事人以此為由向憲法法院進行無限制地上訴，則可能與憲法法院的功能相違背。一般法律程序是否合法、事實的查明以及認定、普通法律的解釋和實施都屬一般法院審判的任務，只有當 '特別憲法' 受到法院判決侵犯時，憲法法院方才作出憲法判斷。" 參見翟國強：《憲法判斷的方法》，北京：法律出版社 2009 年版，第 34 頁。

99. 參見王鍇：〈合憲性解釋之反思〉，《法學家》2015 年第 1 期，第 45-46 頁。對於這一概念的發展歷史，可參見柳建龍：〈合憲性解釋原則的本相與爭論〉，《清華法學》2011 年第 1 期，第 110-113 頁。

100. 根據蘆部信喜教授的觀點，"合憲限定解釋" 是指 "通過對若依字面意思解釋就有可能構成違憲的那種寬泛的法律條文加以限定，排斥其構成違憲的可能性，從而對法令的效力加以救濟的解釋"。參見〔日〕蘆部信喜著，高橋和之增訂，林來梵、凌維慈、龍絢麗譯：《憲法》（第三版），北京：北京大學出版社 2006 年版，第 334 頁。由於在實踐中 "限定" 不僅包括限縮解釋，也包括通過擴大解釋從而回避憲法判斷的方法，所以本書認為如果從用詞嚴謹性的角度看，還是應跟隨德國學界的觀點，將其稱為合憲性解釋。

101. 對於日本憲法審查制度的基本特點及其長期堅持違憲判斷消極主義立場的原因，參見趙立新：《日本違憲審查制度》，北京：中國法制出版社 2008 年版，第 261-262、264-267 頁。

102. 參見翟國強：《憲法判斷的方法》，北京：法律出版社 2009 年版，第 53 頁。

103. 參見蘇永欽：〈合憲法律解釋原則〉，載蘇永欽：《合憲性控制的理論與實際》，台北：月旦出版社股份有限公司 1994 年版，第 132-133 頁。

104. 參見〔德〕康拉德·黑塞著，李輝譯：《聯邦德國憲法綱要》，北京：商務印書館 2008 年版，第 57-58 頁。

105. 參見王書成：〈論合憲性解釋方法〉，《法學研究》2012 年第 5 期，第 66-68 頁。

106. 法國的事前抽象性審查恐怕是個例外，儘管也存在區分技術，但是在 1959 到 1987 年法國憲法委員會作出的七十項違憲判斷中，只有七項被裁斷部分違憲，剩下都是全部違憲（數據來自林來梵主編：《憲法審查的原理與技術》，北京：法律出版社 2009 年版，第 375 頁）。這一現象的出現主要與法國抽象性審查針對的是還未生效的法律草案有關。由於法律草案被宣佈違憲，完全可以退回議會重新制定，因此，法國憲法委員會運用區別技術的意願就不如其他國家的憲法審查機關強烈。但需要指出的是，2008 年後法國也確立了事後審查機制，毋庸置疑，隨著案例的積累，區分性技術也必然會逐步為法國憲法委員會所重視。

107. 參見〔日〕時國康夫：《憲法訴訟與判斷方法》，東京：第一法規出版株式會
社 1996 年版，第 231 頁。轉引自林來梵主編：《憲法審查的原理與技術》，
北京：法律出版社 2009 年版，第 378 頁。

108. 參見翟國強：《憲法判斷的方法》，北京：法律出版社 2009 年版，第 188-
193 頁。

第六章

憲法實施與國家統合

完成對國家憲法在香港具體實施機制的分析後，本章希望將憲法在香港實施的意義，放置在國家統合機制的視域中予以理論提升。這裏所說的國家統合機制，是指能夠將國家統合起來，並有效維持該政治狀態的一種制度性裝置。[1]應該說，放眼古今中西，無論實行何種政治制度，如何維護國家統合都是主政者無法迴避的重大憲制問題。為了給香港統合問題的討論提供更為寬廣的理論背景，本章先系統回顧了皇權時代中國奉行的"天下型國家統合原理"與美國實行的"憲法至上型國家統合原理"。在完成對二者的對比分析後，再將目光拉回到主題之上，指出香港問題的特殊性決定了中央通過憲法實施統合香港的理論必要性，並重點對這種必要性從三個角度予以展開。應指出，以憲法統合香港，符合世界立憲主義理念發展的趨勢、香港崇尚法治的傳統，以及中國"全面依法治國"的政治背景，有助於實現中央對香港的良好管治。

皇權時代的中國國家統合原理

————— • —————

一、天下觀與國家統合

　　國家統合，必須先有國家，否則何來統合？然而與今日我們天然地將中國視作一個"國家"不同，在史學界，對於皇權時代的中國能否被稱為"國家"意見並不一致，[2] 而爭議的焦點在於持何種國家生成史觀。如果以歐洲民族國家的角度看，皇權時代的中國的確不完全具備領土、人民和主權三要素，特別是沒有形成"主權"觀念，因此不能稱為"國家"，只能稱為"文化體"。二戰前，日本學界就曾基於民族國家的觀念提出"支那非國論"的命題。[3] 這種思考方式在民國時期也為部分中國學者所接受，如梁啟超先生就認為中國古代不存在國家，只有朝廷。[4] 梁漱溟先生更是在《中華文化要義》中設專章詳細列舉了"中國不像國家"的理由。[5] 不難看出，這些都是西歐殖民稱霸全球後思想外溢的產物。

　　但是，隨著史學理論的發展，特別是受到後殖民主義理論的影響，這種將歐洲歷史的描述方式，作為普遍歷史統一尺度的研究方法日漸遭到質疑。葛兆光教授提出要在"中國歷史中來理解歷史中國",在理論判斷上要區分古今、辨明中西。[6] 以此出發重新反思上述問題,應該指出,皇權時代的中國雖然沒有形成近代以主權為核心要素的民族國家觀念,但卻提煉出足以與之相比肩的"天下"概念來描述國家,並提出了"一個天下,一個國家"的政治理想。對此,王珂教授認為"天下"思想是理解中國之所以能夠在歷史的長河中綿延不絕,保持多民族統一國家傳統的關鍵。

具體而言,中國歷代王朝都將周邊民族視為"天下"不可或缺的部分,並採取"羈縻政策",促進周邊民族與"中國"進行全方位的交流,且歡迎並承認它們的中國化。[7] 受此影響,為了與民族國家相區分,學界提出皇權時代的中國是一種"天下型國家"[8]。"溥天之下,莫非王土,率土之濱,莫非王臣"就是對其最簡明扼要的注解。由是觀之,在皇權時代,國家的統合是圍繞"天下"而展開的,天下一統是歷朝歷代統治者的最高政治理想。

二、"天下型國家統合原理"的具體機制

中國延綿數千年,期間雖然歷經朝代更迭,疆域變遷,但以加強王權為中心、以因俗分治為主要結構的國家統合基本原理並未發生根本性的改變。借用中國台灣學者張啟雄教授"中華世界秩序原理"的學說,[9] 並參考史學界"天下國家"的概念,本書將皇權時代中國的國家統合原理命名為"天下型國家統合原理"。[10] 具體內容包括:

第一,"大一統"論。

從詞源上看，"大一統" 最早見於《春秋·公羊傳》，隱公元年曰："春王正月。元年者何，君之始年也。春者，何歲之始也。王者孰謂？謂文王也。曷為先言王而後言正月？王正月也。何言乎王正月？大一統也。" 這裏是借討論曆法統一來強調各諸侯國必須遵行周天子頒佈的政令，不能自建年號，自立正朔，已具有統合天下的意思。[11]

秦統一中國，漢承秦制，也延續了天下空前一統的格局，這為思想家發展、提升 "大一統" 理論提供了政治基礎。西漢時期的公羊學大師董仲舒從哲學層面對 "大一統" 理論作了闡釋，提出 "春秋大一統者，天地之常經，古今之通誼也"，使得 "大一統" 成為思想層面的基本法則。北宋時期的思想家司馬光則從政治層面將其上升到前所未有的高度，他在《資治通鑒》中言明："竊以為苟不能使九州合為一統，皆有天下之名而無其實者也。" 應該說，經過歷代思想家的發展，"天下歸一，海內一統" 已經深深地植入中國人的觀念底層，成為判斷統治者政治能力的重要標識。在這種根深蒂固理念的驅使下，歷代統治者都試圖實現 "王者無外" 的政治理想，"大一統" 成為皇權時代天下型國家統合原理的基石。[12]

第二，名分秩序論。

與近代西方國家以 "法治" 作為國家統合的基本原則不同，皇權時代的中國以 "禮治" 作為國家統合的重要抓手。禮治與法治最大的不同在於，"禮者禁於將然之前，法者禁於已然之後"。由此可見，禮治十分注重名分，強調 "名不正，則言不順；言不順，則事不成。事不成，則禮樂不興；禮樂不興，則刑罰不中；刑罰不中，則民無所措手足"，認為唯有名分確定，國家秩序才能順利運行。

體現在國家縱向關係上，名分秩序論建立起一套等級嚴格的宗藩階層體制，從宗藩間的主從關係、朝聘的序列、所擁有兵力的多寡、爵位的高低，到文書的用語稱謂、服飾的款式都有嚴格的規定，若有僭越，輕者罰處，重則征伐。[13] 不難看出，這套秩序是 "君為臣綱，父為子綱，臣之事君，如子事父" 的君父邏輯在國家統合領域的自然延伸。這裏的 "名" 看似虛無，但實際上是一種十分強大的 "心理機制"，不僅成為皇帝統合天下的正當性依據，而且也樹立了日常統合機制運行所應遵循的基本政治規則。

第三，畿服論。

皇權時代的中國，對不同地區往往實施不同的國家統合政策，其理論基礎就是畿服論。"畿" 是指王畿，即君王統治的中心地區，而 "服" 最早指的是人與人之間依據血緣形成的親疏關係，後來被用來指代一種等差有別的政治秩序。在畿服論的視域中，國家的疆域被理解為一個以王畿為中心，呈輻射狀向外擴展而形成的複合型多層次同心圓結構，每一層同心圓就是一 "服"，《國語》和《尚書》曾提出 "五服" 的說法。[14] 因為 "服制" 不同，君主所採取的統合政策也有所區別。

基本的原理是，距離王畿越遠，國家統合的政策就越靈活，按照現代的說法就是地方自治權越大。這種 "因時制宜、因地制宜、因人制宜與因俗制宜" 的差序政治格局，使得 "天下型國家統合原理" 超越了狹隘的民族主義的限制，通過文化連接，構建出一個既包含華夏也能兼容四夷的 "天下"。[15]

這套畿服理論雖然在各個時代表現形式不同，但其基本原理卻一直為各朝各代所遵循。到皇權中國的最後一個朝代——清朝時，畿服論已經發展得十分完備，清王朝在內地行省主要通過督撫分寄式中央集權[16]維護國家統合，而在"要服"與"荒服"的邊疆地區，則發展出"以八旗制度統治滿洲，以盟旗制度管轄蒙族，以柏克制度治理回疆，以政教制度統馭藏番，以土司或部落制度管轄西南苗裔，以宗主制度對番邦"[17]的系統國家統合機制。

三、"天下型國家統合原理" 的主要特點及衰敗原因

為了方便與下文分析的美國國家統合原理相對比，不妨從政治正當性的角度出發，簡單總結一下皇權時代中國所創立的"天下型國家統合原理"的基本特點：

其一，從正當性的來源來看，國家為什麼要統合某地，某地又憑什麼被國家所統合。對此，"天下型國家統合原理"一般會將其歸結到"大一統"意識上，再往深追，就是超驗的天命、天理、天道。而這裏的天命、天理、天道往往最終又被集中在天子身上，天子受命於"天"，唯有他能感知天的意志，所以他就取得了代表"天"統治人間的資格。

不難看出，這種統合原理是以單向度維護王權為核心的，被統合主體在其中沒有任何角色。這說明傳統統合觀在回答正當性來源時，更加注重其客觀面向，即這樣的秩序之所以正當，是因為它符合了一種外在於人的客觀規範（天道），具有神聖性。而對於正當性來源的主觀面向，即這種統合秩序是否建基於被統合者的自身意願，則不在其考慮的範疇之內。[18]

其二，從正當性的延續看，這種統合原理主要依靠的是以德性為中心的禮治秩序。在家國同構、家國同理觀念的支配下，傳統中國的國家統合機制背後站立著一個"家"的原型，蘊含著一種"家的想象"，並在家國一體的過程中，實現政治與道德的合一。因此，"天下型國家統合原理"可被視作是家庭關係處理原則的延伸與放大，原本調整家庭倫理關係的"名分秩序"和"畿服關係"也就順理成章地被提升為國家統合所依憑的道德原則。為什麼"修身、齊家"能夠與"治國、平天下"並列，並在邏輯上放置於前的道理就在此。[19]

具體而言，在"天下型國家統合原理"中，皇權的擁有者猶如家庭中的父親，而各被統合主體則猶如子女，其中根據血緣關係的遠近、有無，分為嫡出、庶出、收養等不同類別，父親也會"因人制宜"採取不同的管理方式。"父慈子孝，家庭和睦"是最理想的狀態，但可遇不可求，現實總是不甚理想且十分複雜的。在這種情況下，就需要強調父權是不容挑戰的，家的一體性是不容質疑的，否則就是大逆不道，大逆不道者不僅會被家庭所拋棄，更會失去在社會中的立身之本。從國家統合角度看，秩序挑戰者除非能證明現任君主是暴君，挑戰行為是順天應人，弔民伐罪，否則就是大逆不道，不僅不具備管治天下的正當性，甚至會淪落到人人得而誅之的境地。

綜上所述，這套基於中國傳統政治哲學而構建的"天下型國家統合原理"體現了中華文明的精髓，在很長一段時間內，絲毫不遜於、甚至優於同時代世界其他地區的國家統合機制，中國作為一個統一的多民族國家也由此底定。然而到了晚清，隨著中華文明與歐洲文明競爭的落敗，整個中國政治體制都面對著"三千年未有之大變局"，傳統國家統合原理自然也不可能獨善其身，從而在統合的"發動機"——皇權、統合的紐帶——儒家文化、統合機制的運行背景——禮治秩序等多個層面都遭遇到全方位的挑戰。

最終，"天下型國家統合原理"這套在中國施行了數千年的國家統合體制，也隨著清朝的覆亡，走向了歷史的終點。雖然其中某些觀念還深深根植於中國人心中，並不時為現代政治家在處理國家統合問題時所借鑒，但作為一套獨立運作的機制，它已經失去了存在基礎。在西學東漸的影響下，中國的知識分子也開始引進近代西方國家的統合原理，思考中國的國家統合問題。

美國通過憲法實施統合國家的實踐 [20]

一、國家統合能力的缺失與補足：從邦聯條例到聯邦憲法

討論美國憲法的國家統合功能不妨從一個基礎性的問題開始：美國為什麼要制定聯邦憲法？在 1787 年各州議會所選派的代表齊聚費城前，美國並非沒有憲法，除卻各州自己制定的憲法 [21] 外，全國層面也有 1781 年生效的《邦聯條例》。[22] 從這點看，美國獨立戰爭希望建立一個鬆散邦聯的目的業已達成。然而沒過多久，美國的政治現實就使許多當年參與了美國革命的領導人意識到，由於《邦聯條例》根本沒有實現國家統合的能力，整個國家正處於巨大的危機中。[23]

對此，美國早期的大法官約瑟夫・斯托里曾尖銳地指出，《邦聯條例》完全缺乏使之獲得權威的強制性措施，如果說國會還擁有權力的話，這些權力也都是建議性的，能否貫徹完全依賴於各州的善意。唯一的邦聯法庭也只能在審理公海上的搶劫和重罪，以及審理俘獲品上訴案件時才會由議會組織，即使如此，各州也完全可以根據自身的喜好，決定是否接受邦聯上訴

法院的命令。

更為關鍵的是，由於邦聯政府沒有徵稅的權力，其運作完全取決於各州能否按時、按量繳納其負擔的徵款。事實上，由於各州的拖沓，邦聯政府在當時連日常運作都無法保障，更不用說去處理公共事務，以及組織海軍去保護美國商船在大西洋上的利益了。從另一角度看，各州實際上也並未因此獲益，由於全國性政府沒有調控州際貿易的權力，各州都基於自身利益考慮設置貿易壁壘，重複性的關稅使得貿易無利可圖，英國人則乘虛而入，大肆傾銷英國商品，美國國內經濟異常蕭條。[24]

對於《邦聯條例》在國家統合能力上的缺陷，美國國父華盛頓有著清醒的認識，他指出邦聯體制最大的弱點在於各州對中央政府的權力予以了過分限制，如果中央政府沒有高於各州的權力，邦聯可能面臨分裂的危險。他認為當時發生的"謝斯叛亂"、商業上的不景氣以及籠罩在美國各地的低迷消沉情緒，在很大程度上都應歸咎於中央政府沒有國家統合能力。[25] 華盛頓的憂慮以及現實的亂局，迫使當時美國政治領袖們一致同意（羅德島沒有派出代表），於 1787 年 5 月那個炎熱的夏季再次聚集費城召開制憲會議，重新考慮如何在不損害州權的同時，構建一個新的憲制體制，保證全國性政府具有足夠的權威。

在制憲會議開始後不久，麥迪遜就通過弗吉尼亞代表團成員埃德蒙·倫道夫向與會代表提出了一個增強中央政府的方案，史稱"弗吉尼亞方案"。[26] 該方案的要旨在於參照當時州憲法普遍接受的立法權至上思路，在中央層面新成立一個具有廣泛權力的聯邦國會，新國會不僅將繼承當時邦聯國會的一切權力，而且可以在各州無法單獨處理的事務上行使立法權。此外，該方案還提出聯邦國會有權否決各州與聯邦憲法相抵觸的法律，這實際上為日後最高法院依據憲法審查各州法律埋下了伏筆。[27] 在"弗吉尼亞方案"提出後不久，來自賓夕法尼亞的代表莫里斯指出在討論上述方案之前，制憲會議有必要先解決一個更為基本的問題：全國性政府的權力基礎和來源到底是什麼？莫里斯認為唯有建立一個享有最高權威的全國性政府，《邦聯條例》的問題才能得以克服。顯然這已經觸及到此次制憲會議所要解決的根本問題，即到底是聯邦還是州，才是美利堅合眾國主權的最終擁有者。

對此，漢密爾頓的態度十分堅決，他認為兩個主權者是無法在一個政治實體內同時存在的。經過反覆辯論，問題趨向明朗，最後與會大多數代表都接受了一個妥協的方案，在承認州權的同時，強調聯邦主義至上原則，並由此形成聯邦憲法第六條，"本憲法、依據本憲法所制定的聯邦法律，以及合眾國已經締結及將要締結的一切條約，皆為全國的最高法律，如若任何州層面的憲法或法律與上述聯邦層面的法律相違背，各州法官均應以聯邦憲法和法律的規定為準。"這一規定確立了美國以聯邦憲法為頂點的金字塔型法律秩序，但對如何保障這一秩序，特別是由哪個機構享有對憲法的最終解釋權，當時並未達成共識。

不難看出，在歷時四個月的制憲會議中，國家統合始終是爭論的核心。制定新憲法最重要的目的，就是討論如何將美國從一個以州主權為主導的邦聯式鬆散政治實體，轉化為一個以聯邦主權為主導的民族國家式政治實體。為了實現上述憲政體制的轉軌，美國聯邦憲法虛擬出"我們人民"這一政治群體，使得美國聯邦政府的權力基礎可以直接建基於人民，而非各州之上。[28]

但到此為止，我們只能說新憲法為國家統合奠定了基礎，因為從憲法批准過程中聯邦黨人和反聯邦黨人的爭論不難看出，主張州權至上的理論在當時的美國社會中仍有很大市場。[29]聯邦憲法的規定能否、以及如何轉化為實踐，從而發揮憲法的國家統合功能，以當時美國的政治環境看，還具有相當的不確定性。這一目標的最終實現是由美國最高法院在憲法實施中逐步完成的。

二、美國最高法院通過憲法實施統合國家的典型判例

與 "一切都要從 '馬伯里訴麥迪遜' 案談起" 的經典範式有別，早在傑伊法院時期，美國最高法院已經開始運用憲法控制州權，以此統合國家，這主要體現在奇澤姆訴佐治亞州案中。奇澤姆是一名南卡羅來納州的商人，由於債務問題與佐治亞州發生糾紛，隨即在聯邦法院提起訴訟，接到訴狀後佐治亞州拒絕出庭，理由是州作為一個主權實體享有豁免權。對此，傑伊大法官認為，英國普通法中的 "主權豁免原則" 完全是專制時代的陳腐思想，不能實施於民主的美國，美國的主權屬人民，而非各州，因此佐治亞州沒有豁免權。

此外，作為聯邦黨人中堅分子的威爾遜大法官，更是在判決中指出，佐治亞州制憲會議批准接受聯邦憲法，就意味著佐治亞人民已經將過往授予州的權力，部分地轉讓給了聯邦政府。據此，聯邦最高法院不僅有權審理該案，而且有權要求

佐治亞州按照憲法的規定出庭受審。[30] 雖然基於司法效率的考慮，美國隨後通過的聯邦憲法第十一條修正案推翻了該案判決的實體內容，規定聯邦法院不能審理一州公民起訴另一州政府的案件，[31] 但是美國最高法院通過縱向司法審查控制州權的努力，並未因此終結，相反，這一努力在未來的案件中不斷得以延續。

現在讓我們回到"馬伯里訴麥迪遜案"，對於該案的案情以及馬歇爾大法官創立憲法審查制度的偉大意義，學界已然熟稔，不再贅述。在此想強調的是，理解憲法審查不能只看到其針對國會立法橫向審查的面向，也要關注到其針對各州立法縱向審查的面向。

事實上，在馬歇爾法院時期，"馬伯里訴麥迪遜"案是最高法院唯一一次針對國會立法的違憲判決，而下次橫向審查的違憲判決則等到了半個世紀之後（1857 年），由坦尼法院在"德雷德·斯考特訴桑弗特"案中作出。與此相較，馬歇爾法院針對州立法的違憲判決則達到 18 次。[32] 因此，有學者認為馬歇爾法院的歷史成就從一開始就不表現在橫向審查上，而是體現在縱向審查中，該法院走的是司法民族及國家主義的路線。[33]

這一特質在"馬丁訴亨特的承租人"案和"麥卡洛克訴馬里蘭州"案中得到了充分體現。前者起因於弗吉尼亞州上訴法院拒絕承認聯邦最高法院有權審理州法院的決定，對此，斯托里法官在判決中強調：其一，聯邦憲法的制定者，並非是各州，而是憲法序言所明確的"合眾國人民"，人民能夠把他們認為合適與必要的最高權力賦予聯邦分支；其二，根據憲法第 6 條，州法官也要受聯邦憲法的約束，如果他們無意中超出了自己的權力或錯誤地解釋了憲法，聯邦法院無疑能夠予以修正或直接宣佈其違憲；其三，在全國範圍內，憲法的解釋必須保持一致，如果聯邦法院沒有權力控制各州關於憲法解釋的衝突，那會極大地影響憲法的權威，這將與制憲者的希望相悖。[34] 據此，該案初步確立了聯邦最高法院作為憲法最終闡釋者的地位。

這一思路在"麥卡洛克訴馬里蘭州"案得以延續並被進一步加強。該案的背景與 1816 年建立的聯邦第二銀行有關，成立聯邦第二銀行有利於對貨幣市場進行宏觀調控，但卻觸及了州銀行的既得利益，因此包括馬里蘭在內的六個州決定立法，通過收稅的方式限制聯邦第二銀行的運作。聯邦第二銀行巴爾的摩分行因拒不按照州法的規定繳稅而被處以罰款，該行的出納員麥考洛克認為州法違憲，從而引發訴訟。該案的核心爭議點在於：成立聯邦第二銀行是否在憲法授予聯邦政府的權力範圍內，如果成立銀行的聯邦立法符合憲法，各州能否通過與之相抵觸的法律。

對此，馬歇爾大法官首先明確聯邦與州的衝突是美國憲制的重大問題，而解決衝突的權力在於聯邦最高法院，這是由聯邦憲法賦予的重任。其次，馬歇爾雖然承認各州也具有主權，但是強調如果聯邦主權與州主權發生衝突時，後者必須讓位於前者。聯邦政府的權力直接來源於合眾國人民的授予，它在人民的名義下得以建立，它既然無需得到各州政府的肯定，自然也就不能被各州政府所否定。儘管聯邦政府的權力是有限的，但在其行動範圍內，卻是至上的，這是由聯邦權力的性質所決定的。

再次，馬歇爾指出，在解釋憲法時，始終不應忘記，我們在解釋的是一部憲法。基於這一理念，他對聯邦憲法第 1 條第 8 款[35] 中關於"必要與合適"的含義作出寬鬆解釋，認為只要聯邦立法目的是合憲的，並處於憲法許可的範圍之內，那麼所有純粹用於實現這一目的的手段，只要不被憲法所禁止，並與憲法的精神和文字相符合，就屬"必要與合適"的範圍。

最後，馬歇爾指出制憲者的目的絕不是設計出一種聯邦政府只能依賴州政府才能生存的國家機制。為了維護聯邦憲法的最高法地位，馬歇爾宣佈馬里蘭州向聯邦第二銀行徵稅所依據的法律違憲。[36] 此案充分說明了馬歇爾——這位國家建設的憲法守護者，希望通過憲法的實施來維護國家統合的信念與決心。對於該案在美國國家統合方面的深遠影響，考克斯教授給予了高度評價，他認為馬里蘭州案首先確保了聯邦政府在當時的敵視環境下可以生存下去；其次，該判決對漢密爾頓"憲法隱含權力"理念的接受，為日後聯邦權力的擴展奠定了基礎。[37]

雖然憲法具有調控政治爭議的功能，但並非所有政治爭議都能夠被憲法所調控。隨著傑克遜這個州權的擁躉入住白宮，聯邦權與州權的爭論再度興起，特別是在卡爾霍恩提出分離主義色彩極濃的"廢止理論"[38] 後，美國國家統合的危機愈演愈烈，最終因南北雙方在奴隸制問題上無法達成共識，憲法手段失效，只能運用內戰來解決國家統合問題。正如勞倫斯·卻伯所言，美國內戰的"血與火"生成了一條隱性的憲法原則——聯邦不可分裂，地方主體在憲法上不具有分離的權力。[39]

內戰後，在"重建國會"內共和黨人的支持下，美國憲法又加入了一條對維護國家統合具有重要意義的條款——第十四修正案。該修正案第一款首先明確，"所有在合眾國出生或歸化

並接受其管轄的人，都是合眾國和他們所居住州的公民。"從
條文表述的前後順序不難推知，修正案的制定者希望強調，一
個美國人應該首先是合眾國的公民，國家公民身份是第一性
的，其次才是各州公民。上述規定對扭轉美國人對自身的身份
認知，增進國家認同發揮了關鍵作用。

　　在完成了對公民身份的界定後，第十四修正案緊接著指
出，"州不得制定或實施任何法律，剝奪合眾國公民的特權與豁
免權；不經正當法律程序，不得剝奪任何人的生命、自由或財
產；也不得在州管轄的範圍內拒絕給予任何人以平等的法律保
護"。如果我們將這裏的"州不得"與《權利法案》中的"國會
不得"加以對比，不難發現它們對權利保護的性質雖然相同，
但是針對的主體則完全不同，這其中的立法意圖不言而喻。作
為內戰產物的第十四修正案，表現出一種對"州權"的嚴重不
信任，制定這條修正案的目的就是將公民權利予以"聯邦化"，
並在原有機制外，創設出一種新的縱向憲法機制，來保障合眾
國公民的"聯邦權利"不會受到州內民主程序的侵害。從這個
角度看，這條修正案是美國聯邦制從"二元主權"向聯邦主權
至上轉變的重要標誌。

　　值得注意的是，雖然該修正案意義重大，但條文卻異常簡
單，特別是沒有對聯邦公民權利的具體內容加以羅列，這種原
則性的規定為日後美國最高法院對其加以擴張解釋埋下了伏
筆。此後，聯邦最高法院在判例中，通過"吸收理論"將原本
針對聯邦政府的《權利法案》，逐步納入到第十四修正案的"正
當程序"之中，使其演變為包含了具體內容的"實體性正當程
序"。[40]

經過這一從 "虛" 到 "實" 的升級，第十四修正案成為了聯邦最高法院審查州立法，發揮憲法國家統合功能的利器，甚至有美國憲法學者將 "重建時期" 之後的憲法史，稱為第十四憲法修正案的歷史。對其中的憲制意義，我們不妨以沃倫法院時期的布朗案為例來加以說明。從平等權保護的角度看，布朗案自然是美國黑人爭取民權的重要標誌，但如果從國家統合的角度切入，就會發現美國最高法院實際上也是在通過該判決向地方惡性政治秩序宣告，琳達·布朗作為一名合眾國的公民，她的憲法權利將由聯邦法院根據全國統一的標準予以保障，各州沒有自行其是的空間。此後，面對南方發生的抵制聯邦法院判決執行的小石城事件和密西西比大學事件，時任美國總統的艾森豪威爾和肯尼迪都毫不猶豫地動用了軍隊，與其說他們是同情黑人的民權主義者，不如說他們是聯邦至上主義者，維護的是憲法的國家統合機制。[41]

三、美國最高法院通過憲法實施統合國家的定量分析

除了以上定性的分析外，從定量的角度看，美國聯邦最高法院運用憲法維護國家統合也是其憲法實施的重心。對此，美國學者戴維·M·奧布萊恩通過研究指出，從 1803 年馬伯里訴麥迪遜案開始到 2008 年為止，聯邦最高法院共計宣佈 1263 件法律違憲，其中國會立法只佔 174 件，比重 13.8%，而州立法和地方性法規被宣佈違憲的數量則達到 1089 部，比重 86.2%，二者比例接近 1:9（具體數據見下表）。

看到上述數據，就不難理解霍姆斯大法官為什麼會斷言：

"假如我們失去宣告國會法案違憲的權力,我並不認為合眾國將壽終正寢。但如果我們不能對各州法律作出無效宣告,我確實認為聯邦將危在旦夕。"[42] 如果再結合前面的論述,將制憲會議提出的聯邦至上原則、馬歇爾法院的"司法國家主義路線"、憲法第十四修正案的加入、20世紀聯邦法院發展出的"吸收理論"、沃倫法院與地方守舊勢力的對抗串聯起來進行系統思考,不難看出聯邦最高法院運用憲法統合國家,始終是美國憲政發展的核心命題。

表格 6.1　1803－2008 年美國最高法院違憲判決的數量與分佈情況 [43]

年代	宣佈違憲的國會立法	宣佈違憲的州法	宣佈違憲的市政條例
1801-1835,馬歇爾法院	1	18	0
1836-1864,坦尼法院	1	21	0
1865-1873,蔡斯法院	10	33	0
1874-1888,韋特法院	9	7	0
1889-1910,富勒法院	14	73	15
1910-1921,懷特法院	12	107	18
1921-1930,塔夫脱法院	12	131	12
1930-1940,休斯法院	14	78	5
1941-1946,斯通法院	2	25	7

1947-1952，文森法院	1	38	7
1953-1969，沃倫法院	25	150	16
1969-1986，伯格法院	34	192	15
1986-2005，倫奎斯特法院	38	97	21
2005-2008，羅伯茨法院	1	3	0
共計	174	973	116

綜上所述，美國自建國以來就形成了一套以憲法為軸心的國家統合機制，本書稱為"憲法至上型國家統合原理"，如果將其與"天下型國家統合原理"進行對比，可以發現，它們之間的區別與政治正當性理念的變遷密切相關。在古代政治中，政治正當性的建構更加注重其客觀面向，即判斷政治制度是否正當，主要是看它是否符合一種超驗的天道或神意。由此，皇權時代的中國形成了一套以"大一統"為軸心，以"禮治"與"因俗分治"為主要內容的統合機制。然而，到了近代，歐洲在文藝復興與宗教改革的共同作用下，個人的主體意識開始覺醒，傳統政治正當性的解讀受到質疑，在此背景下，霍布斯、盧梭以及洛克等西方理論家相繼提出社會契約理論，將政治正當性論證的重心從客觀面向轉移到主觀面向上來，認為唯有獲得被統治者同意的政治才是正當的。[44] 正如盧梭所言，就算是最強的人也決不可能強到永遠做主人，除非他能夠把自己的強力轉化為權利，把服從轉化為義務。[45]

當然，社會契約只是一種理論構想，在現實的政治中，它是通過制定憲法性文件體現出來的。在這一過程中，基於契約觀念對統治的同意，當然地演化為基於憲法理念對統治的同意，因此，憲法作為社會契約的現世肉身，也就自然成為了現代政治正當性的核心。對此，馬克斯‧韋伯曾以法理型統治予以概括，在他看來，人類歷史上關於正當性支配的理論可被歸類為三種模式：傳統型統治、卡里斯馬型（魅力型）與法理型統治，其中法理型統治之所以可以超越前兩者成為一種理想的正當性支配類型，在於它將認同對象由人格化的君主轉化為非人格化的法典，從而營造出一種具有抽象意味的普遍主義精神，這就是所謂的法治理念。[46] "憲法至上型國家統合原理" 就是這一理念在國家統合領域的體現。

通過憲法實施統合香港的理論價值

———— ● ————

　　完成對皇權時代中國 "天下型國家統合原理" 和美國 "憲法至上型國家統合原理" 的對比後，再將目光拉回到本文主題，重點回應上一章末尾所留下的疑問：為什麼要強調通過憲法實施統合香港？其他統合機制行不通的原因何在？此外，目前香港社會圍繞政改產生了激烈爭論，甚至衍生出 "港獨" 問題，此時再討論憲法實施是否會火上添油，激化矛盾，引發香港社會的猜忌。不難看出，以上質問雖不否認國家憲法在香港實施具有積極意義，但對現階段實施的必要性存在疑慮。對此，本書認為通過憲法實施統合香港，是由香港的特殊性決定的，從長遠看有利於破解香港管治的困境，實現中央對香港的良好管治。

一、"黨主立憲型國家統合機制" 無法在香港實施

　　對於以憲法實施來解決香港的國家統合問題，可能有人會質疑憲法在內地的實施機制也處於完善之中，但似乎並未對國家統合造成本質影響，為什麼在香港統合問題上，要特別強調

憲法實施機制的作用呢？對於這一疑問，有必要先系統回顧一下中國（內地）國家統合原理的形成過程。

在清王朝覆滅後，以皇權至上為核心內涵的"天下型國家統合原理"，作為一套獨立運作的機制已經失去了存在基礎。在"西學東漸"的影響下，近代知識分子面對"國家一盤散沙、飽受西方列強欺凌"的局面，痛定思痛，開始向國人推介西方的"立憲理論"，希望可以通過立憲實現對內重整國家、對外富國強兵的目標。受此影響，當時的統治精英都將制定憲法作為自己登上政治舞台的"標配"，一時間"憲法"遍地。

應該承認，這些憲法從文本上看的確十分"先進"，但與西方法治發達國家相較，當時憲法在國家日常政治生活，包括國家統合問題上並不發揮、實際上也發揮不了決定性作用。以中華民國為例，自 1928 年東北易幟，國民黨在形式上統一全國後，曾先後制定過 1931 年《中華民國訓政時期約法》和 1946 年《中華民國憲法》，但這些憲法根本無力化解當時廣泛存在的地方派系武裝割據的問題，實際上，國民黨直到 1949 年丟失大陸政權、退敗台灣前，都沒有找到實現國家統合的有效路徑。中國共產黨則運用農村包圍城市的革命策略，在 1949 年完成了建國。

通過革命建立政權的中國共產黨領導人，比任何人都知曉國家統合對政權鞏固的重要性，用毛澤東的話說就是，要始終警惕"野心家"以及"山頭主義"。客觀地看，毛澤東的憂慮並非沒有道理，在中國共產黨領導的這場革命中，從革命的領導人到其參與者基本都出身於農村，因此，這場革命不可避免地具有極強的農民革命印記。當時各地的主政官員實際上都是黨政軍一手抓的"地方諸侯",擁有一批從根據地時期就追隨的老部下。

總體來說,這些革命者雖然具有打天下的軍事才能,但基本上都沒有接受過現代化的民主政治訓練,他們在進行行政管理時更加依賴自己的舊有班底,更加講究個人忠誠。這些問題如果不能得到妥善解決,不僅會對新政權的鞏固產生影響,甚至可能會重新出現軍閥割據的問題。[47]

面對這一情況,雖然新中國已經制定了 1954 年憲法,但當時中國共產黨的領導人並不認為憲法可以獨立擔負起解決上述問題的重任。受限於當時"事實論的憲法觀",憲法更多地被看作一種對革命事實的確認,是階級力量對比關係的體現。在此種情況下,毛澤東基於自身的政治判斷,並參考蘇聯解決民族統合問題的有關經驗,最終選擇將中國共產黨自身打造為國家統合的核心,[48]建立了一種"黨主立憲型國家統合機制"。[49]

該機制包括三項基本內容:其一,將中國共產黨的意識形態提升為國家的"標準"意識形態,並且正式寫入憲法,同時把黨對意識形態工作的領導,看作是關乎國家長治久安、民族團結的一項"極端重要"的政治任務,以此抑制地方分離主義思想的滋生;其二,將黨管幹部原則和嚴格的組織紀律作為中央對地方進行人事控制的主要手段,省級官員由中央直接調配,並定期輪換,避免地方官員長期主政一方而出現"山頭主義"問題;[50]其三,將軍隊的控制權掌握在黨中央手中,地方黨委書記不控制軍權,特別是沒有調動野戰部隊的權力,為維護國家統合提供堅強的後盾。[51]借用當時的政治用語就是"工、農、商、學、兵、政、黨這七個方面,黨是領導一切的,黨要

領導工業、農業、商業、文化教育、軍隊和政府。" [52]

應該指出,在新中國建立初期,上述機制在國家統合方面確實發揮了重要作用,但對於這套機制後來在運行中出現的異化問題也不容迴避。特別是在"文化大革命"期間,從黨"領導"一切,變為黨"管理"一切,最終演化為黨的領導人決定一切,出現了嚴重的個人崇拜、以黨代政、人治代替法治的現象。針對上述情況,在"文化大革命"結束後,中國共產黨在深刻總結歷史經驗和教訓的基礎上,對這套"黨主立憲型國家統合機制"予以了優化升級,強調既要加強,也要改善黨的領導,特別是要注重處理好黨與法的關係,明確提出中國共產黨必須依據憲法治國理政,黨自身也要在憲法的範圍內活動,要善於將黨的意志通過合法途徑轉化為國家意志,將依法治國視為實現國家治理體系和治理能力現代化的必然要求。這就在治理思維上初步實現了從"革命黨"向"執政黨"的轉換。[53]當然,上述針對統合機制的發展,強化了憲法的作用,但並沒有改變"黨主立憲型國家統合機制"的基本內涵,特別是沒有改變中國共產黨在該機制中的軸心作用,應該指出,這是由中國政治體制的本質特徵所決定的。[54]從這一點上看,"黨主立憲型國家統合機制"雖然也強調憲法的地位,但與美國"憲法至上型國家統合原理"相比,還是存在較大差異。

在內地發揮了重要作用的這套"黨主立憲國家統合機制",並不能直接照搬到香港特別行政區實施。原因很簡單,"一國兩制"政策已經明確保證香港不必接受內地的意識形態,在上述統合機制中發揮基軸作用的中國共產黨就無法直接以"執政黨"的身份參與香港治理,而必須借助香港的"愛國愛港力量"。具體而言，由於香港無需接受內地〝標準〞的意識形態，所以香港就不時會湧現出〝不接受共產黨執政合法性〞的政治勢力與輿論宣傳。其次，〝港人治港〞原則使得中央政府不能直接選派內地官員去治理香港，特別是在司法機構方面，中央政府對於法官的選任幾乎沒有影響力。最後，雖然作為國家統合最終保障的駐港部隊掌握在中央手中，但這是一項在〝緊急狀態〞下才能使用的終極統合手段，無法滿足日常管治中大量存在的國家統合需求。

面對這一情況，在回歸初期，中央曾希望通過強調香港回歸的歷史正當性，以及維護香港原有工商業精英階層政治利益的方式來紓解這一統合難題，這些舉措有力地實現了香港的平穩過渡，但從香港回歸後的政治效果看，上述填補機制的局限性也日益顯現。

首先，沒有意識形態支撐的歷史描述是沒有力量的，英國對香港管治的重心不在於〝人口殖民〞，而在於〝思想殖民〞。經過長期、系統性的灌輸，香港實際上已經形成了一套以中國內地為標靶，以西方價值為核心內容的歷史話語體系。這套歷史敘事在沒有體驗過港英殖民統治陰暗面的港人、特別是青年人中具有相當的市場，支撐著他們對英國殖民統治的虛假想象。伴隨著近年來本土意識的興起，竟然呈現出〝回歸一代〞年輕人對國家的認同反而比老一輩更加薄弱的現象[55]。

其次，中央政府對香港工商業精英政治利益的維護，固然有利於保障香港這個世界金融中心的平穩回歸，但過度傾向性的政策，也引發了香港社會貧富差距加大和社會階層固化等棘手問題，招致廣大香港底層民眾與弱勢青年群體的不滿，這在

"自由行"政策上表現得尤為明顯。中央推出"自由行"的本意在於幫助香港渡過亞洲金融危機，加快經濟復蘇。但事實上，收益最大的卻是香港地產集團，廣大香港普通民眾並未因此直接獲益，反倒是"自由行"政策所衍生的"房價升高"、"水客"等問題給他們的日常生活帶來了諸多不便。香港激進勢力借此機會鼓吹所謂的"中港對立"，中央的惠港政策反而淪為他們指責中央政府的話柄。

最後，應該指出，由於"黨主立憲型國家統合機制"無法在香港發揮作用，而以往的填補機制又存在弊端，目前中央政府急需構建出一套適應香港現實情況的國家統合機制。2014年《"一國兩制"在香港特別行政區的實踐》白皮書的發佈表明，中央政府已經意識到了這一問題的重要性與嚴峻性。然而，這套話語不能只停留為政治上的宣示和解說，它需要一個具體可行的機制來加以落實，並且這項機制還必須符合"一國兩制"政策，並能夠與香港崇尚法治的理念相兼容，在此背景下，憲法實施毫無疑問是最優的選擇。

二、香港普選的"區域"特性

關於以憲法實施來解決香港的國家統合問題，第二個質疑在於，目前香港社會仍未對如何實現"雙普選"達成共識，在此種情形下，強化憲法實施機制是否會引發香港社會的無端猜忌，在兩地之間徒增爭議。其實，香港普選的"區域"特性，恰恰需要在推進民主化的同時，從憲制層面兼顧國家統合的問題，否則普選不僅無助於化解香港目前的政治困境，反而會給中央管治香港帶來更大的挑戰。

如果拋開政治成見，回顧香港的民主發展歷程，可以發現中央政府始終不遺餘力地推進香港民主的發展。在當年確定解決香港問題的基本方針政策時，中央原本可以照搬港英政府一百五十餘年的固有實踐，規定行政長官無需選舉，直接由中央政府任命，但卻基於對港人的高度信任，確定了"港人治港"的基本原則。全國人大在制定香港基本法的過程中，還將《中英聯合聲明》並未明確的普選問題寫入基本法第 45 條和 68 條中，確定了在香港最終以實現"雙普選"為目標。

回歸後，中央政府更是為了積極兌現"港人治港"的政治承諾，根據香港的現實情況，多次對香港政改作出決定，在 2007 年明確香港"雙普選"的時間表，[56] 在 2014 年直接對行政長官普選的核心問題作出規定，[57] 為香港民主發展實現歷史性突破創造契機。應該承認，在上述過程中，中央政府對於推進香港民主化展現了極大的政治誠意。因此，有學者認為，中央才是香港最大的民主派。[58]

當然，這種積極的態度並非意味著中央政府對於香港民主的發展，特別是實行"雙普選"沒有任何政治顧慮。客觀地看，這種顧慮主要表現在三個方面：

其一，擔心香港民主化會帶來福利主義，不利於香港精英、特別是工商業階層的利益，從而損害香港安身立命之本——自由資本主義的發展，最終影響香港的繁榮穩定；其二，擔心香港民主的發展，會干擾內地正常推動政治體制改革的步伐，產生溢出效應，這一點在 1989 年"北京政治風波"後表現得尤其明顯；其三，在香港極端本土意識不斷高漲的情況下，擔心香港民主發展走上台灣地區“以民主促獨立”的危險道路，[59]滋生出“港獨”分離勢力，從而危及“一個國家”這一政治前提。

由於前兩點顧慮學界已多有討論，並且與本書主題沒有直接關聯，所以不再詳述。單從第三點看，中央政府對香港民主發展挑戰國家統合的擔憂並非“杞人憂天”，畢竟香港政制改革的最大特點在於，不僅是在一個社會主義國家內部推行的西方式選舉，而且是在全國民主化任務尚未完成的情況下，推動的一次區域性民主實踐。這一過程潛藏著國家分裂的政治風險，對此，南斯拉夫和蘇聯在民主轉型中的歷史教訓值得重視。

南斯拉夫從 20 世紀 90 年代初期開始進行民主化改革，它選擇了自下而上的道路。南斯拉夫在全國尚未推行普選之前，率先在各加盟國推動普選，斯洛文尼亞和克羅地亞先行，值得注意的是，在斯洛文尼亞和克羅地亞的選舉過程中，沒有一個參與普選的政黨將自己定位於“南斯拉夫”政黨，相反所有政黨都以“本地黨”自居。受此影響，選舉的核心議題也都集中於如何進一步擴大本地區的自治權，以及在何種條件下走向獨立。從普選的政治效果看，斯洛文尼亞和克羅地亞區域性普選的推進，不僅沒有解決南斯拉夫中央政府管治正當性問題，反而強化了兩地的本土身份認同，使得這兩個加盟國的人民產生了相對於其他非普選南斯拉夫地區的政治優越感，兩地的離心力進一步加強。這一示範效應迅速蔓延到波黑、馬其頓等加盟國，最終致使南斯拉夫社會主義共和國聯盟瓦解。

蘇聯的情況稍有不同，但基本邏輯類似。蘇聯在 20 世紀 80 年代政治改革之後舉行的第一次民主選舉雖然是全國性的，但其提名程序卻是在各加盟國層面進行的，因而從實質過程來講仍然是區域性的民主選舉。為了使選舉規則更加有利於本地層面候選人的勝出，各加盟國都先後修改了選舉法。毫無疑問，這樣的改動使得各候選人及其背後的政黨發現，只有專注於本地議題才能當選。因此，過去在斯大林以及赫魯曉夫時期被壓制的民族矛盾和文化衝突，成為選舉中的核心議題，蘇聯維護國家統合的根基也因此受到了無可挽回的侵蝕，應該說蘇聯政治體制改革的策略對其最終解體起到了推波助瀾的作用。[60]

對於南斯拉夫和蘇聯在推進地方選舉過程中所面對的國家統合危機，比較政治學領域極負盛名的胡安·林茨教授曾作出如下總結：第一，在全國尚未民主化時推進地方選舉，會致使地方上支持主權獨立的勢力通過選舉宣稱自身比中央政府擁有更強的政治正當性，加劇中央政府的合法性危機；第二，由於民主化率先在地方層面展開，因此所有參與的政黨都必然是"地方性政黨"，全國性政黨的缺失會使地方民主選舉無可避免地成為地方民族分裂勢力"借機上位"的工具；第三，在全國性民主化之前推行地方性選舉，會使本地身份認同從全國身份認同中脫離出來，並在"民族主義"的加持下變得愈發狹窄與封閉，最終消解了"南斯拉夫公民"和"蘇聯公民"的政治意涵，國家分裂也就不可避免了。[61]

對於上述政治風險，中央政府並非沒有防範。之所以在"831政改決定"中選擇了較為保守的方案，之所以反覆強調香港管治團隊必須符合"愛國愛港"的政治標準，目的就在於以政治忠誠完成對政治人物的篩選，祛除香港普選對國家統合的威脅，官方的用語將其描述為"香港推行普選不能危及國家主權、安全與發展利益"[62]。

毫無疑問，中央政府的政改方案顯然是考慮到了國家統合問題，但仍不充分。具體而言該方案仍延續了中央將香港管治重心放在行政長官之上，[63]希望普選產生的行政長官可以利用其民意支持，更好地處理與立法會的關係，將基本法中蘊含的行政主導體制落到實處。但審視香港目前的政治環境，上述目標的實現難度不容小覷，在此背景下，如果仍過分倚重行政長官在"一國兩制"中的"中樞地位"，可能會限制了中央政府在普選方案上回旋的政治空間。

換個角度看，就算香港"泛民主派"最終能夠轉化為"忠誠反對派"，接受中央政府在"8·31"政改決定中設計的普選行政長官候選人提名機制，當選的行政長官是否能夠始終如中央所預期的那樣"愛港愛國"也很難預估。這並非是在質疑候選人的人品與忠誠，而是因為任何政治制度的建立都不能過分倚重"個人政治操守"這一極具主觀性的要素，畢竟普選行政長官在享有民意正當性所帶來力量的同時，也會承受民意的壓力。

具體而言，前述政改方案仍不能排除如下可能：某位候選人雖然在選舉時符合"愛國愛港"的政治標準，但當選後卻政治變臉，成為與中央對抗的行政長官，此時中央無論是否動用"免職權"都將面對十分被動的政治局面。因此，本書認為在香港推進"雙普選"時，為了應對其過程中以及普選實現後所可能出現的政治風險，中央政府應著手在憲制層面建立起一種能夠維護國家統合的常態性機制，憲法實施的作用即在於此。

三、香港複合式憲制結構存在 "離心效應" [64]

對於以憲法實施來解決香港的國家統合問題，最後一個疑問在於，為什麼一定要強調通過國家憲法，而非基本法來實現這一目的，特別是在基本法已經確立成熟實施機制的情況下，再構建國家憲法在香港的實施機制是不是在疊床架屋，專注於完善基本法實施機制不是更好嗎？

對此問題的回答需要回到香港憲制結構的特點上。其實，為了解決 "一國兩制" 政策之下，憲法在香港實施不能直接照搬內地模式的問題，全國人大專門制定了作為 "憲法性特別法" 的基本法，使二者共同構成香港的憲制基礎，如此，香港便形成了一種複合式的憲制結構。[65] 應指出，複合式憲制結構固然降低了香港的回歸成本，然而進入日常政治階段後，這一憲制結構所蘊含的 "離心效應" 也同時提升了香港的管治成本。[66] 在此背景下，基本法透過司法審查實踐不斷呈現出的 "憲法化" 趨勢，更是進一步激活了上述 "離心性" 基因，致使香港憲制結構處於失衡狀態。對於上述 "香港複合式憲制結構離心效應" 的特點與危害，可以分別從 "央地關係" 與 "人權保障" 兩個角度加以解析。

（一）從央地關係看香港複合式憲制結構的 "離心效應"

梳理香港回歸後產生的社會爭議，從 "23 條國安立法" 到推動 "雙普選"，從 "違法佔中" 到 "香港極端本土思潮的興起"，說到底，無一不與中央政府對香港的管治權密切相關。可以說，如何在 "一國兩制" 的原則下妥善地處理中央與香港之間的關係是目前香港政治問題的核心，也是一道"執政黨在新形勢下治國理政必須面對的嶄新和重大課題"。[67] 從回歸後的實踐可以看出，中央政府為處理好這一問題付出了巨大努力，效果也十分明顯，但同時也存在進一步提升的空間。對此，如果從憲法工程學的角度觀察，這對關係之所以很難處理，與香港複合式憲制結構的"離心效應"密切相關。

具體而言，如果從"國家法秩序觀"的角度看，在一個正常的憲制結構內部，其各種規範並非是隨意組織起來的，而是會形成金字塔形態，[68] 在這套規範結構背後，實際上對應著層級分明的政治權力結構，上下級規範之間的服從關係，同時也彰顯著不同政治權力之間的隸屬關係。如果能夠通過適當的機制，保證規範的外在形式以及內在價值都與該規範體系的頂點——憲法保持統一，則不僅意味著金字塔型法體系的統一可以實現，而且意味著規範體系背後政治權力之間的隸屬關係也將得到明確。[69] 此時，憲制結構就會體現出其"向心效應"。相反，如果一套憲制秩序中存在兩部憲法性文件，在法規範效力上具有多重判準，則不僅無助於一國金字塔型憲制結構的建立，而且也會對規範背後不同層級的政治權力關係產生負面作用。[70] 在此種情況下，憲制結構就會呈現出"離心效應"。

以此反觀香港，1997 年的回歸意味著香港法律秩序根本規範的一次轉移，亦即凱爾森意義上的一次法律革命——香港法律體系的根本規範從肯定英國憲制秩序有效的規定，轉變為肯定中國憲制秩序有效的規定。[71] 用哈特的用語，也可將其描述為"終極承認規則的變動"。[72]

若仔細觀察可以發現，這次根本規範的變動並非簡單的替代，它至少具有兩點特殊性：

第一，香港回歸前後根本規範的變動不是由國家憲法獨自完成的，而是與基本法一道完成的。為了使基本法能夠擔負起這一使命，全國人大在制定香港基本法時，特別在原有中國法律位階體系外，增加了一種全新的法律位階——憲法性特別法。"憲法性特別法" 不是 "憲法的特別法"，[73] 因為它的特殊性不是針對憲法，而是針對其他全國人大立法而言的。[74]

香港基本法的地位仍在憲法之下，但是它所具有的 "憲法性"，使其有別於過去法理學界通常所討論的 "特別法"，這一點尤其表現在 "新法" 與 "特別法" 的關係上。具體而言，基本法不僅優於其實施前制定的其他全國人大立法，更為關鍵是，這種優先性也及於基本法實施後制定的全國人大立法之上，這意味著全國人大在制定基本法時限制了未來人大對此問題的立法權。[75] 這一事實致使香港法體系呈現出一種十分複雜的形態，香港基本法的效力雖然可以回溯到憲法，但香港本地普通立法卻不以 "是否符合憲法" 為效力判準。實際上，在調整同樣的法律關係上，香港本地立法與依據憲法制定的全國人大相關立法在規範內容上存在顯著差異。

第二，此次根本規範的變動，並未影響普通法繼續作為香港的法律淵源，甚至允許香港法院在審理案件時參考其他普通法地區的判例。這使得基本法在內在價值的輸入上具有雙向開口，一邊對著國家憲法，一邊對著普通法系地區的判例，再加上外籍法官和終審權的規定，使得香港憲制結構的內在價值異常複雜。這種複雜性所導致的衝突，在關於 "人大釋法" 的爭論中已經初見端倪。[76]

受此影響，這套規範體系背後的政治權力隸屬關係也顯然無法呈現出金字塔型的常態結構，這便是香港憲制結構先天就具有"離心基因"的根源所在。

當然，回歸後，如果能夠針對香港憲制結構的特點，通過憲法實施等方式對上述"離心基因"加以干預，香港憲制結構的"離心效應"也完全可能被抑制而不體現出來。然而遺憾的是，在回歸後的一段時間內，憲法在香港處於"半隱身狀態"，與之相比，基本法卻在香港法院司法能動主義的大力推動下，日漸呈現出"憲法化"的趨勢。受此連帶影響，香港基本法是"香港憲法"，中國憲法是"內地憲法"，兩者"二元並立"的錯誤認識也在香港社會中被進一步強化。應該指出，正是在香港法院這種"後天努力"下，香港複合式憲制結構中的"離心基因"被激活並得以放大，致使其"離心效應"愈發嚴重。

（二）從人權保障看香港複合式憲制結構的"離心效應"

一套憲制秩序為什麼要具有保障人權的功能？除卻"天賦人權"的理念外，對人權的保障也為憲制秩序的建立，及其後續有效運行提供了必不可少的正當性基礎。在"一元憲制結構"的背景下，這種透過保障人權強化憲制結構正當性的理論在邏輯上是十分清楚的。然而，當將其套用到香港身上時，複雜性在於，香港存在一個複合式的憲制結構，國家憲法和基本法共同構成其憲制基礎，在這個背景下，由誰來完成港人基本權利保障的任務就存在疑問。從基本法起草過程中的討論看，起草委員會中相當比例的成員都認同"港人的基本權利由基本法予以保護"，究其原因，主要與兩方面的因素相關。

第一，主權與人權關係的主觀認知。在相當長的時間，學界在討論香港憲制結構的內涵上，存在一個將主權與人權分割的觀點，即認為憲法主要處理涉及香港主權的問題，而香港日常法律體系的建構，包括港人基本權利的保障都應通過基本法來加以處理。[77] 這裏看似"合理的分工"實則潛藏著對主權與人權關係的片面認識。具體而言，關於香港主權問題的討論包括國際法和國內法兩個層面，前者的核心在於解釋為什麼中國而非英國擁有香港的主權，所訴諸的主要是"三個不平等條約"的無效性，此時的主權確實可以和人權分別加以討論。然而在香港回歸完成後，關於香港主權問題的討論就進入到了國內法的層面，其核心演變為中央管治香港的合法性與正當性，此時憲法對人權的保障是構建並延續中央管治香港正當性的重要基礎，拋開人權單論主權，會使討論失去根基。

第二，憲法規範的客觀內容。除了主觀認知外，基本法起草時所面對的憲法規範條文也是形成上述觀念的重要原因。香港基本法是在 1985 至 1990 期間完成起草工作的，受限於時空背景，當時的憲法文本（1988 年憲法文本）中還未確立中國特色社會主義理論、沒有承認市場經濟的地位、沒有明確"人權保障"與"法治國家"的基本原則、對如何保護非公有制經濟以及公民私有財產也還在不斷探索過程中。這種情況的客觀存在，也使得當時以社會主義憲法來保護資本主義制度下的香港人權存在一定的文本障礙。

基於此，起草委員會最終在基本法第 11 條中明確規定"有關保障居民基本權利和自由的制度……均以本法的規定為依據"，學界此後也相應地形成了"憲法無法也無需保障港人基本權利”的理論通說。[78] 受其影響，香港回歸後，全國人大及其常委會針對香港問題實施憲法的過程中，也儘量避免對香港居民基本權利問題作出判斷。與之相較，香港法院在行使司法審查權時，則透過大量援引外國憲法與國際人權法，在事實上建立了一套以基本法為核心的人權保障體系，並且這套體系儼然成為了港人引以為傲的本土身份特徵。[79]

這一背景下，人權保障對憲制秩序正當性的證成功能，只能片面地集中在香港憲制結構的一端，即局限於基本法所凸顯的本地層面，而無法拓展至香港憲制結構的整體之上，換句話說，個人權利只能通過基本法加以保障的香港居民，自然將憲法視為與己無關的“內地憲法”，而這種“疏離感”也相應地傳導到了憲法身後的中央權力之上，香港社會之所以始終對中央政府在港行使全面管治權存在不適應的心理，原因即在於此。

正是為了扭轉上述趨勢，避免“離心效應”所誘發的政治實踐破壞“一國兩制”存續的前提，這裏需要特別強調，憲法實施與基本法實施在香港不可偏廢，特別是在基本法實施機制日漸完善的情況下，更應該完善憲法在香港實施的相應路徑，使“作為憲制基礎的憲法”能夠真實地嵌入到香港憲制結構之中，並通過與基本法的良性互動，實現香港複合式憲制結構從“失衡”到“再平衡”的轉軌。

———————— • ————————

　　考慮到學界可能會對構建憲法在香港實施機制的學理價值產生質疑，本章選擇將憲法實施放在國家統合的視域中予以理論提升。首先，對皇權時代中國的國家統合機制進行了歷史性回顧。皇權時代的中國在"天下一國家觀"的影響下，形成了一套以"大一統論"、"名分秩序論"與"畿服論"為主要內容的統合機制。客觀地看，"天下型國家統合原理"全面反映了中國傳統政治哲學的精髓，可以說在相當長的時期內，不遜於甚至優於歷史同期世界其他地區的國家統合機制，中國作為一個統一的多民族國家的格局也由此底定。

　　然而到了晚清，面對"三千年未有之大變局"，在中華文明受到歐洲文明全面衝擊的大背景下，這套傳統的國家統合原理自然也不可能獨善其身，最終隨著清王朝的覆滅走向了歷史的終點。雖然其中的某些思想至今還深刻地影響著中國人的國家觀念，但它作為一套獨立運作的機制已經失去了存在基礎。

　　其次，以美國為樣本，從比較的意義上考察了美國通過憲法實施實現國家統合的實踐。通過對美國制憲史的回顧可以看出，《邦聯條例》對國家統合能力的不足，是美國制定《聯邦憲法》的重要動因。更為關鍵的是，美國並未讓國家統合的理念只停留在憲法文本之中，而是通過憲法實施機制使之付諸實踐。從馬歇爾法院在"馬丁訴亨特的承租人"、"麥卡洛克訴馬里蘭州"等案件中對憲法條文的聯邦主義解讀，到沃倫法院在"布朗案"中對吸收理論的運用，都可以看出聯邦最高法院通過憲法實施統合國家，始終是美國憲政發展的一個核心命題。這一點也可以在對美國憲法審查的數據統計中得到佐證。

對比上述兩種統合原理可以發現，它們之間的區別與政治正當性理念的變遷密切相關。完成理論鋪墊後，本章最後指出之所以用通過憲法實施，而非其他機制統合香港，是由香港管治問題的三點特殊性所決定的：

其一，在"一國兩制"背景下，伴隨著中國共產黨在香港的"隱身"，在內地行之有效的"黨主立憲國家統合機制"在香港無法運行，而目前的填補機制又存在諸多弊端。

其二，香港政制改革的最大特點在於，它是在一個社會主義國家內部的資本主義地區，所推行的一次區域性民主實踐。南斯拉夫和蘇聯的歷史教訓告誡我們，這一過程潛藏著國家分裂的政治風險，中央理應在推進香港民主化的同時，在憲制層面構建起能夠有效維護國家統合的常態機制。

其三，香港複合式憲制結構存在"離心效應"，無視憲法，單方面抬高基本法的地位，會致使香港憲制結構進一步失衡，對國家統合產生負面作用。由是觀之，綜合"一國兩制"的特殊性、立憲主義的基本理念以及實現香港良好管治的根本目標，本書認為中央通過憲法實施來突破"國家統合的香港困境"是可行且最優的選擇。

1. 需要特別說明的是，目前 "國家統合" 這一概念在學界具有多重含義，分別為不同學科使用。第一，憲法學界即本書所言的 "國家統合"，指的是將國家有效整合起來，避免分離或分裂發生的一種政治狀態，對應的英文大致是 State Integration，此概念最早由林來梵教授引入憲法學研究中，目前內地學者研究的仍然不多。參見林來梵：《憲法學講義》（第二版），北京：法律出版社 2015 年版，第 181-186 頁。第二，管理學界主要從法團主義的角度使用這一概念，稱為統合主義或國家統合主義，是對 Corporatism 的翻譯。參見張漢：〈統合主義與中國國家—社會關係研究——理論視野、經驗觀察與政治選擇〉，《人文雜誌》2014 年第 1 期，第 110-114 頁。第三，勞動關係學界在描述勞資關係的處理模式時有所謂國家統合模式、經營者統合模式和社會統合模式的區分。國家統合模式是指，由國家制定具有主導地位的勞資政策，在日常的勞資關係中國家扮演關鍵角色，通過強有力的措施對勞資雙方的組織進行干預。參見潘泰萍：〈"國家統合" 模式下我國集體協商推行效果的實證分析〉，《中國勞動關係學院學報》2013 年第 5 期，第 6 頁。請注意，後兩種概念與本書的論述沒有關聯。

2. 政治學者似乎對此問題持寬鬆的立場，福山就在討論國家建構問題時，指出中國的國家形態不僅出現得早，而且比其他地方都更加先進，他認為中國國家鞏固發生在其他社會力量建制化之前，因此任何建制化的勢力都無法制衡這個強大並早熟的國家，這是中國與歐洲最大的不同。〔美〕弗朗西斯·福山著，毛俊傑譯：《政治秩序的起源——從前人類時代到法國大革命》，桂林：廣西師範大學出版社 2014 年版，第 89 頁。

3. 該命題是由日本學者矢野仁一在 1923 年出版的著作《近代支那論》中提出的，在當時的日本歷史學界具有相當的認同度。〔日〕矢野仁一：《近代支那論》，弘文堂書房 1923 年版，轉引自葛兆光：《宅茲中國：重建有關 "中國" 的歷史論述》，北京：中華書局 2011 年版，第 10 頁。

4. "且我中國疇昔，豈嘗有國家哉？不過有朝廷耳。" 參見梁啟超：〈少年中國說〉，載《梁啟超文集》，北京：北京燕山出版社 1997 年版，第 78 頁。

5. 參見梁漱溟：《中國文化要義》，上海：上海人民出版社 2005 年版，第 140-146 頁。

6. 參見葛兆光：《宅茲中國：重建有關 "中國" 的歷史論述》，北京：中華書局 2011 年版，第 1-33 頁。

7.　參見王珂：《中國，從天下到民族國家》，台北：政大出版社 2014 年版，第 24-26 頁。

8.　參見〔日〕渡辺信一郎著，徐沖譯：《中國古代的王權與天下秩序——從日中比較史的視角出發》，北京：中華書局 2008 年版，第 64-65 頁。

9.　參見張啟雄：〈中華世界秩序原理〉，載張憲文、張玉法主編：《中華民國專題史第十三卷：邊疆與少數民族》，南京：南京大學出版社 2015 年版，第 46-47 頁；張啟雄：〈東西國際秩序原理的差異——"宗藩體系" 對 "殖民體系"〉，《中央研究院近代史研究所集刊（台灣）》2013 年第 79 期，第 56-66 頁。

10.　在研究此問題的過程中，本人導師王振民教授給了我很大啟發，對於該問題王振民教授也曾在專著中簡略提及，參見王振民：《中央與特別行政區關係——一種法治結構的解析》，北京：清華大學出版社 2002 年版，第 378-382 頁。

11.　當然史學界對於上述文字的含義，也有不同看法，認為儒家講的 "大一統" 與疆域統一沒有直接關係，本書限於主題，不再細究，不同意見可參見姚中秋：〈"大一統" 理念辨析〉，《學海》2008 年第 6 期，第 25-31 頁。

12.　關於 "大一統" 觀念主要參考劉正寅：〈"大一統" 思想與中國古代疆域的形成〉，《中國邊疆史地研究》2010 年第 2 期，第 13-17 頁；張子俠：〈"大一統" 思想的萌生及其發展〉，《學習與探索》2007 年第 4 期，第 210-213 頁；李曉宇：〈"大一統"觀念的起源及其流變〉，《學海》2008 年第 6 期，第 38-43 頁。

13.　關於 "名分秩序論" 主要參考，張啟雄：〈中華世界秩序原理的源起：近代中國外交紛爭中的古典文化價值〉，載吳建礜、李玉主編：《東亞的價值》，北京：北京大學出版社 2010 年版，第 129-130 頁；張啟雄：《外蒙主權歸屬交涉（1911-1916）》，台北：中央研究院近代史研究所 1995 年版，第 12-14 頁；張啟雄：〈中華世界秩序原理〉，載張憲文、張玉法主編：《中華民國專題史第十三卷：邊疆與少數民族》，南京：南京大學出版社 2015 年版，第 46-47 頁。

14.　根據歷史界的研究，"五服制" 在很大程序上只是一種古代學者的想像，很難說它是否真正成為過一種正式的政治制度。不過 "內服" 與 "外服" 的區分還是真實存在並被制度化的，成為中國早期國家政治構造的一個顯著特徵。所謂 "內服" 指的是王朝的直轄領土，而 "外服" 指的是環伺四周的半獨立或獨立的諸侯國。參見王珂：《中國，從天下到民族國家》，台北：政大出版社 2014 年版，第 11-17 頁。

15. 關於"畿服論"，主要參考彭豐文：《兩晉時期國家認同研究》，北京：民族出版社 2009 年版，第 21-26 頁。

16. 據學者研究，皇權時代中國的央地關係分為三種模式：分割式地方分權，極端的中央集權和分寄式中央集權。所謂分寄式中央集權是指，中央政府以"命令授權"形式，將部分權力交與某種高層督政機構代為行使，該機構僅從中央領受部分權力，代中央行事，卻不能將治權獨立化。督政機構兼有朝廷派出和地方官府的兩重身份，元明清是典型的分寄式中央集權。參見李治安主編：《中國五千年中央與地方關係》（上卷），北京：人民出版社 2010 年版，第 5-6 頁。

17. 參見蕭金松：《清代駐藏大臣》，台北：蒙藏委員會出版所 1996 年版，第 6-7 頁。

18. 正當性的客觀性與主觀性區分參見郭敬東：〈身體思維與中國早期國家觀的形成〉，《天府新論》2013 年第 6 期，第 18 頁。

19. 這個觀點受到張中秋教授提出的"傳統中國的家國一體國家觀"的啟發，參見張中秋：〈傳統中國國家觀新探——兼及對當代中國政治法律的意義〉，《法學》2014 年第 5 期，第 35-37 頁。

20. 本小節的寫作思路受到田雷老師〈論美國的縱向司法審查〉一文以及與他在新浪微博（"田雷_雅理"）私信交流的啟發。

21. 在美國聯邦憲法制定之前，1776 年，弗吉尼亞、新澤西、特拉華、賓夕法尼亞、馬里蘭、北卡羅來納、康涅狄格和羅德島擁有了州憲法。1777-1778，佐治亞、紐約和南卡羅來納擁有了州憲法，1780 年馬薩諸塞州憲法生效。

22. 當然對於《邦聯條例》算不算一部憲法，學界並非沒有爭議，有學者就認為《邦聯條例》只是一部同盟條約，因為它所規定的主權基礎在各州，而非中央。參見王希：《原則與妥協——美國憲法的精神與實踐》（增訂版），北京：北京大學出版社 2014 年版，第 71 頁。

23. 關於美國制憲會議召開的背景，參見〔美〕馬克斯·法侖德著，董成美譯：《設計憲法》，上海：上海三聯書店 2006 年版，第 1-6 頁。

24. 參見〔美〕約瑟夫·斯托里著，毛國權譯：《美國憲法評注》，上海：上海三聯書店 2006 年版，第 105-114 頁。

25. 參見王希：《原則與妥協——美國憲法的精神與實踐》（增訂版），北京：北京大學出版社 2014 年版，第 75-77 頁。

26. 弗吉尼亞方案是由弗吉尼亞州長倫道夫提出的，但實際的起草人是麥迪遜。

弗吉尼亞方案的具體內容參見〔美〕麥迪遜著，尹宣譯：《辯論：美國制憲會議記錄》，瀋陽：遼寧教育出版社 2003 年版，第 15-20 頁。

27. 參見〔美〕拉里‧克雷默著，田雷譯：《人民自己：人民憲政主義與司法審查》，南京：譯林出版社 2010 年版，第 99-106 頁。

28. 參見王希：《原則與妥協——美國憲法的精神與實踐》（增訂版），北京：北京大學出版社 2014 年版，第 81-89、104-106 頁。

29. "反聯邦黨人" 的核心觀點是，新憲法賦予聯邦政府的權力過大，這不僅將吞噬各州的權利，而且會形成專制，因此他們認為美國還是應該遵循小國聯盟的方式，並且指出聯邦政府的權威不能直接施加於個人身上，而只能通過各州政府實施。對此《聯邦黨人文集》第九篇和第三十九篇進行了旗幟鮮明地反駁。雙方討論的原始文獻參見姜峰、畢競悅編譯：《聯邦黨人與反聯邦黨人——在憲法批准中的辯論（1787-1788）》，北京：中國政法大學出版社 2012 年版，第 2-45 頁。

30. *Chisholm v. Georgia*, 2 U.S.419 (1793). 本案的案情和分析主要參見〔美〕琳達‧格林豪斯著，何帆譯：《美國最高法院通識讀本》，南京：譯林出版社 2013 年版，第 11 頁注釋 1；王希：《原則與妥協——美國憲法的精神與實踐》（增訂版），北京：北京大學出版社 2014 年版，第 162-163 頁。

31. 值得注意的是，對於州公民是否能夠在聯邦層面起訴本州政府，在美國最高法院的判決中還存在爭論，目前傾向於持否定說。對這一爭論的過程，參見任東來、胡曉進、白雪峰、翟豔芳：《在憲政舞台上——美國最高法院的歷史軌跡》，北京：中國法制出版社 2006 年版，第 437-441 頁。

32. 該數據來自〔美〕戴維‧M‧奧布萊恩著，胡曉進譯：《風暴眼：美國政治中的最高法院》，上海：上海人民出版社 2010 年版，第 24 頁。

33. G. Edward White, *The Marshall Court and Cultural Change, 1815-1835* (Oxford: Oxford University Press, 1991). 轉引自田雷：〈論美國的縱向司法審查：以憲政政制、文本與學說為中心的考察〉，《中外法學》2011 年第 5 期，第 980 頁。

34. *Martin v. Hunter's Lessee*, 14 U.S. 304 (1816). 該判決的中文版，主要參考張千帆：《美國聯邦憲法》，北京：法律出版社 2011 年版，第 20-22 頁；〔美〕斯坦利‧I‧庫特勒編著，朱曾汶、林錚譯：《最高法院與憲法——美國憲法史上重要判例選讀》，北京：商務印書館 2006 年版，第 36-40 頁。

35. "國會有權為執行上述權力，及憲法賦予聯邦政府或其部門官員的所有其它權力，制定所有必要與合適的法律。"

36. *McCulloch v. State of Maryland*, 17 U.S. [4 Wheat] 316 (1819). 該判決的中文版，主要參考張千帆：《美國聯邦憲法》，北京：法律出版社 2011 年版，第 97-102 頁；〔美〕斯坦利·I·庫特勒編著，朱曾汶、林錚譯：《最高法院與憲法——美國憲法史上重要判例選讀》，北京：商務印書館 2006 年版，第 49-58 頁。對於該案的分析，主要參考〔美〕克米特·霍爾主編：《牛津美國聯邦最高法院指南》（第二版），北京：北京大學出版社 2009 年版，第 579-581 頁；強世功：〈聯邦主權與州主權的迷思——麥卡洛克訴馬里蘭州案中的政治修辭及其法律陷阱〉，《中國法學》2006 年第 4 期，第 52-61 頁。

37. 〔美〕阿奇博爾特·考克斯著，田雷譯：《法院與憲法》，北京：北京大學出版社 2005 年版，第 80-85 頁。

38. 廢止理論的主要內容有：第一，州有權廢止那些侵害他們權力、權利和自由的聯邦法律；第二，憲法是一個契約，它的簽訂是由擁有主權的州同意的，中央政府不過是各主權州的代理人，而州沒有將主權交個聯邦政府；第三，如果州的利益遭到聯邦侵犯，該州有權退出聯邦。參見〔美〕約翰·C·卡爾霍恩著，林國榮譯：《卡爾霍恩文集》（下）（演說集），桂林：廣西師範大學出版社 2015 年版，第 576-615 頁。

39. 參見〔美〕勞倫斯·卻伯著，田雷譯：《看不見的憲法》，北京：法律出版社 2011 年版，第 30 頁。

40. 關於“吸收理論”的演變，參見〔美〕阿蘭·艾德斯、克里斯托弗·梅著，項炎譯：《美國憲法：個人權利案例與解析》，北京：商務印書館 2014 年版，第 10-15 頁。

41. 參見田雷：〈論美國的縱向司法審查：以憲政政制、文本與學說為中心的考察〉，《中外法學》2011 年第 5 期，第 983-987 頁；王希：《原則與妥協——美國憲法的精神與實踐》（增訂版），北京：北京大學出版社 2014 年版，第 278-281 頁。

42. 〔美〕伯納德·施瓦茨著，畢洪海、柯翀、石明磊譯：《美國最高法院史》，北京：中國政法大學出版社 2005 年版，第 46 頁。

43. 該表中 1803-2004 年的數據，參見〔美〕戴維·M·奧布萊恩著，胡曉進譯：《風暴眼：美國政治中的最高法院》，上海：上海人民出版社 2010 年版，第 24-25 頁。2004-2008 年的補充數據，參見該書的英文新版：David Brien, *Storm Center: The Supreme Court in American Politics* (Norton & Company, 2008), p. 31. 轉引自田雷：〈論美國的縱向司法審查：以憲政政制、文本與學說為中心的考察〉，《中外法學》2011 年第 5 期，第 991 頁。

國家憲法在香港實施問題研究

44. 參見周濂：《現代政治的正當性基礎》，北京：生活‧讀書‧新知三聯書店 2008 年版，第 12 頁。

45. 參見〔法〕盧梭著，何兆武譯：《社會契約論》，北京：商務印書館 2003 年版，第 9 頁。

46. 參見張鳳陽等著：《政治哲學關鍵詞》，南京：江蘇人民出版社 2006 年版，第 328-329 頁。

47. 關於中國革命所具有的農民革命性質及其對國家統合的影響，參見蘇力：〈當代中國的中央與地方分權——重讀毛澤東《論十大關係》第五節〉，《中國社會科學》2004 年第 2 期，第 45 頁。

48. 蘇聯在解決本國民族的統合問題時，選擇以共產主義政黨替代以前的神聖國王，通過超民族的社會主義意識形態整合不同的民族。

49. 這個概念的提出受到劉大生教授研究的啟發，參見劉大生：〈黨主立憲：是什麼，不是什麼〉，《江蘇警官學院學報》2008 年第 1 期，第 25-31 頁。

50. 關於黨管幹部原則對國家統合的影響，參見強世功：〈國家憲法中的不成文憲法——理解國家憲法的新視角〉，《開放時代》2009 年第 12 期，第 28-29 頁。

51. 以上概括也參考了林來梵教授關於中國國家統合原理的觀點，他將該原理的特徵總結為九點：第一，以憲法作為國家統合的象徵；第二，國體制度上強調黨的領導；第三，實行民主集中制；第四，實行人民代表大會制度；第五，實行黨領導的軍隊國家化；第六，實行共產黨領導的多黨合作制；第七，實行單一制國家結構；第八，採取主導性的國家意識形態；第九，確立國旗、國歌、國徽。參見林來梵：《憲法學講義》（第二版），北京：法律出版社 2015 年版，第 184-185 頁。

52. 薄一波：《若干重大決策與事件的回顧》，北京：中共中央黨校出版社 1991 年版，第 489 頁。

53. 關於黨與法關係的官方表述參見，〈法治興衰的核心問題——怎樣理解黨和法治的關係〉，資料來源於：http://theory.people.com.cn/n/2015/0204/c40531-26504432.html（最後訪問時間：2019 年 1 月 10 日）。

54. 無論是習近平在憲法頒佈三十周年紀念活動上的講話，還是在關於全面推進依法治國決定中，都明確指出實施依法治國，必須堅持中國共產黨領導這一政治原則，認為這是社會主義法治建設的基本經驗以及根本保障。參見習近平：〈在首都各界紀念現行憲法公佈實施三十周年大會上的講話〉，《人民日報》2012 年 12 月 5 日，第 2 版；〈中共中央關於全面推進依法治國若干重大問題的決定〉，《人民日報》2014 年 10 月 29 日，第 1 版。

55. 對此判斷的數據支撐，參見 1997 年 8 月到 2020 年 6 月香港身份類別認同調查，香港民意研究所，資料來源於：https://www.pori.hk/category/pop-poll/ethnic-identity（最後訪問時間：2020 年 12 月 31 日）。

56. 2007 年 12 月 29 日《全國人民代表大會常務委員會關於香港特別行政區 2012 年行政長官和立法會產生辦法及有關普選問題的決定》中明確規定 "2017 年香港特別行政區第五任行政長官的選舉可以實行由普選產生的辦法；在行政長官由普選產生以後，香港特別行政區立法會的選舉可以實行全部議員由普選產生的辦法。"

57. 2014 年 8 月 31 日《全國人大常委會關於香港特別行政區行政長官普選問題和 2016 年立法會產生辦法的決定》。

58. 參見強世功：〈為什麼說中央是香港最大的民主派〉，求是網，資料來源於：http://www.qstheory.cn/politics/2014-10/13/c_1112801963.htm（最後訪問時間：2019 年 12 月 30 日）。

59. 參見祝捷：〈"民主獨立" 的台灣故事與香港前路〉，《港澳研究》2015 年第 2 期，第 29-37 頁。

60. 對於蘇聯和南斯拉夫在民主轉型中的歷史教訓，參見劉晗：〈區域普選進程中的國家統合：轉型國家的比較研究〉，《環球法律評論》2015 年第 6 期，第 62-64 頁。

61. 參見〔美〕胡安·林茨、阿爾弗萊德·斯泰潘著，孫龍等譯：《民主轉型與鞏固的問題——南歐、南美和後共產主義歐洲》，杭州：浙江人民出版社 2008 年版，第 396-402 頁。

62. 〈香港政改與國家安全〉，新華網，資料來源於：http://news.xinhuanet.com/gangao/2014-06/04/c_126597225.htm（最後訪問時間：2019 年 12 月 28 日）。

63. 對此田飛龍教授認為，"中央管治香港問題上，過分偏重行政控制，相對弱化立法控制，基本放棄司法主權，這是回歸以來香港若干次 '憲法危機' 的最終制度根源，也是普選爭議過程中，中央 '苦守' 特首忠誠與行政主導底線的背景理由。" 田飛龍：《香港政改觀察：從民主與法治的視角》，香港：商務印書館（香港）有限公司 2015 年版，第 34-36 頁。

64. 本節的主要內容已經公開發表，參見孫成：〈香港複合式憲制結構研究〉，江漢大學學報（社會科學版）2019 年第 3 期，第 25-35 頁。

65. 關於香港的這種複合式憲制結構，其實在回歸前香港著名法理學者 Raymond Wacks 就有關注，他提出一個疑問，一個國家能夠具有兩個 "根本規範" 嗎？他較為悲觀地認為，無論是凱爾森還是哈特的法實證主義理論，都無法解釋香港憲制轉軌的問題。See Raymond Wacks, "One Country, Two Grundnormen? The Basic Law and the Basic Norm", in Raymond Wacks (ed.), *Hong Kong, China and 1997 Essays in Legal Theory* (Hong Kong: Hong Kong University Press, 1993), pp. 151-183.

66. 憲制結構的離心效應並非是由本人杜撰的一個概念，而是受到包剛升博士所著的《民主崩潰的政治學》一書的啟發，該書在論證為何有些民主政體會崩潰的問題上，提出了"離心型政體"的概念，並從"中央與地方的關係"、"選舉制度"以及"行政與立法關係"三個角度對"離心型政體"的特徵進行了分析。在閱讀中，本人依照其邏輯進行推演，認為憲制結構也應存在"離心型"與"向心型"之分。參見包剛升：《民主崩潰的政治學》，北京：商務印書館 2015 年版，第 107-148 頁。

67. 2004 年 9 月 19 日中國共產黨第十六屆中央委員會第四次全體會議公報中指出，"保持香港、澳門長期繁榮穩定是黨在新形勢下治國理政面臨的嶄新課題。" 2007 年 10 月 15 日中國共產黨第十七次全國代表大會上的報告中指出，"保持香港、澳門長期繁榮穩定是黨在新形勢下治國理政面臨的重大課題。"中國共產黨歷次全國代表大會數據庫，資料來源於：http://cpc.people.com.cn/GB/64162/64168/351850/index.html（最後訪問時間：2019 年 9 月 15 日）。

68. 不僅單一制國家如此，聯邦制國家亦然。美國聯邦憲法第 6 條規定："本憲法、依據本憲法所制定的聯邦法律，以及合眾國已經締結及將要締結的一切條約，皆為全國的最高法律，如若任何州層面的憲法或法律與上述聯邦層面的法律相違背，各州法官均應以聯邦憲法和法律的規定為準。"德國聯邦基本法第 31 條規定："聯邦法優於州法。"

69.〔奧〕凱爾森著，沈宗靈譯：《法與國家一般理論》，北京：商務印書館 2013 年版，第 193-194 頁；〔德〕齊佩利烏斯著，趙宏譯：《德國國家學》，北京：法律出版社 2011 年版，第 42-44 頁。

70.〔德〕康拉德·黑塞著，李輝譯：《聯邦德國憲法綱要》，北京：商務印書館 2008 年版，第 8-17 頁。

71. 參見陳弘毅：《一國兩制下香港的法治探索》，香港：中華書局（香港）有限公司 2010 年版，第 8 頁。

72. 參見〔英〕哈特著，許家馨、李冠宜譯：《法律的概念》（第二版），北京：法律出版社 2013 年版，第 109-111 頁。

73. "憲法的特別法"是內地學者李琦教授提出的概念，本書對此並不認同。參見

74. 筆者注意到香港學者梁美芬也認為香港基本法是全國性法律層面的特別法。
參見梁美芬：《香港基本法：從理論到實踐》，北京：法律出版社 2015 年版，
第 6、10 頁。

75. 有學者將這種現象描述為 "香港基本法的自足性"，See Yash Ghai: "Litigating
the Basic Law: Jurisdiction, Interpretation and Procedure", in Johannes M.
M. Chan, Yash Ghai, *Hong Kong's Constitutional Debate: Conflict over
Interpretation* (Hong Kong: Hong Kong University Press, 2000), pp. 44-45. 最
近也有內地學者實施了這一概念，參見黃明濤：〈論《香港特別行政區基本法》
的自足性——對基本法第 11 條第 1 款的一種解讀〉，《學習與探索》2015 年
第 1 期，第 68 頁。本書認為這種描述並不嚴謹，畢竟在基本法之上還存在國
家憲法，強調基本法的自足會加深部分港人將基本法看做香港憲法的誤解。

76. 對於基本法的解釋機制，學界先後提出過 "雙軌制"、"二元制" 或者 "一元
雙重解釋制" 等多種描述。參見程潔：〈論雙軌政治下的香港司法權——憲
政維度下的再思考〉，《中國法學》2006 年第 5 期，第 48 頁；李昌道：〈香
港基本法解釋機制探析〉，《復旦學報》（社會科學版）2008 年第 3 期，第 63
頁；鄒平學：〈香港基本法解釋機制特徵芻議〉，《法學》2009 年第 5 期，第
119-123 頁。

77. 參見蕭蔚雲：《論香港基本法》，北京：北京大學出版社 2003 年版，第 50 頁。

78. 如許崇德教授認為，憲法中關於公民基本權利的規定受限於 "一國兩制" 政
策，不能直接適用於特別行政區。目前這一觀點雖然仍處於通說地位，但是
隨著憲法理念的發展也有所鬆動，比如在《"一國兩制" 在香港特別行政區
的實踐（白皮書）》中就提出 "憲法和基本法從憲制層面確保了香港居民的
基本權利和自由"。參見許崇德主編：《港澳基本法教程》，北京：中國人民
大學出版社 1994 年版，第 288 頁。

79. 李薇薇：〈香港法院基本法案件裁判依據的國際化〉，《政法論壇》2015 年第
2 期，第 129-140 頁。

第七章

結論

做學問的根本不在於解決實踐中的問題，那是做學問的副產品。學術研究的目的在於解決內心的疑問。基於這一觀念，本書在香港政改爭拗愈演愈烈、社會運動此起彼伏的大背景下，沒有選擇一些"針對性強、實踐意義大"的"題目"，而是將目光聚焦在"國家憲法在香港的實施"這一似乎已有定論的"老問題"之上，並從歷史與現實、政治與法律、國家統合與香港自治等多個維度，試圖回答內心關於中央對香港管治的一個基本疑問：為何一個奉行社會主義理念的國家，卻吸收了一個施行資本主義且建立了司法審查制度的地區，並在"一國兩制"的作用下，出現了在意識形態上對立與交融並存的複合式憲制結構？在此種情況下，國家憲法在香港實施的基本原理是什麼？現有的實施機制存在哪些特點與問題？完善國家憲法在香港實施制度和機制的途徑和意義又在哪裏？透過六章的連續追問，本書得出如下基本結論：

第一，目前關於此問題的研究成果，無論是"個別條款實施說"、"部分條款實施說"還是"憲法條款直接——間接區分實施說"，之所以在兩地學界中無法達成共識，主要原因在於沒能將"一國兩制"所體現出來的極具創造性與包容性的政治智慧，充分轉化為同樣具有創造性與包容性的憲法學知識，[1]並透過憲法解釋技術，在憲法規範層面予以制度化地呈現。其實，"一國兩制"在給國家憲法實施提出難題的同時，也恰恰為國家憲法的實施提供了一個政治契機，特別是隨著三十多年來憲法條文和理念的演化，這個契機已經趨近成熟。

第二，國家憲法在香港實施的過程中，始終貫徹著兩種邏輯，一種謂之政治邏輯，另一種謂之法律邏輯，而在其中，政治邏輯也一直發揮著潛在但重要的作用。這一特點不僅反映在國家憲法在香港實施問題的源起與演化中，而且體現於憲法在香港實施的實踐上。從革命憲法與不革命香港的矛盾，到改革憲法對“一國兩制”的兼容，從中央政府為緩解香港社會的疑慮，在回歸初期對國家憲法在香港實施爭論的“冷處理”，到面對香港政治環境的變化，在“一國兩制”白皮書中明確將國家憲法界定為香港的憲制基礎，可以說政治考量是一以貫之的。國家憲法在香港實施的實踐過程中，在條文選擇和實施方式上體現出的所謂“局限性”，同樣是在政治邏輯下的有意為之。

在香港憲制轉軌時期，國家憲法的“隱身”或許能發揮“穩定人心”的作用，但在香港進入“日常政治”階段後，其弊端愈發凸顯，固化了香港社會認為基本法是“香港憲法”，中國憲法是“內地憲法”的錯誤認識，不但沒能實現提升國家認同的預設目標，反而進一步加劇了港人對國家的疏離感，極端本土意識趁機興起。從世界法治發達國家的經驗看，通過憲法實施培養憲法認同，進而增進國家認同，是抑制極端本土意識的有效機制。

第三，完善國家憲法在香港實施機制的具體方案共分為五個層面，包括“X+ 第 31 條”憲法解釋模式、適用主體、適用對象、適用程序、適用過程及結果的判斷五個部分。整個機制的基本價值立場是：全國人大常委會在香港應積極進行憲法判斷，但消極作出違憲判斷。如果再將憲法實施放置在國家統合的視域中予以審視，會發現由於“‘黨主立憲型國家統合機制’無法在香港運行”、“香港普選具有‘區域’特性”以及“香港複合型憲制結構存在‘離心效應’”三點因素，中央通過憲法實施機制統合香港是可行且最優的選擇。

最後，本書希望指出，中國國家統合的香港困境，究其實質與三項矛盾的存在密不可分：社會主義國家與資本主義地區之間的矛盾；一個尚未完成近代立憲主義任務的國家與一個已初步實現了上述任務的地區之間的矛盾；三十年前不變的承諾與三十年後兩地都發生了巨變的現實之間的矛盾。應該指出，這些矛盾給中央管治香港帶來了嚴峻挑戰。

對此，中央政府深知其中利害，並將其提升為“黨在新形勢下治國理政面臨的嶄新和重大課題”。通過回歸後的實踐可以看出，中央為完成好這一“課題”付出了巨大的努力，從回歸初期在亞洲金融危機中對香港的“傾力相挺”，在“一帶一路”戰略中給香港“專門留位”，再到最近專門提出“粵港澳大灣區”理念幫助香港再次騰飛，其用心不可謂不真，但從 2016 以來一系列的政治事件看，人心回歸的課題並未完成。

究其原因，關鍵在於中央政府過往在處理管治香港的正當性問題時，過於重視了其“效益性證成”的面向，而忽視了其“道德性證成”的面向。具體而言，前者重視從“目的的進路”證明中央政府的管治能給香港在效用上帶來什麼好處，後者則重視從“發生的進路”證明中央政府對香港的管治為什麼在道德上是具有吸引力的，實際上二者在正當性的證成中缺一不可。[2]

應指出，目前中央政府高度依靠“效益性證成”的思路存在隱憂：香港經濟顯然不可能永遠保持增長，任何政策都無法保證所有港人的“明天一定能比今天好”，當政績的正向供給出現不足時，“效益性證成”就有可能浮現其反噬效應。正是在這一背景下，本書強調，要正視憲法作為“最高法”在香港的地位，善於運用憲法解釋技術，將憲法中蘊含的立憲主義價值提煉出來並注入到香港社會之中，則憲法的實施，不僅有助於憲法權威在香港的樹立，從深層次看也有利於鞏固中央對香港管治的正當性基礎。

1. 陳端洪教授強調應深入理解作為一種智慧的 "一國兩制"，本書受此啟發，提出從 "政治智慧" 到 "憲法知識" 轉換的觀點。參見陳端洪：〈"一國兩制" 的智慧〉，《中國法律評論》2015 年第 3 期，第 39-45 頁。

2. 政治正當性是政治哲學的根本問題，對於現代政治正當性的內涵，也有不同的觀點，如福山認為民主制度是現代政治唯一的正當性源泉，但約翰‧格雷則認為國家的正當性在於它是否能夠滿足人民的需要。不難發現，他們在思維進路存在區別，一種是目的的進路，另一種是發生的進路。有學者基於這一觀念，結合中國政治轉型的實際，提出中國政治正當性存在的兩種分析架構：原初性證成和效益性證成。筆者綜合參考上述文獻，並結合香港管治的情況進行了適度發揮，提出中國對香港管治正當性的證成，存在過度依賴 "效益性證成"，忽視 "道德性證成" 的現象。參見周濂：《現代政治的正當性基礎》，北京：生活‧讀書‧新知三聯書店 2008 年版，第 25-48 頁；See Baogang Guo, "Political Legitimacy and China's Transition", (2003) *Journal of Chinese Political Science* 8(1), pp. 1-7; 瞿鄭龍：〈當代中國法治建設的政治邏輯——以證成性與正當性為分析框架〉，《法制與社會發展》2014 年第 6 期，第 67-73、77-78 頁。

第八章

補論：論憲法在港澳實施的異同及原因

——以全國人大及其常委會 55 份規範性文件為樣本[1]

中國共產黨第十九屆四中全會指出 "嚴格依照憲法和基本法對港澳實行管治，完善特別行政區同憲法和基本法實施相關的制度機制" [2]。由此可知，憲法在港澳的地位與作用是中央對港澳實行管治時高度關注的理論問題。從學術研究的角度看，在《中英聯合聲明》簽署前後，學者就對 "在港澳問題上實施憲法" 有所討論，[3]《香港基本法》起草過程中，圍繞該問題還產生了諸多爭鳴。[4] 然而隨著港澳相繼回歸，憲法作為主權象徵的功能得以實現，港澳基本法的實施變為研究重心。直到 2014 年，隨著香港憲制結構失衡問題愈發嚴重，中央政府明確指出 "憲法和香港基本法共同構成香港的憲制基礎"，學界又重新開始關注 "在港澳問題上實施憲法" 的命題。[5] 應指出，目前的研究成果對準確理解港澳憲制結構具有積極意義，但也存在進一步挖掘的空間。[6]

具體而言，目前大多數討論往往傾向於調用政治學和法學理論去分析 "憲法為什麼應該在港澳實施" 的問題，但缺乏從實證角度系統梳理 "憲法在港澳實施現狀" 的研究。[7] 此外，現有研究關注的重點集中在香港一端，而對澳門關注不多，少數分析也只是在 "憲法在香港實施研究" 的延長線上，結合澳門的情況進行一些細節性的調整。在基礎理論層面，相關研究也並未脫離針對香港基本法研究所設置的話語體系。這種研究取向忽視了憲法在港澳實施過程中呈現的不同演化路徑，未能展現憲法在兩個特別行政區實施的全貌。

針對上述不足，本文選擇 "全國人大及其常委會針對港澳問題實施憲法的 55 份規範性文件" 為樣本，以 "憲法在港澳如何實施 —— 憲法在港澳實施有何異同 —— 憲法在港澳實施異同的制度原因"為邏輯線索展開論述：首先從實證的角度，分析權力機關是如何在"一國兩制"方針下，將一部社會主義憲法實施於實行資本主義制度的香港特別行政區與澳門特別行政區。這種對憲法實施現狀的全景描述，將為後文展開理論分析奠定事實基礎。其次，歸納權力機關在港澳實施憲法的特點，重點比較憲法在兩地實施的異同。最後，引入功能主義的思維方式，[8] 探究同一部憲法在同樣施行"一國兩制"的港澳的實施過程中，是如何從兩地基本雷同的實施前提下發展出不同的演化路徑，並以此追問背後的制度原因，從而為完善憲法在特別行政區的實施機制提供新的視角。

全國人大及其常委會
針對港澳問題實施憲法的現狀

全國人大及其常委會對憲法的實施，主要體現在其立法、作出法律解釋及決定的過程中，其實施方式與其權力行使方式密切相關。據統計，全國人大及其常委會針對港澳問題曾先後通過了77 份規範性文件（香港 45 份、澳門 32 份），經過梳理，其中有55 份規範性文件涉及憲法實施問題（香港 33 份、澳門 22 份）。[9]

從實施方式看，這些規範性文件既包括比較明確的"標準式實施"，也包括作用有限的"聯名式實施"，[10] 以及雖然未出現"憲法"二字，但從內容中可以反推出唯有對憲法權力加以運用，才能得出如此結論的"隱名式實施"。以所涉主題為線索，全國人大及其常委會針對港澳問題實施憲法的情形可以歸納為：（1）"解決港澳回歸的國際條約批准"；（2）"創設港澳新憲制秩序"；（3）"處理港澳政制發展"；（4）"行使法律解釋權"；（5）"決定'內地—特區租管地'"；（6）"確定港澳全國人大代表的產生方式"共六類。為了直觀地體現憲法在港澳的實施情況，利於後文比較憲法在香港特別行政區和澳門特別行政區實施的異同，此處以表格的方式，將相關內容整理如下。

表 8.1　全國人大及其常委會實施憲法 "解決港澳回歸的國際條約批准"

全國人大及其常委會針對香港問題實施憲法的規範性文件	1.《全國人民代表大會常務委員會關於國務院提請審議〈中華人民共和國政府和大不列顛及北愛爾蘭聯合王國政府關於香港問題的聯合聲明〉的議案的決議》 2.《全國人民代表大會關於批准〈中華人民共和國政府和大不列顛及北愛爾蘭聯合王國政府關於香港問題的聯合聲明〉的決定》
全國人大及其常委會針對澳門問題實施憲法的規範性文件	1.《第六屆全國人民代表大會第五次會議關於授權全國人民代表大會常務委員會審議批准〈中華人民共和國政府和葡萄牙共和國政府關於澳門問題的聯合聲明〉的決定》 2.《全國人民代表大會常務委員會關於批准〈中華人民共和國政府和葡萄牙共和國政府關於澳門問題的聯合聲明〉的決定》
涉及的憲法條文	憲法第 31 條、第 62 條第 14 項、第 67 條第 15 項
憲法實施情況簡要說明	權力機關批准港澳回歸的兩份國際條約，在內容上不僅涉及憲法上的條約審批，而且涉及特區的設立與制度。根據憲法的規定，上述兩個權力分屬全國人大與人大常委會，所以中英、中葡聯合聲明批准過程中，需要協調兩個主體的憲法實施行為。

表 8.2　全國人大及其常委會實施憲法 "創設港澳新憲制秩序"

全國人大及其常委會針對香港問題實施憲法的規範性文件	1.《中華人民共和國香港特別行政區基本法》 2.《中華人民共和國香港特別行政區駐軍法》 3.《全國人民代表大會關於設立香港特別行政區的決定》 4.《全國人民代表大會關於〈中華人民共和國香港特別行政區基本法〉的決定》 5.《全國人民代表大會關於成立中華人民共和國香港特別行政區基本法起草委員會的決定》 6.《全國人民代表大會關於批准香港特別行政區基本法起草委員會關於設立全國人大常委會香港特別行政區基本法委員會的建議的決定》 7.《第七屆全國人民代表大會第三次會議關於〈中華人民共和國香港特別行政區基本法（草案）〉的審議程序和表決辦法》

全國人大及其常委會針對澳門問題實施憲法的規範性文件	1.《中華人民共和國澳門特別行政區基本法》 2.《中華人民共和國澳門特別行政區駐軍法》 3.《全國人民代表大會關於設立中華人民共和國澳門特別行政區的決定》 4.《全國人民代表大會關於〈中華人民共和國澳門特別行政區基本法〉的決定》 5.《全國人民代表大會關於成立中華人民共和國澳門特別行政區基本法起草委員會的決定》 6.《全國人民代表大會關於批准澳門特別行政區基本法起草委員會關於設立全國人民代表大會常務委員會澳門特別行政區基本法委員會的建議的決定》 7.《第八屆全國人民代表大會第一次會議關於〈中華人民共和國澳門特別行政區基本法（草案）〉的審議程序和表決辦法》
涉及的憲法條文	憲法第 31 條、第 62 條第 2 項、第 62 條第 14 項
憲法實施情況簡要說明	權力機關依據憲法創設港澳新憲制秩序，屬最為典型的憲法實施行為。這些行為大致可以劃分為三種類別：第一，為港澳制定基礎的憲制性法律；第二，處理香港特別行政區和澳門特別行政區建立與運作過程中亟待解決的機構設置與法律程序問題；第三，依據憲法對港澳基本法的合憲性予以確認，解決基本法制定過程中出現的合憲性爭議。

表 8.3　全國人大及其常委會實施憲法"處理港澳政制發展"

全國人大及其常委會針對香港問題實施憲法的規範性文件	1.《全國人民代表大會關於香港特別行政區第一屆政府和立法會產生辦法的決定》 2.《全國人民代表大會關於授權全國人民代表大會常務委員會設立香港特別行政區籌備委員會的準備工作機構的決定》 3.《全國人大常委會關於設立全國人大常委會香港特別行政區籌備委員會預備工作委員會的決定》 4.《全國人民代表大會常務委員會關於鄭耀棠等 32 名全國人大代表所提議案的決定》 5.《第八屆全國人民代表大會第五次會議關於全國人民代表大會香港特別行政區籌備委員會工作報告的決議》 6.《全國人民代表大會常務委員會關於香港特別行政區2007 年行政長官和 2008 年立法會產生辦法有關問題的決定》 7.《全國人民代表大會常務委員會關於香港特別行政區2012 年行政長官和立法會產生辦法及有關普選問題的決定》 8.《全國人民代表大會常務委員會關於香港特別行政區行政長官普選問題和 2016 年立法會產生辦法的決定》
全國人大及其常委會針對澳門問題實施憲法的規範性文件	1.《全國人民代表大會關於澳門特別行政區第一屆政府、立法會和司法機關產生辦法的決定》 2.《全國人民代表大會常務委員會關於澳門特別行政區2013 年立法會產生辦法和 2014 年行政長官產生辦法有關問題的決定》 3.《全國人民代表大會常務委員會關於批准〈全國人民代表大會澳門特別行政區籌備委員會工作情況的報告〉和全國人民代表大會澳門特別行政區籌備委員會結束工作的建議的決定》
涉及的憲法條文	憲法第 31 條、第 62 條第 14 項、第 62 條第 16 項、第 67條第 22 項
憲法實施情況簡要說明	中央政府對港澳管治權的核心在於把控兩地政治的基本制度與發展步驟。在此過程中,權力機關實施憲法的行為起著關鍵作用,貫穿於港澳政治發展的每個節點,回歸前如此,回歸後亦然。當然,由於港澳(特別是香港)在政治發展中出現的一些新情況游離於原初設想,因此,權力機關有時也需要依據憲法中的"兜底條款"予以決斷。

表 8.4　全國人大及其常委會實施憲法 "行使法律解釋權"

全國人大及其常委會針對香港問題實施憲法的規範性文件	1.《全國人民代表大會常務委員會關於〈中華人民共和國國籍法〉在香港特別行政區實施的幾個問題的解釋》 2.《全國人民代表大會常務委員會關於〈中華人民共和國香港特別行政區基本法〉第二十二條第四款和第二十四條第二款第（三）項的解釋》 3.《全國人民代表大會常務委員會關於〈中華人民共和國香港特別行政區基本法〉第五十三條第二款的解釋》 4.《全國人民代表大會常務委員會關於〈中華人民共和國香港特別行政區基本法〉附件一第七條和附件二第三條的解釋》 5.《全國人民代表大會常務委員會關於〈中華人民共和國香港特別行政區基本法〉第十三條第一款和第十九條的解釋》 6.《全國人民代表大會常務委員會關於〈中華人民共和國香港特別行政區基本法〉第一百零四條的解釋》
全國人大及其常委會針對澳門問題實施憲法的規範性文件	1.《全國人民代表大會常務委員會關於〈中華人民共和國國籍法〉在澳門特別行政區實施的幾個問題的解釋》 2.《全國人民代表大會常務委員會關於〈中華人民共和國澳門特別行政區基本法〉附件一第七條和附件二第三條的解釋》
涉及的憲法條文	憲法第 31 條、第 67 條第 4 項
憲法實施情況簡要說明	法律解釋是權力機關依據憲法享有的一項重要權力，該權力在港澳的運用可以分為三種情況：第一，權力機關依據憲法解釋內地法律，對其加以變通，以符合港澳的實際情況，如國籍法；第二，在 "人大釋法" 過程中，除卻香港基本法第 158 條外，憲法也被列為依據，增加理據，但憲法本身不對釋法結論產生影響；第三，憲法在發揮強化釋法權的作用外，也對釋法結論產生實質影響，這主要表現在 2004 年針對香港基本法附件一第七條和附件二第三條進行的 "人大釋法" 上。

表 8.5　全國人大及其常委會實施憲法 "決定 '內地 — 特區租管地'"

全國人大及其常委會針對香港問題實施憲法的規範性文件	1.《全國人民代表大會常務委員會關於授權香港特別行政區對深圳灣口岸港方口岸區實施管轄的決定》 2.《全國人民代表大會常務委員會關於批准〈內地與香港特別行政區關於在廣深港高鐵西九龍站設立口岸實施 "一地兩檢" 的合作安排〉的決定》
全國人大及其常委會針對澳門問題實施憲法的規範性文件	1.《全國人民代表大會常務委員會關於授權澳門特別行政區對設在橫琴島的澳門大學新校區實施管轄的決定》 2.《全國人民代表大會常務委員會關於授權澳門特別行政區對橫琴口岸澳方口岸區及相關延伸區實施管轄的決定》
涉及的憲法條文	憲法第 31 條、第 62 條第 14 項、第 62 條第 16 項、第 67 條第 1 項、第 67 條第 22 項
憲法實施情況簡要說明	"內地 — 特區租管地" 是回歸後內地與港澳融合發展的新事物,在基本法中找不到直接的依據。由於這涉及法律管轄權與行政管理方式變更等事項,因此必須由最高權力機關依據憲法作出決定。特別值得注意的是,在廣深港高鐵西九龍站實施 "一地兩檢" 的決定中,全國人大常委會明確依據憲法第 67 條第(一)項的規定,對有關安排作出了合憲性判斷。

表 8.6　全國人大及其常委會實施憲法"確定港澳全國人大代表的產生方式"

全國人大及其常委會針對香港問題實施憲法的規範性文件	1.《中華人民共和國香港特別行政區選舉第九屆全國人民代表大會代表的辦法》 2.《全國人民代表大會常務委員會關於補選出缺的香港特別行政區第九屆全國人民代表大會代表的決定》 3.《全國人民代表大會常務委員會關於香港特別行政區第九屆全國人民代表大會代表辭去代表職務的辦法的決定》 4.《中華人民共和國香港特別行政區選舉第十屆全國人民代表大會代表的辦法》 5.《全國人民代表大會常務委員會關於香港特別行政區第十屆全國人民代表大會代表選舉會議組成的補充規定》 6.《中華人民共和國香港特別行政區選舉第十一屆全國人民代表大會代表的辦法》 7.《中華人民共和國香港特別行政區選舉第十二屆全國人民代表大會代表的辦法》 8.《中華人民共和國香港特別行政區選舉第十三屆全國人民代表大會代表的辦法》
全國人大及其常委會針對澳門問題實施憲法的規範性文件	1.《中華人民共和國澳門特別行政區第九屆全國人民代表大會代表的產生辦法》 2.《中華人民共和國澳門特別行政區選舉第十屆全國人民代表大會代表的辦法》 3.《全國人民代表大會常務委員會關於澳門特別行政區第十屆全國人民代表大會代表選舉會議組成的補充規定》 4.《中華人民共和國澳門特別行政區選舉第十一屆全國人民代表大會代表的辦法》 5.《中華人民共和國澳門特別行政區選舉第十二屆全國人民代表大會代表的辦法》 6.《中華人民共和國澳門特別行政區選舉第十三屆全國人民代表大會代表的辦法》
涉及的憲法條文	憲法第 59 條
憲法實施情況簡要說明	在"一國兩制"下，港澳不實行社會主義政策和制度，不設立本地的人民代表大會，但選舉全國人大代表，並組成港澳兩個全國人大代表團。香港特別行政區和澳門特別行政區人大代表的存在不僅能保障港澳居民參與國家治理的權利，而且他們在本地的選舉制度中也扮演著重要角色。由於港澳政治制度處於不斷發展中，因此兩地人大代表的產生也需與時俱進。為此，憲法第 59 條進行了明確規定。當然，在這個議題上，憲法實施主要表現為"聯名式實施"，為依據港澳基本法與選舉法作出的有關決定增加說服力。

全國人大及其常委會
針對港澳問題實施憲法的比較

―――― • ――――

通過上述歸納，可以看出，相比憲法在內地的實施，權力機關針對港澳問題實施憲法更為積極，甚至出現了憲法審查這一重要實施方式。由此可見，討論憲法在港澳的實施絕不是學術想象，而是真實存在的現實問題。完成對憲法實施現狀的全景描述後，一個進階性學術命題由此顯現 —— 憲法在內地與特別行政區的實施呈現出不同樣態是當然之理，但是在港澳之間，憲法實施還會存在區別嗎？這些異同各自表現在哪些方面？又呈現出何種特點？

一、權力機關在港澳實施憲法涉及的問題類別同中有異

從憲法實施涉及的問題類別看，全國人大及其常委會在針對港澳問題實施憲法的過程中既保持了一致性，也存在一定的差異度。有關港澳問題的憲法實施均可被歸納到六大類別中，這說明權力機關在處理港澳問題時，對於在何種事項上實施憲法，保持了一以貫之的邏輯，甚至在某些具體的規範性文件中

會出現高度雷同的現象。例如對比全國人大實施憲法作出的"關於香港基本法的決定"與"關於澳門基本法的決定",不難發現,除了置換時間以及將"香港"替換為"澳門"外,二者的實體內容一字不差。

據統計,在全國人大及其常委會針對澳門問題實施憲法的22份規範性文件之中,共有10份表現出"複製"香港相關規範性文件的現象,佔比45%。如果將文字標準放寬,再囊括一些核心內涵未變、表述略有微調的情況,這一比例會更高。上述現象需要結合權力機關針對港澳問題實施憲法所欲實現的制度目標加以理解。

除了上述一致性外,二者之間也存在著差異。細化到問題類別上,這種差異主要體現在"實施憲法處理政制發展問題"與"實施憲法行使法律解釋權"兩大類別中。凡是針對香港政制和法律爭議實施憲法的情況,基本上沒有在澳門問題上重現。顯然,這與港澳兩地回歸前後面對的主要社會問題密切相關。在香港的回歸過渡期內,中英雙方曾就"彭定康政改"產生過激烈爭執,最終導致中英雙方協議的最後一屆立法局議員可過渡為香港特別行政區第一屆立法會議員的"直通車"計劃被廢止,中央不得不"另起爐灶",成立香港特別行政區臨時立法會。香港回歸初期,雖然相關情況有所緩和,但隨著"政制發展議題"發酵,香港社會圍繞"央地關係"的各種法政爭議層出不窮,近年來甚至衍生出"國家認同危機"與"違法暴力抗爭"。在這種環境下,憲法實施作為中央對港管治權的落地方式,自然集中在"政制發展"與"人大釋法"上。與之相較,經濟發展與社會穩定始終是澳門社會關注的重心,其"社團社會"的特點也與澳門政治體制中"均衡參與、循序漸進"的精神高度契合，因此憲法在澳門的實施重點也就與香港有所不同。可以預見，二者在未來的差異會變得越發明顯。

二、權力機關在港澳實施憲法的方式存在交替優化現象

從憲法實施方式看，全國人大及其常委會在港澳實施憲法的過程中，會不斷根據各方反饋的情況調整實施憲法的方式。若香港實踐在前，有關反饋意見會被吸納到後續澳門相關實踐中，反之亦然。因此在實施憲法的方式上存在一種交替優化現象。

例如，批准《中英聯合聲明》的行為既涉及全國人大決定特區設立與制度的權力，又關涉全國人大常委會的條約審批權，因此關鍵的問題即為在批准過程中協調兩個主體的憲法實施行為。最終，權力機關採取"一攬子解決"的辦法來批准《中英聯合聲明》：全國人大常委會主動放棄條約批准權，交由全國人大實施憲法第 31 條、第 62 條第 14 項和第 67 條第 15 項。顯然，從"維持規範體系內部的協調性"[11] 與"理順全國人大與全國人大常委會的職權關係"[12] 的角度看，上述路徑並非最佳方案。事後，全國人大及其常委會也認識到《中英聯合聲明》在批准程序上存在不周延之處。因此，在批准涉及澳門回歸的《中華人民共和國政府和葡萄牙共和國政府關於澳門問題的聯合聲明》（以下簡稱《中葡聯合聲明》）時就調整了解決路徑：先由全國人大根據憲法第 31 條和第 62 條第 14 項的規定，審議協議中涉及特別行政區設立和制度的實質性內容並作出決定，之後

再交由全國人大常委會根據憲法第 67 條第 15 項的規定批准《中葡聯合聲明》。如此便兼顧了《中葡聯合聲明》的特殊性與憲法的既有規定。

進一步而言，在某些特定的問題上，上述對憲法實施方式的優化甚至不是一次性的，而是會根據各方反饋持續交替累加。這一點在 "實施憲法決定內地—特區租管地"[13] 上體現得較為充分。按照成立的時間順序，目前中國存在五塊公認的 "內地—特區租管地"，分別是（1）"澳門拱北新邊檢大樓"；（2）"深圳灣口岸香港管轄區"；（3）"橫琴島澳門大學新校區"；（4）"西九龍高鐵站內地口岸區" 以及（5）"橫琴口岸澳方口岸區及相關延伸區"。

具體來看，2001 年，處理 "澳門拱北新邊檢大樓" 所屬土地由珠海租賃給澳門時，全國人大及其常委會並未出場，而是由國務院通過《關於廣東省珠海市和澳門特別行政區交界有關地段管轄問題的批覆》的方式加以確定。由於 "內地—特區租管地" 涉及 "一國兩制" 下法律管轄權的變動，屬國家最高權力機關根據憲法才能決定的事宜，因此由國務院以批覆方式處理存在 "合憲性" 疑慮。

因此，在 2006 年設立 "深圳灣口岸港方口岸區" 時，全國人大常委會通過《關於授權香港特別行政區對深圳灣口岸港方口岸區實施管轄的決定》，依據憲法明確 "租管地" 的法律管轄，實現了法律效果與社會效果的有機統一。在此基礎上，全國人大常委會又相繼實施憲法作出《關於授權澳門特別行政區對設在橫琴島的澳門大學新校區實施管轄的決定》與《關於授權澳門特別行政區對橫琴口岸澳方口岸區及相關延伸區實施管

轄的決定》，將原屬珠海管轄的橫琴島部分土地以租賃形式交給
澳門管轄，以解決澳門土地不足所導致的發展困境。這些舉措
是"一國兩制"下兩地共進雙贏的典範。

依據上述經驗，全國人大常委會在 2017 年作出了《關於批
准〈內地與香港特別行政區關於在廣深港高鐵西九龍站設立口
岸實施"一地兩檢"的合作安排〉的決定》（以下簡稱《決定》）。
與以往"租管地"都是內地將土地租給特別行政區不同，這次
是將原屬香港的一塊土地租賃給內地，"內地─特區租管地"的
完整形態得以體現。此外，與以往憲法在涉及"租管地"問題
上均以"隱名式"的路徑加以實施不同，此次《決定》的正文
直接點明了其憲法依據。更為關鍵的是，全國人大常委會少有
地動用憲法第 67 條第 1 項的規定，對"一地兩檢"的合作安排
作出了合憲性判斷。這份決定所蘊含的憲制意涵，對於完善"一
國兩制"具有深遠影響。

三、港澳兩地法院對權力機關憲法實施採取不同立場

回歸後，澳門各級法院僅僅在兩份判決中引用過"全國人
大及其常委會有關憲法實施的規範性文件"。[14] 一份判決引用了
《全國人民代表大會關於設立中華人民共和國澳門特別行政區
的決定》，用以說明澳門的管轄範圍（案件編號：62/2013），
另一份判決則引用了《全國人民代表大會常務委員會關於〈中
華人民共和國國籍法〉在澳門特別行政區實施的幾個問題的解
釋》，用以解釋中國國籍的喪失問題（案件編號：552/2018）。
兩份判決對有關決定的引用只限於說明事實，並沒有對有關決

定在澳門的效力展開討論。在這種背景下，全國人大及其常委會與澳門法院在這個問題上的互動也就無從談起。

　　與之相較，香港法院在這個問題上則活躍得多。在上述六類涉及憲法實施的情形中，除了有關"港區人大代表產生方式"的規範性文件香港法院引用不多外，其他類型的規範性文件均被引用並討論過，有的甚至引起了較大的學術爭論。例如在1999年"人大釋法"[15]出台後，香港終審法院雖然表示接受"人大釋法"的效力，但在隨後發佈的補充判決中又暗示"全國人大及其常委會的行為是否依據基本法條文與程序作出，屬香港法院的判斷範圍"[16]。這種模糊的態度在日後"劉港榕案"與"莊豐源案"中得以充分體現——前者指出"人大釋法"對香港法院的效力是毫無疑問的，[17]後者則依據普通法中"裁判理由與附帶意見"的二分法，對"人大釋法"的內容予以剪裁，最終滋生出困擾香港社會並導致內地與香港關係緊張的"雙非兒童"問題。[18]

　　相對於香港基本法中已經明文規定的"人大釋法"，應當如何在香港法律體系中安置"人大決定"，則引起更大爭議。[19]在"西九龍高鐵站'一地兩檢'"司法審查訴訟中，雙方立場針鋒相對：一方認為，全國人大常委會的決定是行使憲法和法律授予其職權的一種方式，全國人大常委會的決定對內地和香港的政權機關均具有普遍約束力。但另一方則指出，儘管全國人大常委會可以發佈決定的方式行使職權，但其是否約束香港政權機關，則取決於該決定是否符合香港基本法確立的制度，凡是游離於香港基本法框架之外的人大決定，均不構成香港法律的正式組成部分，在香港不具有約束力。

最終，香港法院採取了現實主義路徑加以處理：一方面，在最終結論上與全國人大常委會的決定保持一致，沒有推翻"有關西九龍'一地兩檢'的本地立法"，避免了"憲制危機"的產生。但另一方面，法院在具體的論證中卻僅僅將"全國人大常委會的決定"視為有助於法院理解基本法真實含義的事後材料，雖然重要但需要審慎加以使用，且並未對"人大決定"在香港法體系中的地位及其普遍約束力予以確認。[20]

從"人大釋法"問題演進的經驗看，"人大決定"爭議的明朗化，還有待於在未來合適的案件中由香港法院與全國人大及其常委會展開進一步博弈。對比港澳兩地司法機關在此問題上的不同立場，可以發現，這種博弈的存在決定了憲法在香港的實施，較之於澳門，會長期處於一個富有爭議的狀態。

全國人大及其常委會
針對港澳問題實施憲法的制度邏輯

—————— • ——————

　　學術研究不應止步於對制度現狀進行描述，而應擴展視野，挖掘推動制度演化的要素並提升對制度規範的理解力與解釋力。如此，制度的批判與完善才有落地的可能。具體到本文主題，在完成對憲法在港澳實施樣本的歸納與比較後，便需面對邏輯上無法迴避的追問：權力機關在港澳實施憲法的實踐從最初的高度雷同到目前出現不同的演化路徑，其中的原因是什麼？寬泛地看，這必然與港澳政治生態和社會環境等諸多因素相關，但本文只將目光聚焦在法律制度層面，並引入功能主義的思維方式，通過 "制度的預設目標" 來解釋憲法在港澳初始的實施形態高度雷同的原因，之後再引入 "制度演化要素"，探析憲法在港澳的實施為何會日漸呈現 "本是同根生，路徑卻不同" 的現象。

一、不變：權力主體創設"憲法在港澳實施制度"的原初目標

2014 年，《"一國兩制"在香港特別行政區的實踐》白皮書提出"憲法和基本法共同構成香港的憲制基礎"，這與以往在涉港憲制問題上"只強調基本法"的論述相比有所變化。[21] 對於這一調整，港澳本地社會高度關注。香港部分人士將其誤讀為"'一國兩制'政策要變"、"憲法要取代基本法"。[22] 與之相比，澳門社會雖然總體上秉持積極態度，但對於憲法在澳門實施的方法和路徑，也存在著各種疑惑。這些誤解和疑慮的出現，說明港澳社會對於"權力主體創設憲法在港澳實施制度的原初目標"的認識不足。

將視角拉回 20 世紀 80 年代，在香港基本法起草的過程中，對該問題就已進行過充分討論。從目前收集到的檔案材料看，1986 年，香港基本法起草委員會秘書處在草擬《基本法結構草案討論稿》的過程中，香港各界特別是法律界人士對憲法在香港的地位以及未來憲法和基本法的關係提出了很多疑問。[23] 為了解決這個問題，當時的"基本法起草委員會中央與香港特別行政區關係專題小組"經過研究，向起草委員會提交了《中國憲法和其他法律在香港特別行政區內適用問題專題報告》，其中指出："憲法作為一個整體肯定對香港有效，但鑒於'一國兩制'原則，憲法中某些社會制度及政策的條文不能於香港實施，應以基本法的規定為準。當然，考慮到基本法的法律位階，不宜在其中對哪些憲法條文不在香港實施作出具體羅列。"因此，決定通過"正面肯定香港的法律體系和具體制度均以基本法為

依據"的方式，間接說明憲法與基本法在香港各自的作用。[24] 起草委員會正是根據上述建議草擬了現行基本法第 11 條。

對於香港基本法起草委員會的方案，香港法律界原則上表示贊同，但仍然對基本法本身能否承載上述"憲法判斷"存有疑慮。為此，他們先後向起草委員會提交了《基本法與憲法的關係最終報告》[25] 與《基本法與中國憲法及〈中英聯合聲明〉的關係專題報告》。[26] 在這些文件中，他們希望在香港基本法（草案）的最終版本中，可以清楚闡明憲法與基本法的關係，並具體羅列可以在香港實施的憲法條文。雖然這些意見最終沒有被採納，但考慮到香港社會對此問題的確存在各種疑慮，全國人大破例在通過基本法的同時，專門依據憲法作出了《關於中華人民共和國香港特別行政區基本法的決定》，其要旨在於講明：憲法在香港憲制結構中重點發揮主權宣示的作用，而香港日常法律體系的建構，包括港人基本權利的保障，則主要通過香港基本法來處理。此後在起草澳門基本法的過程中，上述方案得到了沿襲。

如果審視全國人大及其常委會針對港澳問題實施憲法作出的 55 份規範文件，會發現上述預設的制度目標始終起著指導作用，但在港澳表現形式則有所區別。對於澳門而言，憲法的實施一直忠實地遵循著基本法起草者當時預想的制度目標。香港的情況則較為複雜，尤其是回歸後香港內部矛盾逐漸爆發，在諸多複雜因素的共同作用下，憲法不得不一再出場，解決當年並未預想到的各種新情況、新問題。由於爭議性問題層出不窮，模糊了香港各界對原初制度設計目標的認知，以至於出現了所謂"中央強調憲法，意味著'一國兩制'政策要變"等誤解。

從這個角度看，憲法在澳門實施的"原旨主義"呈現，有利於向港澳社會昭示，憲法在港澳的實施制度具有特定目標，它的重點在於處理"涉及主權（中央管治權）行使"以及"中央與特別行政區關係的事項"，憲法無意介入"港澳具體的行政管理"等純粹本地的社會事務，憲法更從未試圖取代基本法。較之於澳門，憲法在香港之所以更為頻繁地出場，不是因為中央改變了"一國兩制"方針，恰恰相反，中央正是為了保證"一國兩制"在香港的實踐不走樣、不變形，才在各種涉及"主權（中央管治權）"與"央地關係"的情形下實施憲法。

二、變化：決定憲法在港澳實施路徑演化的制度要素

如果說憲法在港澳實施情況的一致性反映了權力主體在特別行政區實施憲法所欲實現的原初目的，那麼憲法在港澳實施的差異，則說明還存在其他某種制度性因素，導致憲法在兩地實施的過程中呈現出不同的演化路徑。在探尋這種制度要素時，既離不開對"港澳憲制結構"的靜態分析，也需要對"港澳基本法審查實踐"進行動態觀察。

從憲法原理看，在一個常態的憲制結構內部，各種規範並非是隨意組織起來的，而是呈現為一個以憲法為頂點的金字塔形態。[27] 在這套規範結構背後，實際上對應著層級分明的政治權力結構。上下級規範之間的服從關係，同時也彰顯著不同政治權力之間的隸屬關係。如果能夠通過適當的機制，保證規範的外在形式以及內在價值都與該規範體系的頂點——憲法保持統一，則不僅意味著金字塔型法體系的統一可以實現，而且意

味著規範體系背後政治權力之間的隸屬關係也將得到明確。此時，憲制結構就會體現出 "向心效應"。相反，如果一套憲制秩序中存在兩套基本規範，在法效力上具有多重判準，則不僅無助於一國金字塔型憲制結構的建立，而且也會對規範背後不同層級的政治權力關係產生負面作用。在此種情況下，憲制結構就會呈現 "離心效應"。[28]

以此觀察在 "一國兩制" 方針下兩個特別行政區新舊憲制秩序的轉軌，可以發現，這一轉軌過程均不是由憲法獨自完成，而是憲法與兩部基本法結合起來方能實現的。換句話說，憲法與基本法共同成為港澳的憲制基礎。這一制度事實決定了港澳存在一種 "複合式的憲制結構"。[29]

具體而言，基本法的效力雖然可以回溯到憲法，但港澳的普通立法卻不以 "是否符合憲法" 為效力判準。受此影響，這套規範體系背後的政治權力隸屬關係也顯然無法呈現出金字塔型的常態結構，並進而決定港澳憲制結構先天具有 "離心基因"。當然，這種潛藏在憲制結構內部的離心性究竟會對港澳治理產生何種負面影響，則取決於港澳當地採取何種態度來抑制該憲制結構的離心性。顯然，從回歸後的情況看，港澳兩地對此的立場並不相同，也正是這種差異，致使憲法在港澳的實施呈現出不同的演化路徑。在香港，回歸後香港法院利用 "基本法審查權"，在判例中不斷推動基本法的 "憲法化"，不僅沒有及時糾正香港社會中存在的 "中國憲法是內地憲法，香港基本法是香港憲法" 的認識，甚至令其有逐步坐大的趨勢，由此導致香港憲制結構的離心效應越發嚴重。

與之相比，澳門終審法院雖然也通過判決確立了 "基本法審查制度", 但其始終對於該項制度的 "分際" 有著明確認識, "憲法與基本法" 之間的平衡在澳門沒有被破壞, 澳門憲制結構內部天然潛藏的 "離心基因" 也由此得以抑制。

第一, 與香港終審法院相比, 澳門終審法院相當謹慎地確立 "基本法審查制度", 且始終注意到澳門的憲制地位與澳門基本法的法律位階。在澳門回歸後最重要的基本法案件（第 28/2006 號）中, 澳門終審法院指出, 澳門特別行政區不是一個國家,《澳門基本法》也不是一部正式的憲法, 但是《澳門基本法》中包含著憲法某些形式上的特點。儘管《澳門基本法》沒有特別授予法院 "對那些位階較低的, 載於法律、行政法規或其他規範性文件中的違反《基本法》的法律規範作出審理" 的權力, 但是, 如果對《澳門基本法》第 11 條第 2 款、第 19 條第 2 款和第 143 條進行體系解釋, 可以得出澳門特區法院有這樣一項權力的結論。[30] 應該指出, 在擁有終審權和基本法解釋權的背景下, 港澳法院行使基本法審查權的慾望或許是 "權力擴張效應" 的必然,[31] 但在處理平衡中央管治權與特區自治權的問題上, 港澳兩地卻作出了不同的選擇。這固然與兩地法律制度的客觀差異有關, 但不可否認的是, 港澳法院秉持的不同價值立場也起著重要作用,[32] 並最終呈現出不同的制度效果。

第二, 澳門終審法院始終關注判決效果對內是否會衝擊 "行政主導體制", 對外是否符合特別行政區的憲制地位。據統計, 截至 2019 年 11 月, 澳門終審法院共作出涉及基本法的中文判決 62 份,[33] 從內容上看, 涉及土地權利的 14 份, 涉及訴訟權利的 4 份, 涉及退休福利的 28 份, 涉及居留權的 3 份, 涉及集會遊行示威的 3 份, 涉及平等原則的 5 份, 涉及抽象的法理問

題如基本權利、法律位階的 4 份。判決重點集中在比較純粹的
"本地社會民生事務"，部分涉及特區政府體制（如獨立行政法
規的位階）的案件，[34] 澳門終審法院採取了司法謙抑主義的價值
立場，兼顧了澳門政治體制中行政主導的特點。

值得注意的是，即使案件本身只涉及澳門居民的個人權
利，但如果判決會產生與特別行政區憲制地位不符的外溢後
果，澳門終審法院也會秉持謹慎的立場。比如，2019 年 9 月，
在香港 "修例風波" 愈演愈烈之時，有澳門居民試圖舉行集會
以 "指責香港警方濫用暴力"，澳門特區政府以有關集會和示威
的目的違反法律為由予以禁止，隨即引發司法訴訟。澳門終審
法院在判決中指出，根據基本法的規定，澳門特別行政區不能
干預香港特別行政區的內部事務，更不能侵犯中央依據憲法和
基本法所享有的權力，這是澳門特別行政區的基本憲制原則。
在本案中，集會主辦方的訴求沒有事實依據，因而相對於集會
與示威權，維護上述憲制原則具有更為重要的法律利益。[35]

綜上可知，憲法在港澳實施的差異與港澳複合式憲制結構
"離心效應的不同表現" 存在制度性聯繫。澳門法院克制立場的
選擇，使得憲法與澳門基本法之間的關係始終處於平衡狀態，
澳門憲制結構內部天然存在的 "離心基因" 得到了較好抑制。
在此種情況下，中央政府願意信任澳門能夠處理好自身的各種
爭議，也樂意嚴守憲法實施制度的設計初衷，將憲法在澳門的
實施嚴格限制在涉及 "主權" 的範圍內，將本地具體法律問題
放手交由澳門基本法予以處理。

與之相較，香港法院在司法審查實踐中則採取了積極主義
的立場，一方面大力推動香港基本法的 "普通法化" 和 "憲法

化"，另一方面柔性排斥"人大釋法"和"人大決定"在香港的法律效力，使得香港憲制結構離心效應越發明顯。在此種背景下，中央政府為了避免香港憲制結構徹底失衡，危及"一國兩制"存續的政治前提，不得不多次通過直接實施憲法來處理香港重大的政治和法律爭議。憲法在港澳的實施制度呈現出不同演化路徑的制度性原因即在於此。

小結

•

　　化解憲法在港澳的實施爭議需要兼顧三方面的因素。首先，作為一個憲法理論問題，對其分析不能游離於法實施的一般原理，如果只突出憲法的政治意涵，不僅無法與港澳法律界形成有效對話，而且會增加港澳社會此前形成的誤解與憂慮。其次，雖然憲法在港澳實施的具體方式與內地有所區別，但卻擁有同一個實施主體——全國人大及其常委會。在路徑依賴的作用下，憲法在港澳的實施需要同步考慮憲法在內地實施的整體語境。最後，由於奉行"一國兩制"，憲法在港澳施行所面對的制度環境迥異於內地，因而憲法在港澳實施具體方式的構建必須具有相當的開放性與創新性。

　　目前憲法在港澳實施所呈現出來的形態，是在法理、政策、政治三者綜合作用下的產物。面對這個"非常態的規範法學問題"，一方面當然要堅持規範分析的立場，但問題的複雜性也決定了有必要引入功能主義的思維方式，通過提煉憲法在特別行政區實施的制度邏輯，以加強對憲法規範的理解力與解釋力。如此，不僅有利於擴展與深化對這個問題的認知維度，而且也利於在三地政治與法律制度各異的背景下，推動內地、香港、澳門三地學界進行理性對話，促進 “憲法在港澳實施共識性理論” 的形成。

1. 本章內容已經公開發表，參見孫成：〈論憲法在港澳實施的異同及原因——以全國人大及其常委會 55 份規範性文件為樣本〉，《交大法學》2020 年第 3 期，第 26-39 頁。

2. 有關中國共產黨第十九屆四中全會公報及其官方解讀，資料來源於：http:// www.gov.cn/xinwen/2019-11/01/content_5447495.htm（最後訪問時間：2020 年 5 月 20 日）。

3. 早期代表性的文獻有：W. S. Clarke, "Hong Kong Under the Chinese Constitution", (1984) *Hong Kong Law Journal* 14, pp. 71-81; Albert. H. Y. Chen, "Further Aspects of the Autonomy of Hong Kong Under the PRC Constitution", (1984) *Hong Kong Law Journal* 14, pp. 341-347.

4. 以下關於香港基本法起草過程中原始文獻均來自：香港基本法草擬過程資料庫，http://sunzi1.lib.hku.hk/bldho/home.action（最後檢索時間均為：2020 年 5 月 20 日）。需要說明，由於原始文檔頁碼標記不規範，因此在頁碼標注問題上，選擇的均是 PDF 文檔自動顯示的頁碼。香港基本法諮詢委員會中央與特別行政區的關係專責小組編：《基本法與憲法的關係（最後報告）》，1987 年；香港基本法諮詢委員會編：《中華人民共和國香港特別行政區基本法（草案）徵求意見稿諮詢報告（2）專題報告：基本法與中國憲法的關係》，1988 年，第 3-10 頁；香港基本法諮詢委員會編：《中華人民共和國香港特別行政區基本法（草案）徵求意見稿諮詢報告（第五冊）條文總報告》，1988 年，第 41-43 頁；香港基本法諮詢委員會編：《中華人民共和國香港特別行政區基本法（草案）諮詢報告（第三冊）條文總報告》，1989 年，第 27-28 頁。

5. 近年來內地學界代表性的成果有：韓大元：〈論《憲法》在《香港特別行政區基本法》制定過程中的作用——紀念《香港特別行政區基本法》實施 20 周年〉，《現代法學》2017 年第 5 期，第 3-10 頁；王禹：《論憲法在特別行政區的適用》，澳門：三聯出版（澳門）有限公司 2019 年版；胡錦光：《憲法在特別行政區的適用問題研究》（未刊稿），全國人大常委會香港基本法委員會課題（編號：JBF201005）項目成果；郝鐵川：《香港基本法爭議問題評述》，香港：中華書局（香港）有限公司 2013 年版，第 1-11 頁；鄒平學等：《香港基本法實踐問題研究》，北京：社會科學文獻出版社 2014 年版，第 58-121 頁；殷嘯虎：〈論憲法在特別行政區的適用〉，《法學》2010 年第 1 期，第 49-56 頁；程潔：〈不對稱治理格局下香港的憲制基礎與憲法適用〉，《中國法律評論》2018 年第 5 期，第 179-186 頁；黃明濤：〈論憲法在香港特別行政區的效力與適用〉，《法商研究》2018 年第 6 期，第 101-110 頁；曹旭東：〈憲法在香港特別行政區的適用：理論回顧與實踐反思〉，《政治與法律》2018 年第 1 期，第 79-89 頁；朱世海：〈憲法與基本法關係新論：主體法與附屬法〉，《浙江社會科學》2018 年第 4 期，第 36-45 頁；夏引業：〈憲法在香港特別行政區的適用〉，《甘肅政法學院學報》2015 年第 5 期，第 27-42 頁。香港學界的代表性的成果有：陳弘毅：《一國兩制下香港的法治探索》（增訂版），香港：中華書局（香港）有限公司 2014 年版，第 8 頁；Raymond Wacks, "One Country, Two Grundnormen? The Basic Law and the Basic Norm", in Raymond Wacks (ed.), *Hong Kong, China and 1997 Essays in Legal Theory* (Hong Kong: Hong Kong University Press, 1993), pp. 151-183; Yash Ghai, *Hong Kong's New Constitutional Order: the Resumption of Chinese Sovereignty and the Basic Law* (Hong Kong: Hong Kong University Press, 1999), 2nd edition; Cora Chan, "Reconceptualising the Relationship between the Mainland Chinese Legal System and the Hong Kong Legal System", (2011) *Asian Journal of Comparative Law* 6(1).

6. 對於這一問題更為全面的評述，參見鄒平學、黎沛文、張晉邦：〈我國基本法研究 30 年綜述〉，載中國憲法學研究會編：《中國憲法學三十年：1985-2015》，北京：法律出版社 2015 年版，第 269-357 頁。

7. 對此也有學者作出了探索與嘗試，參見王振民、孫成：〈香港法院適用中國憲法問題研究〉，《政治與法律》2014 年第 4 期，第 2-12 頁；孫成：〈全國人大及其常委會針對香港問題實施憲法的實踐——以 33 份規範性文件為樣本〉，《北京社會科學》2019 年第 4 期，第 4-17 頁；王磊：〈憲法與基本法司法適用的香港經驗——基於香港終審法院判決的分析〉，《廣東社會科學》2019 年第 3 期，第 210-224 頁。

8. 法律實施是規範法學的經典問題，但"中國憲法的特質"與"港澳特殊的憲制背景"都決定了純粹的規範分析無法化解憲法在港澳實施所面對的困境。問題的複雜性要求多元方法的運用。當然，功能主義方法的引入不會也無法取代規範分析，它的目的在於提供一個更為寬廣的理論背景，增強規範分析的解釋力。參見鄭智航：〈比較法中功能主義進路的歷史演進——一種學術史的考察〉，《比較法研究》2016 年第 3 期，第 1-14 頁。

9. 本文數據採自：北大法寶法律法規數據庫，http://www.pkulaw.cn。檢索方式為：以"香港"、"澳門"為關鍵詞，以"全國人大及其常委會"為發佈主體，共檢索出 77 份規範性文件，其中 55 份涉及憲法實施問題。被排除的規範性文件主要有兩類：第一，完全是形式性和程序性的規範性文件；第二，完全是根據基本法作出的規範性文件。數據庫最後訪問時間為 2019 年 10 月 28 日。

10. 所謂聯名式實施，指的是在文本制定依據上同時出現憲法、基本法或其他法律，憲法在其中所起的作用主要是為了加強結論的說服力。這種實施方式最為集中地體現在全國人大及其常委會作出的關於 "港澳全國人大代表" 的決定中，這些決定雖然也涉及憲法實施問題，但其最主要的依據在於基本法以及《選舉法》第 16 條第 3 款，即 "香港特別行政區、澳門特別行政區應選全國人民代表大會代表的名額和代表產生辦法，由全國人民代表大會另行規定。"

11. 從維持規範體系內部的協調性來看，由全國人大直接批准《中英聯合聲明》，會與憲法第 67 條第 15 項的規定相抵觸。進一步而言，如此決定還導致當時發佈的簽發批准《中英聯合聲明》的主席令（由時任國家主席李先念主席簽發的第 25 號主席令）與憲法第 81 條發生衝突。

12. 從理論的解釋力來看，較之於 "內部分權說"，以 "憲法授權說" 來理解全國人大和全國人大常委會的職權關係更符合立憲主義理念。參見秦強：〈論全國人大與全國人大常委會的職權關係〉，《人大研究》2010 年第 12 期，第 12-19 頁。

13. "內地—特區租管地" 是根據董皥教授早先提出的 "特區租管地" 演化而來的概念。董教授在 2015 年提出上述概念時，只存在港澳租借內地土地的情形，但在 2018 年，"西九龍高鐵站內地口岸區" 的出現意味著內地也可以反過來租借香港的土地。因應新的情況，本文提出 "內地—特區租管地" 用以描述此類問題。參見董皥：〈特區租管地：一種區域合作法律制度創新模式〉，《中國法學》2015 年第 1 期，第 152-168 頁。

14. 統計所使用的數據庫是澳門法院官網的 "裁判書檢索程序"，http://www.court.gov.mo/zh/subpage/researchjudgments（最後檢索時間：2019 年 11 月 1 日）。法院類別選擇 "所有"，需要說明，由於澳門法院部分判決只有葡萄牙文版本，所以以上檢索的樣本只涉及中文判決。此外，雖然澳門基本法也是全國人大針對澳門問題依據憲法第 31 條作出的規範性文件，但為了避免歧義，上述統計不包括涉及澳門基本法的案件。

15. 1999 年 "人大釋法" 是為了解決香港終審法院吳嘉玲案判詞引發的問題。Ng Ka Ling and Another v. The Director of Immigration, FACV 14/1998, para. 62.

16. Ng Ka Ling and Another v. The Director of Immigration, FACV 14/1998, para. 6.（1999 年 2 月 16 日的補充判詞）

17. Lau Kong Yung and Others v. The Director of Immigration, FACV 11/1999.

18. The Director of Immigration v. Chong Fung-Yuen, FACV 26/2000.

19. 實際上，面對形態各異的 "人大決定"，即使內地學術界也未形成統一看法，主要原因在於，"全國人大及其常委會決定" 的形態十分多樣，有的屬狹義的法律，有的只能算作規範性文件，且判斷標準也無統一認識。對此問題，代表性的論文有孫瑩：〈論人大重大事項決定權的雙重屬性〉，《政治與法律》2019 年第 2 期，第 25-38 頁；陳鵬：〈全國人大常委會 "抽象法命題" 的性質與適用〉，《現代法學》2016 年第 1 期，第 63-73 頁；金夢：〈立法性決定的界定與效力〉，《中國法學》2018 年第 3 期，第 150-166 頁。

20. Leung Chung Hang, Sixtus v. President of Legislative Counsel, HCAL 1160/2018, paras. 53-62.

21. 回顧從 1997 年到 2019 年歷屆政府工作報告中涉及港澳的段落，在 1997 至 2008 年間（2000 年除外）均使用了 "認真執行基本法"、"全面貫徹落實基本法" 或 "嚴格按照基本法辦事" 等用語。在 2009 年至 2013 年間，相關表述被取消，2014 年又恢復使用，但其內容被微調為 "全面準確落實基本法"。2015 年出現較為明顯的變化，使用了 "嚴格依照憲法和基本法辦事" 的表述，並一直持續至今。統計所使用的文本來自中央人民政府官方網站，http://www.gov.cn/index.htm（最後訪問日期：2019 年 11 月 1 日）。

22. 參見明報專訊：〈政協報告對港首提嚴格依據憲法辦事〉，《明報》2016 年 3 月 4 日；明報專訊：〈總理報告首提 "依憲法辦事"〉，《明報》2015 年 3 月 6 日。

23. 參見中華人民共和國香港特別行政區基本法起草委員會秘書處編：《香港各界人士對〈基本法〉結構等問題的意見彙集》，1986 年，第 26-28 頁。

24. 參見〈中央與香港特別行政區的關係專題小組工作報告〉，載中華人民共和國香港特別行政區基本法起草委員會秘書處編：《中華人民共和國香港特別行政區基本法起草委員會第三次全體會議文件彙編》，1986 年，第 8-21 頁。

25. 參見香港基本法諮詢委員會中央與特別行政區的關係專責小組編：《基本法與憲法的關係（最後報告）》，1987 年。

26. 參見香港基本法諮詢委員會編：《中華人民共和國香港特別行政區基本法（草案）徵求意見稿諮詢報告（2）專題報告：基本法與中國憲法的關係》，1988 年，第 3-10 頁。

27. 凱爾森曾提出 "法律位階結構理論" 對其加以論述，參見〔奧〕凱爾森著，沈宗靈譯：《法與國家一般理論》，北京：商務印書館 2013 年版，第 193-

194 頁。

28. 憲制結構的 "離心效應" 概念，源於包剛升博士所著的《民主崩潰的政治學》一書的啟發。該書在論證為何有些民主政體會崩潰的問題上，提出了 "離心型政體" 的概念，並從 "中央與地方的關係"、"選舉制度" 以及 "行政與立法關係" 三個角度對 "離心型政體" 的特徵進行了分析。在閱讀中，筆者依照其邏輯進行推演，認為憲制結構也應存在 "離心型" 與 "向心型" 之分。參見包剛升：《民主崩潰的政治學》，北京：商務印書館 2015 年版，第 107-148 頁。

29. 如何從學理上描述香港的憲制結構，目前兩地學界並無共識。對此，回歸前香港學者 Raymond Wacks 曾追問：一個國家能夠具有兩個 "基本規範" 嗎？See Raymond Wacks, "One Country, Two Grundnormen? The Basic Law and the Basic Norm", in Raymond Wacks (ed.), *Hong Kong, China and 1997 Essays in Legal Theory* (Hong Kong: Hong Kong University Press, 1993), pp. 151-183. 香港回歸後，香港大學陳秀慧副教授提出應借鑒歐盟法律體系所形成的多元主義法理論來解釋香港憲制結構內部的互動關係。See Cora Chan, "Reconceptualising the Relationship between the Mainland Chinese Legal System and the Hong Kong Legal System", (2011) *Asian Journal of Comparative Law* 6, pp. 1-30. 而內地學界雖然提出了 "憲法和基本法共同構成香港的憲制基礎" 這一論述，但對於 "為何要共同" 以及 "如何來共同" 等問題並未深入展開。筆者曾提出 "複合式" 的概念來論述香港憲制結構的淵源、特點及運行規律。參見孫成：〈香港複合式憲制結構研究〉，《江漢大學學報（社會科學版）》2019 年第 3 期，第 25-35 頁。

30. 澳門特別行政區終審法院裁判，案件編號：28/2006，第 28-29 頁。

31. 需要指出，學術界對於港澳特區法院是否具有基本法審查權還有爭論，香港方面討論較多，澳門這邊其實更加複雜。澳門法院在跨越回歸前後的 1/2000 號判決中確認，澳門基本法框架中不存在法院的違憲審查權 / 違反基本法審查權，參見澳門特別行政區終審法院裁判，案件編號：1/2000。該案案情是：上訴人因不服澳門高等法院於 1999 年 3 月 10 日做出的裁判，向葡萄牙憲法法院申請憲法性訴訟。根據 1999 年 12 月 20 日生效的澳門《司法組織綱要法》，此類憲法性訴訟案件程序在澳門回歸後被依法終止。上訴人據此請求澳門終審法院重審該案，其意見書陳述："由於澳門最高層次的法律——《澳門組織章程》/《基本法》——在時間上出現交替，看來難以認為不給予被告機會來質疑一個同時違反舊有的組織章程和基本法的法律規範效力。認為終止要求因所適用的規範違反憲法而宣告其違憲的程序後，應（重）開新的上訴程序以便根據基本法審查所適用法律規範的效力。"對此，澳門終審法院審理認為，由於澳門法院在過去並未獲得類似的合法性審查權力，且回歸後"法律亦沒有規定審查法律規範有否違反基本法的特別上訴途徑"，因此最終判決終止該案的上訴程序。不難發現，這實際上是貫徹行政訴訟正當程序原則和法律程序溯及既往原則的體現。隨後，澳門法院在 22/2005 號判決中重申了這一立場。但在 28/2006 號判決中，澳門法院又指出其有權對案件涉及的法律規範依據基本法進行"附帶性審查"。本文的觀點是，儘管港澳法院在行使基本法審查權的態度上並不相同，且澳門法院更傾向於把基本法審查權的行使範圍限制在行政訴訟層面，但港澳法院行使基本法審查權已經成為"制度事實"。對此，研究的關注點或許應該集中於這種基本法審查制度與全國人大常委會的備案審查制度的銜接，以及如何避免這種審查對港澳憲制結構造成負面影響。

32. 關於這一問題的詳細分析，參見陳弘毅、羅沛然、楊曉楠：〈香港及澳門特別行政區法院合憲性司法審查與比例原則適用之比較研究〉，《港澳研究》2017 年第 1 期，第 37-38 頁。

33. 本文檢索使用的是澳門法院的官網裁判書檢索程序，http://www.court.gov.mo/zh/subpage/researchjudgments（最後檢索時間：2019 年 11 月 4 日）。檢索方法："法院類別：終審法院"，摘要包括"基本法"。當然，不同的學者由於標準不一，因而認定的涉及基本法的判決數量也有所區別。參見楊曉楠：〈澳門基本法的司法適用研究——與香港基本法司法適用的比較〉，《港澳研究》2015 年第 2 期，第 51-52 頁；蔣朝陽：〈澳門基本法的司法適用〉，《國家檢察官學院學報》2015 年第 2 期，第 62 頁。

34. 澳門行政法規爭議是澳門基本法的核心問題，較為全面的梳理參見郭麗莎：〈關於澳門特別行政區行政法規的幾個爭議問題〉，載劉誠主編：《立法評論》第 3 卷第 1 輯，北京：中國法制出版社 2019 年版，第 89-106 頁。

35. 參見澳門特別行政區終審法院裁判，案件編號：94/2019，第 16-20 頁。類似的判決還體現在澳門法院關於"公投問題"的判決中，參見澳門特別行政區終審法院裁判，案件編號：100/2004。

參考文獻

一、中文文獻

（一）原始檔案

[1]　王培英編：《國家憲法文獻通編（修訂版）》，北京：中國民主法制出版社
　　　2007 年版。

[2]　中華人民共和國香港特別行政區基本法起草委員會秘書處編：《中華人民共
　　　和國香港特別行政區基本法起草委員會第二次全體會議文件彙編》，1986
　　　年 4 月。

[3]　中華人民共和國香港特別行政區基本法起草委員會秘書處編：《香港各界人
　　　士對〈基本法〉結構等問題的意見彙編》，1986 年 4 月。

[4]　中華人民共和國香港特別行政區基本法起草委員會秘書處編：《中華人民共
　　　和國香港特別行政區基本法起草委員會第三次全體會議文件彙編》，1986
　　　年 11 月。

[5]　中華人民共和國香港特別行政區基本法諮詢委員會中央與特別行政區的關
　　　係專責小組編：〈基本法與憲法的關係最後報告（1987 年 2 月）〉，載《香
　　　港特別行政區基本法諮詢委員會中央與特別行政區的關係專責小組會議記
　　　錄（1987 年 2 月至 1989 年）》。

[6]　香港特別行政區基本法諮詢委員會編：《分批研討會參考資料 2 研討專題：
　　　基本法的結構全體會議記錄》。

[7]　香港特別行政區基本法諮詢委員會編：《中央與特別行政區的關係專責小組
　　　會議記錄（1986 年至 1987 年 1 月）》。

[8]　中華人民共和國香港特別行政區基本法諮詢委員會中央與特別行政區的關
　　　係專責小組編：《基本法與憲法的關係最後報告（1987 年 2 月）》。

[9]　〈中央與香港特別行政區的關係專題小組工作報告（1987 年 4 月 13 日）〉，
　　　載中華人民共和國香港特別行政區基本法起草委員會秘書處編：《中華人民
　　　共和國香港特別行政區基本法起草委員會第四次全體會議文件彙編（1987
　　　年 4 月）》。

[10]　〈中央與香港特別行政區的關係專題小組工作報告（1987 年 8 月 22 日）〉，

國家憲法在香港實施問題研究

載中華人民共和國香港特別行政區基本法起草委員會秘書處編：《中華人民共和國香港特別行政區基本法起草委員會第五次全體會議文件彙編（1987年8月）》。

[11] 〈香港特別行政區基本法起草委員會各專題小組擬定的各章條文草稿彙編〉，載中華人民共和國香港特別行政區基本法起草委員會秘書處編：《中華人民共和國香港特別行政區基本法起草委員會第六次全體會議文件彙編（1987年12月）》。

[12] 〈中華人民共和國香港特別行政區基本法（草案）徵求意見稿〉，載中華人民共和國香港特別行政區基本法起草委員會秘書處編：《中華人民共和國香港特別行政區基本法起草委員會第七次全體會議文件彙編（1988年5月）》。

[13] 中華人民共和國香港特別行政區基本法起草委員會秘書處編：《內地人士對〈香港特別行政區基本法（草案）徵求意見稿〉的意見彙編（1988年9月）》。

[14] 〈基本法諮詢委員會中央與香港特別行政區的關係專責小組對基本法（草案）徵求意見稿第一、第二、第七及第九章的意見彙編〉，載中華人民共和國香港特別行政區基本法諮詢委員會編：《中華人民共和國香港特別行政區基本法（草案）徵求意見稿（諮詢報告第一冊（1988年10月）》。

[15] 〈"一國兩制"與"高度自治"專題報告〉，載中華人民共和國香港特別行政區基本法諮詢委員會編：《中華人民共和國香港特別行政區基本法（草案）徵求意見稿（諮詢報告2）（1988年10月）》。

[16] 中華人民共和國香港特別行政區基本法諮詢委員會編：《中華人民共和國香港特別行政區基本法（草案）徵求意見稿（諮詢報告第五冊——條文總報告）（1988年10月）》。

[17] 〈基本法與國家憲法及《中英聯合聲明》的關係專題報告〉，載中華人民共和國香港特別行政區基本法諮詢委員會編：《中華人民共和國香港特別行政區基本法（草案）徵求意見稿（諮詢報告第二冊）（1988年10月）》。

[18] 〈一國兩制下互不干預專題報告〉，載中華人民共和國香港特別行政區基本法諮詢委員會編：《中華人民共和國香港特別行政區基本法（草案）（諮詢報告第二冊）（1989年11月）》。

[19] 中華人民共和國香港特別行政區基本法諮詢委員會編：《中華人民共和國香港特別行政區基本法（草案）（諮詢報告第三冊條文總報告）（1989年11月）》。

[20] 中華人民共和國香港特別行政區基本法諮詢委員會編：《中華人民共和國香

港特別行政區基本法（草案）（諮詢報告第一冊）（1989 年 11 月）》。

（二）翻譯著作（含期刊論文）

[1] 〔德〕伯恩‧魏德士著，丁小春、吳越譯：《法理學》，北京：法律出版社 2013 年版。

[2] 〔德〕卡爾‧拉倫茨著，陳愛娥譯：《法學方法論》，北京：商務印書館 2003 年版。

[3] 〔德〕克勞斯‧施萊希、斯特凡‧克利奧特著，劉飛譯：《德國聯邦憲法法院地位、程序與裁判》，北京：法律出版社 2007 年版。

[4] 〔德〕康拉德‧黑塞著，李輝譯：《聯邦德國憲法綱要》，北京：商務印書館 2008 年版。

[5] 〔德〕齊佩利烏斯著，趙宏譯：《德國國家學》，北京：法律出版社 2011 年版。

[6] 〔德〕米歇爾‧施托萊斯著，雷勇譯：《德國公法史（1800-1914）——國家法學說和行政學》，北京：法律出版社 2007 年版。

[7] 〔日〕蘆部信喜著，王貴松譯：《制憲權》，北京：中國政法大學出版社 2012 年版。

[8] 〔日〕渡辺信一郎著，徐沖譯：《中國古代的王權與天下秩序——從日中比較史的視角出發》，北京：中華書局 2008 年版。

[9] 〔日〕大木雅夫著，范愉譯：《比較法（修訂譯本）》，北京：法律出版社 2006 年版。

[10] 〔日〕蘆部信喜著，高橋和之增訂，林來梵、凌維慈、龍絢麗譯：《憲法（第三版）》，北京：北京大學出版社 2006 年版。

[11] 〔奧〕凱爾森著，沈宗靈譯：《法與國家一般理論》，北京：商務印書館 2013 年版。

[12] 〔奧〕凱爾森著，張書友譯：《純粹法理論》，北京：中國法制出版社 2008 年版。

[13] 〔美〕傅高義著，馮克利譯：《鄧小平改變中國》，台北：遠見天下文化出版股份有限公司 2012 年版。

[14] 〔美〕小查爾斯‧愛德華‧梅里亞姆著，畢洪海譯：《盧梭以來的主權學說史》，北京：法律出版社 2006 年版。

[15] 〔美〕馬克斯‧法侖德著，董成美譯：《設計憲法》，上海：上海三聯書店 2006 年版。

[16] 〔美〕約瑟夫‧斯托里著，毛國權譯：《美國憲法評注》，上海：上海三聯

書店 2006 年版。

[17] 〔美〕麥迪遜等著，尹宣譯：《辯論：美國制憲會議記錄》，瀋陽：遼寧教育出版社 2003 年版。

[18] 〔美〕拉里·克雷默著，田雷譯：《人民自己：人民憲政主義與司法審查》，南京：譯林出版社 2010 年版。

[19] 〔美〕戴維·M·奧布萊恩著，胡曉進譯：《風暴眼：美國政治中的最高法院》，上海：上海人民出版社 2010 年版。

[20] 〔美〕斯坦利·I·庫特勒著，朱曾汶、林錚譯：《最高法院與憲法——美國憲法史上重要判例選讀》，北京：商務印書館 2006 年版。

[21] 〔美〕約翰·C·卡爾霍恩著，林國榮譯：《卡爾霍恩文集（下）（演說集）》，桂林：廣西師範大學出版社 2015 年版。

[22] 〔美〕勞倫斯·卻伯著，田雷譯：《看不見的憲法》，北京：法律出版社 2011 年版。

[23] 〔美〕阿奇博爾特·考克斯著，田雷譯：《法院與憲法》，北京：北京大學出版社 2005 年版。

[24] 〔美〕約翰·V·奧爾特著，楊明成、陳霜玲譯：《正當法律程序簡史》，北京：商務印書館 2006 年版。

[25] 〔美〕保羅·布萊斯特、桑福·列文森、傑克·巴爾金、阿基爾·阿瑪編著，陸符嘉、周青風、張千帆、沈根明譯：《憲法決策的過程：案例與材料（第四版下冊）》，北京：中國政法大學出版社 2002 年版。

[26] 〔美〕弗朗西斯·福山著，毛俊傑譯：《政治秩序的起源——從前人類時代到法國大革命》，桂林：廣西師範大學出版社 2014 年版。

[27] 〔美〕琳達·格林豪斯著，何帆譯：《美國最高法院通識讀本》，南京：譯林出版社 2013 年版。

[28] 〔美〕克米特·霍爾著，許明月、夏登峻等譯：《牛津美國聯邦最高法院指南（第二版）》，北京：北京大學出版社 2009 年版。

[29] 〔美〕阿蘭·艾德斯、克里斯托弗·梅著，項炎譯：《美國憲法：個人權利案例與解析》，北京：商務印書館 2014 年版。

[30] 〔美〕胡安·林茨、阿爾弗萊德·斯泰潘著，孫龍等譯：《民主轉型與鞏固的問題——南歐、南美和後共產主義歐洲》，杭州：浙江人民出版社 2008 年版。

[31] 〔美〕伯納德·施瓦茨著，畢洪海、柯狪、石明磊譯：《美國最高法院史》，北京：中國政法大學出版社 2005 年版。

[32] 〔英〕高馬可著，林立偉譯：《香港簡史——從殖民地到特別行政區》，香

港：中華書局（香港）有限公司 2013 年版。

[33] 〔英〕哈特著，許家馨、李冠宜譯：《法律的概念（第二版）》，北京：法律
出版社 2013 年版。

[34] 〔英〕約瑟夫・拉茲著，吳玉章譯：《法律體系的概念》，北京：中國法制
出版社 2003 年版。

[35] 〔英〕K・C・惠爾著，翟小波譯：《現代憲法》，北京：法律出版社 2006
年版。

[36] 〔英〕韋恩・莫里森著，李桂林、李清偉、侯健、鄭雲瑞譯：《法理學：從
古希臘到後現代》，武漢：武漢大學出版社 2003 年版。

[37] 〔法〕盧梭著，何兆武譯：《社會契約論》，北京：商務印書館 2003 年版。

[38] 〔法〕皮埃爾・若克斯著，賴榮發譯，王建學校：〈法國合憲性審查的五十
年〉，載《廈門大學法律評論（第十八輯）》，廈門：廈門大學出版社 2010
年版。

[39] 〔西〕徐利奧・里奧斯著，欒昀譯：〈西班牙的加泰羅尼亞問題〉，《世界民
族》2014 年第 2 期。

（三）港澳台著作（含期刊論文）

[1] 岑朗天：〈"本土派"論述的神化操作〉，載錢永祥：《思想：香港本土與左
右》，台北：聯經出版事業股份有限公司 2014 年版。

[2] 陳敦德：《香港問題談判始末》，香港：中華書局（香港）有限公司 2009
年版。

[3] 陳冠中：《下一個十年：香港的光榮時代？》，香港：牛津大學出版社 2008
年版。

[4] 陳弘毅、陳文敏、李雪菁：《香港法概論》，香港：三聯書店（香港）有限
公司 1999 年版。

[5] 陳弘毅：《"一國兩制"下香港的法治探索》，香港：中華書局（香港）有
限公司 2010 年版。

[6] 陳學然：《五四在香港：殖民情景、民族主義及本土意識》，香港：中華書
局（香港）有限公司 2014 年版。

[7] 陳雲：《香港城邦論》，香港：天窗出版社 2013 年版。

[8] 陳雲：《香港城邦論 II 光復本土》，香港：天窗出版社 2014 年版。

[9] 陳雲：《香港遺民論》，香港：次文化有限公司 2013 年版。

[10] 戴耀廷、羅敏威：《香港特區的法律制度》，香港：中華書局（香港）有限
公司 2011 年版。

[11] 戴耀廷：《香港的憲政之路》，香港：中華書局（香港）有限公司 2010 年版。

[12] 鄧小平：《鄧小平論“一國兩制”》，香港：三聯書店（香港）有限公司
      2004 年版。

[13] 郝鐵川：《香港基本法爭議問題述評》，香港：中華書局（香港）有限公司
      2013 年版。

[14] 洪清田：《人文香港——香港發展經驗的全新總結》，香港：中華書局（香
      港）有限公司 2012 年版。

[15] 胡錦光：〈論憲法與基本法的關係〉，載楊允中：《“一國兩制”與澳門特區
      法制建設——大型學術研討會論文集》，澳門：澳門理工學院一國兩制研
      究中心 2010 年版。

[16] 黃國 ：〈從悲劇看香港的命運〉，載錢永祥：《思想：香港本土與左右》，
      台北：聯經出版事業股份有限公司 2014 年版。

[17] 黃文放：《中國對香港恢復行使主權的決策歷程與執行》，香港：明報出版
      有限公司 1997 年版。

[18] 李浩然：《香港基本法起草過程概覽（上冊）》，香港：三聯書店（香港）
      有限公司 2012 年版。

[19] 梁文道：〈主體性的禁忌〉，載本土論述編輯委員會、新力量網絡：《本土
      論述 2010：香港新階級鬥爭》，台北：漫遊者文化出版社 2011 年版。

[20] 劉兆佳：《回歸後的香港政治》，香港：商務印書館（香港）有限公司 2013
      年版。

[21] 魯平口述，錢亦蕉整理：《魯平口述香港回歸》，香港：三聯書店（香港）
      有限公司 2009 年版。

[22] 羅敏威：《香港人權法新論》，香港：香港城市大學出版社 2009 年版。

[23] 羅永生：〈香港本土意識的前世今生〉，載錢永祥：《思想：香港本土與左
      右》，台北：聯經出版事業股份有限公司 2014 年版。

[24] 呂大樂：〈終於需要面對未來：香港回歸及其設計上的錯誤〉，載錢永祥：
      《思想：香港本土與左右》，台北：聯經出版事業股份有限公司 2014 年版。

[25] 馬傑偉、曾仲堅：《影視香港：身份認同的時代變奏》，香港：香港中文大
      學香港亞太研究所 2010 年版。

[26] 龐嘉穎：〈論憲法在特別行政區的最終權威性〉，《“一國兩制”研究》2012
      年第 3 期。

[27] 冉隆勃、馬繼森：《周恩來與香港“六七暴動”內幕》，香港：明報出版社
      有限公司 2001 年版。

[28] 司徒華：《大江東去：司徒華回憶錄》，香港：牛津大學出版社 2011 年版。

參考文獻

[29]　蘇永欽：《合憲性控制的理論與實踐》，台北：月旦出版社股份有限公司 1994 年版。

[30]　蘇永欽：《走入新世紀的憲政主義》，台北：元照出版有限公司 2002 年版。

[31]　孫同鵬：〈關於憲法在澳門特別行政區的效力和實施問題的思考 —— 兼論澳門法律位階問題〉，《"一國兩制" 研究》2009 年第 1 期。

[32]　田飛龍：《香港政改觀察：從民主與法治的視角》，香港：商務印書館 2015 年版。

[33]　王珂：《中國，從天下到民族國家》，台北：政大出版社 2014 年版。

[34]　王泰銓：《香港基本法》，台北：三民書局 1995 年版

[35]　王禹：〈憲法第 31 條研究〉，載楊允中：《"一國兩制" 與憲政發展 —— 慶祝澳門特別行政區成立十周年研討會論文集》，澳門：澳門理工學院一國兩制研究中心 2009 年版。

[36]　王禹：《港澳基本法草案彙編》，澳門：濠江法律學社 2014 年版。

[37]　王禹：《論憲法在特別行政區的適用》，澳門：三聯出版社 2019 年版。

[38]　王澤鑒：《民法總則（增訂新版）》，台北：新學林出版股份有限公司 2014 年版。

[39]　翁松然：〈"一國兩制" 芻論 —— 概念、性質、內容、困難和前景〉，載張富美：《台灣問題討論集 —— 台灣現狀與台灣前途》，台北：前衛出版社 1988 年版。

[40]　吳庚：《憲法的解釋與實施》，台灣：三民書局 2004 年版。

[41]　香港大學學生會：《香港民族論》，香港：里人文化事業有限公司 2013 年版。

[42]　蕭金松：《清代駐藏大臣》，台北：蒙藏委員會出版所 1996 年版。

[43]　徐承恩：《城邦舊事：十二本書看香港本土史》，香港：青森文化出版社 2014 年版。

[44]　許昌：〈對國家憲法與基本法關係的再思考〉，《澳門行政》1999 年第 3 期。

[45]　許家屯：《許家屯香港回憶錄》，台北：聯合報有限公司 2014 年版。

[46]　葉蔭聰、易汶健：〈本土右翼與經濟右翼：由香港網絡上一宗爭議說起〉，載錢永祥：《思想：香港本土與左右》，台北：聯經出版事業股份有限公司 2014 年版。

[47]　葉蔭聰：《為當下懷舊：文化保育的前世今生》，香港：香港中文大學香港亞太研究所 2010 年版。

[48]　袁求實：《香港過渡時期重要文件彙編》，香港：三聯書店（香港）有限公司 1997 年版。

[49] 張啟雄：〈東西國際秩序原理的差異——"宗藩體系" 對 "殖民體系"〉，
《（台灣）中央研究院近代史研究所集刊》2013 年第 7 期。

[50] 張啟雄：《外蒙主權歸屬交涉（1911-1916）》，台北：中央研究院近代史研究所 1995 年版。

[51] 張鑫：〈特別行政區基本法與國家憲法的關係〉，載施鈞案、容川：《基本法面面觀》，香港：金陵出版社 1984 年版。

[52] 鄭宇碩、盧兆興：《九七過渡：香港的挑戰》，香港：香港中文大學出版社 1997 年版。

[53] 鍾士元：《香港回歸歷程：鍾士元回憶錄》，香港：香港中文大學出版社 2001 年版。

[54] 莊金鋒：〈憲法在香港特別行政區實施性問題再探討〉，《"一國兩制" 研究》2011 年第 7 期。

[55] 莊真真：〈憲法在澳門特別行政區的實施問題研究〉，《"一國兩制" 研究》2015 年第 2 期。

（四）內地專著

[1] 薄一波：《若干重大決策與事件的回顧》，北京：中共中央黨校出版社 1991 年版。

[2] 北京大學法律系法學理論教研室編：《法學基礎理論》，北京：北京大學出版社 1984 年版。

[3] 陳端洪：《憲治與主權》，北京：法律出版社 2007 年版。

[4] 陳端洪：《制憲權與根本法》，北京：中國法制出版社 2010 年版。

[5] 陳冠中：《我這一代香港人》，北京：中信出版社 2013 年版。

[6] 陳弘毅：《法理學的世界（第二版）》，北京：中國政法大學出版社 2013 年版。

[7] 陳友清：《一國兩制法治實踐的法理學觀察——以法制衝突為視角》，北京：法律出版社 2008 年版。

[8] 鄧偉平：《澳門特別行政區基本法論》，廣州：中山大學出版社 2007 年版。

[9] 豆星星：《修憲權基本理論研究：國家憲法良性化之若干思考》，北京：知識產權出版社 2009 年版。

[10] 范進學：《國家憲法實施與憲法方法》，上海：上海三聯書店 2014 年版。

[11] 方建中：《超越主權理論的憲法審查——以法國為中心的考察》，北京：法律出版社 2010 年版。

[12] 傅思明：《香港特別行政區基本法通論》，北京：中國檢察出版社 1997

年版。

[13] 高全喜：《從非常政治到日常政治——論現時代的政法及其他》，北京：中國法制出版社 2009 年版。

[14] 高全喜：《政治憲法學綱要》，北京：中央編譯出版社 2014 年版。

[15] 葛兆光：《宅茲中國：重建有關 "中國" 的歷史論述》，北京：中華書局 2011 年版。

[16] 韓大元、林來梵、鄭賢君：《憲法學專題研究（第二版）》，北京：中國人民大學出版社 2008 年版。

[17] 韓大元：《1954 年憲法制定過程》，北京：法律出版社 2014 年版。

[18] 韓大元：《憲法學基礎理論》，北京：中國政法大學出版社 2008 年版。

[19] 韓大元：《國家憲法學學說史研究（上）》，北京：中國人民大學出版社 2012 年版。

[20] 何海波：《行政訴訟法（修訂版）》，北京：法律出版社 2011 年版。

[21] 胡建淼：《外國憲法：案例及評述（下冊）》，北京：北京大學出版社 2004 年版。

[22] 胡錦光：《違憲審查比較研究》，北京：中國人民大學出版社 2006 年版。

[23] 胡錦光：《違憲審查論》，海口：海南出版社 2007 年版。

[24] 黃志勇：《港澳基本法要論》，廣州：暨南大學出版社 2012 年版。

[25] 姜峰、畢競悅：《聯邦黨人與反聯邦黨人——在憲法批准中的辯論（1787-1788）》，北京：中國政法大學出版社 2012 年版。

[26] 蔣碧昆：《憲法學》，北京：中國政法大學出版社 1994 年版。

[27] 焦洪昌：《港澳基本法》，北京：北京大學出版社 2007 年版。

[28] 冷溶、汪作玲：《鄧小平年譜（1975-1997）（下）》，北京：中央文獻出版社 2004 年版。

[29] 李後：《百年屈辱史的終結——香港問題始末》，北京：中央文獻出版社 1997 年版。

[30] 李曉兵：《法國第五共和國憲法與憲法委員會》，北京：知識產權出版社 2008 年版。

[31] 李治安：《中國五千年中央與地方關係（上卷）》，北京：人民出版社 2010 年版。

[32] 廉希聖：《憲法概要》，北京：中國政法大學出版社 1989 年版。

[33] 梁啟超：《梁啟超文集》，北京：燕山出版社 1997 年版。

[34] 梁漱溟：《中國文化要義》，上海：上海人民出版社 2005 年版。

[35] 梁美芬：《香港基本法：從理論到實踐》，北京：法律出版社 2015 年版。

[36]　林廣華：《違憲審查制度比較研究》，北京：社會科學文獻出版社 2004
　　　年版。

[37]　林來梵：《從憲法規範到規範憲法：規範憲法學的一種前言》，北京：法律
　　　出版社 2001 年版。

[38]　林來梵：《憲法學講義（第二版）》，北京：法律出版社 2015 年版。

[39]　林來梵：《憲法審查的原理與技術》，北京：法律出版社 2009 年版。

[40]　劉義：《憲法審查的程序研究》，北京：法律出版社 2010 年版。

[41]　劉兆興：《德國聯邦憲法法院總論》，北京：法律出版社 1998 年版。

[42]　駱偉建：《澳門特別行政區基本法新論》，北京：社會科學文獻出版社 2012
　　　年版。

[43]　彭豐文：《兩晉時期國家認同研究》，北京：民族出版社 2009 年版。

[44]　齊鵬飛：《鄧小平與香港回歸》，北京：華夏出版社 2004 年版。

[45]　強世功：《中國香港：政治與文化的視野》，北京：生活·讀書·新知三聯
　　　書店 2010 年版。

[46]　秦前紅：《新憲法學（第二版）》，武漢：武漢大學出版社 2009 年版。

[47]　袁索：《日本違憲審查制度：兼對中國的啟示》，北京：商務印書館 2008
　　　年版。

[48]　任東來、胡曉進、白雪峰、翟豔芳：《在憲政舞台上——美國最高法院的
　　　歷史軌跡》，北京：中國法制出版社 2006 年版。

[49]　師哲口述，李海文撰文：《在歷史巨人身邊——師哲回憶錄》，北京：九州
　　　出版社 2015 年版。

[50]　孫國華：《法學基礎理論》，北京：中國人民大學出版社 1987 年版。

[51]　〔日〕時國康夫：《憲法訴訟與判斷方法》，東京：第一法規出版社 1996 年
　　　版，轉載自林來梵：《憲法審查的原理與技術》，北京：法律出版社 2009
　　　年版。

[52]　〔日〕矢野仁一：《近代支那論》，東京：弘文堂書房 1923 年版，轉載自葛
　　　兆光：《宅茲中國：重建有關 "中國" 的歷史論述》，北京：中華書局 2011
　　　年版。

[53]　王鳳超：《"一國兩制"的理論與實踐》，北京：經濟科學出版社 1998 年版。

[54]　王漢斌：《王漢斌訪談錄——親歷新時期社會主義民主法制建設》，北京：
　　　中國民主法制出版社 2012 年版。

[55]　王磊：《憲法的司法化》，北京：中國政法大學出版社 2000 年版。

[56]　王珉燦：《憲法講義》，北京：法律出版社 1983 年版。

[57]　王培英：《國家憲法文獻通編（修訂版）》，北京：中國民主法制出版社

2007 年版。

[58] 王叔文：《香港特別行政區基本法導論》，北京：中共中央黨校出版社 2006 年版。

[59] 王希：《原則與妥協——美國憲法的精神與實踐（增訂版）》，北京：北京大學出版社 2014 年版。

[60] 王振民：《中央與特別行政區關係——一種法治結構的解析》，北京：清華大學出版社 2002 年版。

[61] 吳天昊：《法國違憲審查制度》，北京：中國政法大學出版社 2011 年版。

[62] 蕭蔚雲：《論香港基本法》，北京：北京大學出版社 2003 年版。

[63] 蕭蔚雲：《憲法學概論》，北京：北京大學出版社 1982 年版。

[64] 謝維雁：《從憲法到憲政》，濟南：山東人民出版社 2004 年版。

[65] 許崇德：《中華人民共和國憲法史》，福州：福建人民出版社 2005 年版。

[66] 許崇德：《港澳基本法教程》，北京：中國人民大學出版社 1994 年版。

[67] 許崇德：《國家憲法》，北京：中國人民大學出版社 1989 年版。

[68] 楊靜輝、李祥琴：《港澳基本法比較研究》，北京：北京大學出版社 1997 年版。

[69] 翟國強：《憲法判斷的方法》，北京：法律出版社 2009 年版。

[70] 張春生：《周南解密港澳回歸：中英及中葡談判台前幕後》，北京：新華出版社 2013 年版。

[71] 張鳳陽：《政治哲學關鍵詞》，南京：江蘇人民出版社 2006 年版。

[72] 張莉：《當代法國公法——制度、學說與判例》，北京：中國政法大學出版社 2013 年版。

[73] 張千帆：《美國聯邦憲法》，北京：法律出版社 2011 年版。

[74] 張千帆：《憲法學導論——原理與應用（第三版）》，北京：法律出版社 2014 年版。

[75] 張文顯：《二十世紀西方法哲學思潮研究》，北京：法律出版社 2006 年版。

[76] 張勇、陳玉田：《香港居民的國籍問題》，北京：法律出版社 2001 年版。

[77] 趙立新：《日本違憲審查制度》，北京：中國法制出版社 2008 年版。

[78] 胡繩：《中國共產黨的七十年》，北京：中共黨史出版社 1991 年版。

[79] 中央檔案館：《中共中央文件選集（1949 年 1 月至 9 月）（第 18 冊）》，北京：中央黨校出版社 1992 年版。

[80] 中共中央文獻研究室、中國人民解放軍軍事科學院：《鄧小平軍事文集（第三卷）》，北京：軍事科學出版社、中央文獻出版社 2004 年版。

[81] 中華人民共和國國務院新聞辦公室：《"一國兩制" 在香港特別行政區的實

踐》，北京：人民出版社 2014 年版。

[82] 周濂：《現代政治的正當性基礎》，北京：生活·讀書·新知三聯書店 2008
年版。

[83] 周平：《香港政治發展（1980-2004）》，北京：中國社會科學出版社 2004
年版。

[84] 鄒平學：《香港基本法實踐問題研究》，北京：社會科學文獻出版社 2014
年版。

（五）內地期刊論文

[1] 包萬超：〈設立憲法委員會和最高法院違憲審查庭並行的複合審查制——
完善中國違憲審查制度的另一種思路〉，《法學》1998 年第 4 期。

[2] 包萬超：〈憲政轉型與中國司法審查制度〉，《中外法學》2008 年第 6 期。

[3] 蔡定劍：〈國家憲法實施的私法化之路〉，《中國社會科學》2004 年第 2 期。

[4] 蔡定劍：〈國家憲法司法化路徑探索〉，《法學研究》2005 年第 5 期。

[5] 曹二寶：〈抗戰時期的香港與中國共產黨〉，《中國法律評論》2015 年第
3 期。

[6] 曹旭東：〈憲法在香港特別行政區的適用：理論回顧與實踐反思〉，《政治
與法律》2018 年第 1 期。

[8] 陳端洪：〈"一國兩制" 的智慧〉，《中國法律評論》2015 年第 3 期。

[8] 陳弘毅：〈公法與國際人權法的互動：香港特別行政區的個案〉，《中外法
學》2011 年第 1 期。

[9] 程潔：〈論雙軌政治下的香港司法權——憲政維度下的再思考〉，《中國法
學》2006 年第 5 期。

[10] 程潔：〈中央政府與香港政治發展的中道觀〉，《中國法律評論》2015 年第
3 期。

[11] 程潔：〈不對稱治理格局下香港的憲制基礎與憲法適用〉，《中國法律評論》
2018 年第 5 期。

[12] 程中原：〈胡喬木對一九八二年憲法修改的貢獻〉，《中共黨史研究》2011
年第 8 期。

[13] 丁煥春：〈論中國憲法對香港特別行政區的法律效力〉，《法學評論》1991
年第 3 期。

[14] 董皞：〈"特區租管地"：一種區域合作法律制度創新模式〉，《中國法學》
2015 年第 1 期。

[15] 董立坤、張淑鈿：〈論中國政府機構在香港特別行政區的豁免權——以華

天輪案為例〉，《政治與法律》2011 年第 5 期。

[16] 郭敬東：〈身體思維與中國早期國家觀的形成〉，《天府新論》2013 年第 6 期。

[17] 韓大元：〈以憲法第 126 條為基礎尋求憲法實施的共識〉，《法學》2009 年第 3 期。

[18] 韓大元：〈國家憲法學研究三十年：1978-2008〉，《湖南社會科學》2008 年第 5 期。

[19] 韓大元：〈國家憲法學研究三十年：歷史脈絡與學術自主性〉，《中國法學》2008 年第 5 期。

[20] 韓大元：〈論憲法在香港特別行政區基本法制定過程中的作用 —— 紀念香港特別行政區基本法實施 20 周年〉，《現代法學》2017 年第 5 期。

[21] 韓姍姍：〈從擅闖駐港軍營看 "港獨式" 激進運動：特徵、原因及危害〉，《港澳研究》2014 年第 1 期。

[22] 何永紅：〈國家憲法慣例問題辨析〉，《現代法學》2013 年第 1 期。

[23] 胡錦光：〈違憲審查與相關概念辨析〉，《法學雜誌》2006 年第 4 期。

[24] 黃卉：〈合憲性解釋及其理論檢討〉，《中國法學》2014 年 1 期。

[25] 黃明濤：〈兩種 "憲法解釋" 的概念分野與合憲性解釋的可能性〉，《中國法學》2014 年第 6 期。

[26] 黃明濤：〈論香港特別行政區基本法的自足性 —— 對基本法第 11 條第 1 款的一種解讀〉，《學習與探索》2015 年第 1 期。

[27] 黃明濤：〈論憲法在香港特別行政區的效力與適用〉，《法商研究》2018 年第 6 期。

[28] 黃學賢：〈關於完善中國憲法監督機制的理性思考〉，《江海學刊》2001 年第 2 期。

[29] 季衛東：〈合憲性審查與司法權的強化〉，《中國社會科學》2002 年第 2 期。

[30] 季衛東：〈再論合憲性審查 —— 權力關係網的拓撲與制度變遷的博弈〉，《開放時代》2003 年第 5 期。

[31] 強世功：〈"不成文憲法"：英國憲法學傳統的啟示〉，《讀書》2009 年第 11 期。

[32] 強世功：〈和平革命的司法管轄權之爭 —— 從馬維昆案和吳嘉玲案看香港憲政秩序的轉型〉，《中外法學》2007 年第 6 期。

[33] 強世功：〈聯邦主權與州主權的迷思 —— 麥卡洛克訴馬里蘭州案中的政治修辭及其法律陷阱〉，《中國法學》2006 年第 4 期。

[34] 強世功：〈國家憲法中的不成文憲法 —— 理解國家憲法的新視角〉，《開放

國家憲法在香港實施問題研究

時代》2009 年第 12 期。

[35] 焦洪昌、葉強：〈憲法在特別行政區的效力（未刊稿）〉，《中國法學會憲法
學研究會 2011 年年會論文集（上冊）》。

[36] 李昌道：〈香港基本法解釋機制探析〉，《復旦學報：社會科學版》2008 年
第 3 期。

[37] 李林、莫紀宏、陳欣新：〈"愛國愛港"是中國公民擔任香港特別行政區行
政長官的基本法律要件〉，《港澳研究》2013 年第 1 期。

[38] 李龍、李小萍：〈論憲法中人民主權與基本人權原則的溝通〉，《法律科學》
2008 年第 1 期。

[39] 李琦：〈特別行政區基本法之性質：憲法的特別法〉，《廈門大學學報（哲
學社會科學版）》2002 年第 5 期。

[40] 李薇薇：〈香港法院基本法案件裁判依據的國際化〉，《政法論壇》2015 年
第 3 期。

[41] 李曉宇：〈"大一統"觀念的起源及其流變〉，《學海》2008 年第 6 期。

[42] 李忠夏：〈從制憲權角度透視新國家憲法的發展〉，《中外法學》2014 年第
3 期。

[43] 林來梵：〈論"蘆部憲法學"〉，《浙江社會科學》2006 年第 1 期。

[44] 林來梵：〈國家憲法學的現狀與展望〉，《法學研究》2011 年第 6 期。

[45] 林來梵：〈轉型期憲法的實施形態〉，《比較法研究》2014 年第 4 期。

[46] 劉春萍：〈蘇聯憲法學說對國家憲法學說的影響〉，《北方法學》2012 年第
4 期。

[47] 劉晗：〈區域普選進程中的國家統合：轉型國家的比較研究〉，《環球法律
評論》2015 年第 6 期。

[48] 劉茂林：〈香港基本法是憲法性法律〉，《法學家》2007 年第 3 期。

[49] 劉葉深：〈法律效力理論中的實效性原則〉，《北方法學》2013 年第 5 期。

[50] 劉正寅：〈"大一統"思想與中國古代疆域的形成〉，《中國邊疆史地研究》
2010 年第 2 期。

[51] 劉大生：〈黨主立憲：是什麼，不是什麼〉，《江蘇警官學院學報》2008 年
第 1 期。

[52] 柳建龍：〈合憲性解釋原則的本相與爭論〉，《清華法學》2011 年第 1 期。

[53] 魯平：〈憲法與一國兩制〉，載全國人大常委會辦公廳、法工委、中宣部、
司法部、中國法學會編：《憲法頒佈十周年紀念文集》，北京：法律出版社
1993 年版。

[54] 馬嶺：〈"違憲審查"相關概念之分析〉，《法學雜誌》2006 年第 3 期。

[55] 馬嶺：〈德國和美國違憲審查制度之比較〉，《環球法律評論》2005 年第 2 期。

[56] 潘泰萍：〈"國家統合"模式下中國集體協商推行效果的實證分析〉，《中國勞動關係學院學報》2013 年第 5 期。

[57] 錢其琛：〈關於香港回歸的若干問題〉，《求是》1997 年第 12 期。

[58] 喬曉陽：〈從"一國兩制"的高度看待釋法的必要性與合法性〉，載全國人大常委會香港、澳門基本法委員會編：《中央有關部門發言人及負責人關於基本法問題的談話和演講》，北京：中國民主法制出版社 2011 年版。

[59] 喬曉陽：〈關於香港基本法的幾個主要問題〉，載全國人大常委會香港、澳門基本法委員會編：《中央有關部門發言人及負責人關於基本法問題的談話和演講》，北京：中國民主法制出版社 2011 年版。

[60] 秦前紅：〈廢止齊案"批覆"之舉值得嘉許〉，《法學》2009 年第 4 期。

[61] 秦強：〈"憲法母法說的理論形態及其價值轉變"〉，《山東大學法律評論（第五輯）》，濟南：山東大學出版社 2008 年版。

[62] 秦強：〈論全國人大與全國人大常委會的職權關係〉，《人大研究》2010 年第 12 期。

[63] 瞿鄭龍：〈當代中國法治建設的政治邏輯——以證成性與正當性為分析框架〉，《法制與社會發展》2014 年第 6 期。

[64] 任喜榮：〈國家憲法學發展 30 年〉，《法制與社會發展》2009 年第 1 期。

[65] 蘇力：〈當代中國的中央與地方分權——重讀毛澤東《論十大關係》第五節〉，《中國社會科學》2004 年第 2 期。

[66] 孫成：〈香港新政治秩序的建立——評劉兆佳回歸後的香港政治〉，《港澳基本法實施評論（2014 年卷）》，北京：法律出版社 2015 年版。

[67] 孫成：〈香港城邦論思想述評〉，《港澳基本法實施評論（2015 年卷）》，北京：法律出版社 2016 年版。

[68] 孫成：〈全國人大及其常委會針對香港問題實施憲法的實踐——以 33 份規範性文件為樣本〉，《北京社會科學》2019 年第 4 期。

[69] 孫成：〈香港複合式憲制結構研究〉，《江漢大學學報（社會科學版）》2019 年第 3 期。

[70] 孫成：〈論憲法在港澳實施的異同及原因——以全國人大及其常委會 55 份規範性文件為樣本〉，《交大法學》2020 年第 3 期。

[71] 孫涉：〈試論中華人民共和國香港特別行政區基本法在中國法律體系中的地位〉，《江蘇社會科學》1991 年第 4 期。

[72] 田雷：〈論美國的縱向司法審查：以憲政政制、文本與學說為中心的考

察〉,《中外法學》2011 年第 5 期。

[73] 童之偉:〈憲法司法實施研究中的幾個問題〉,《法學》2001 年第 11 期。

[74] 屠凱:〈西方單一制多民族國家的未來——進入 21 世紀的英國和西班牙〉,《清華法學》2015 年第 4 期。

[75] 屠振宇:〈中國不成文憲法的爭論與反思〉,《政治與法律》2015 年第 6 期。

[76] 王春雷:〈凱爾森論法的效力與實效〉,《河南科技大學學報(社會科學版)》2014 年第 5 期。

[77] 王鳳超:〈關於香港問題的幾個重要提法〉,《同舟共進》2012 年第 9 期。

[78] 王廣輝:〈特別行政區制度對國內關係的影響〉,《清華法律評論》2012 年第 6 期。

[79] 王建學:〈從"憲法委員會"到"憲法法院"——法國合憲性先決程序改革述評〉,《浙江社會科學》2010 年第 8 期。

[80] 王錯:〈合憲性解釋之反思〉,《法學家》2015 年第 1 期。

[81] 王立:〈試論中國憲法與香港基本法的法律關係〉,《江西大學學報》1991 年第 2 期。

[82] 王人博:〈被創造的公共儀式——對七五憲法的閱讀與解釋〉,《比較法研究》2005 年第 3 期。

[83] 王書成:〈論合憲性解釋方法〉,《法學研究》2012 年第 5 期。

[84] 王玉明:〈香港特別行政區基本法的幾個理論問題(上)〉,《政法論壇》1990 年第 3 期。

[85] 王禎軍:〈對憲法和基本法在特別行政區地位的思考〉,《大連幹部學刊》2010 年第 12 期。

[86] 王振民、孫成:〈香港法院實施國家憲法問題研究〉,《政治與法律》2014 年第 4 期。

[87] 王振民:〈"一國兩制"實施中的若干憲法問題淺析〉,《法商研究》2000 年第 4 期。

[88] 吳邦國:〈深入實施香港特別行政區基本法 把"一國兩制"偉大實踐推向前進——在紀念中華人民共和國香港特別行政區基本法實施十周年座談會上的講話〉,載全國人大常委會香港基本法委員會辦公室編:《紀念香港基本法實施十周年文集》,北京:中國民主法制出版社 2007 年版。

[89] 吳天昊:〈從事先審查到事後審查:法國違憲審查的改革與實踐〉,《比較法研究》2013 年第 2 期。

[90] 夏引業:〈憲法在香港特別行政區的適用〉,《甘肅政法學院學報》2015 年第 5 期。

參考文獻

[91] 夏勇：〈國家憲法改革的幾個基本理論問題〉，《中國社會科學》2003 年第 2 期。

[92] 蕭蔚雲：〈關於香港特別行政區基本法的幾個問題〉，《法學雜誌》2005 年第 2 期。

[93] 蕭蔚雲：〈論中華人民共和國憲法與香港特別行政區基本法的關係〉，《北京大學學報（哲學社會科學版）》1990 年第 3 期。

[94] 謝維雁：〈"母法" 觀念解讀 —— 憲法與法律關係新解〉，《四川大學學報（哲學社會科學版）》2005 年第 5 期。

[95] 邢斌文：〈法院如何援用憲法 —— 以齊案批覆廢止後的司法實踐為中心〉，《中國法律評論》2015 年第 3 期。

[96] 徐復雄：〈論基本法確立的香港新憲制架構〉，載蕭蔚雲、饒戈平：《論香港基本法的三年實踐》，北京：法律出版社 2001 年版。

[97] 徐澤：〈在基本法軌道上發展香港政制〉，載全國人大常委會香港、澳門基本法委員會編：《中央有關部門發言人及負責人關於基本法問題的談話和演講》，北京：中國民主法制出版社 2011 年版。

[98] 姚中秋：〈"大一統" 理念辨析〉，《學海》2008 年第 6 期。

[99] 葉昌富：〈"一國兩制" 下的若干憲政問題淺析〉，《政法學刊》2001 年第 2 期。

[100] 葉昌富：〈構建在"一國兩制"下的憲法與港澳基本法的關係〉，《行政與法》2001 年第 2 期。

[101] 葉海波：〈特別行政區基本法的合憲性推定〉，《清華法學》2012 年第 5 期。

[102] 葉海波：〈主權決斷對法律形式的背離與回歸 —— 憲法第 31 條與港澳基本法的合憲性〉，《法律方法與法律思維（第八輯）》，北京：法律出版社 2012 年版。

[103] 葉張瑜：〈中共第一代中央領導集體解決香港問題戰略決策的歷史考察〉，《當代中國史研究》2007 年第 3 期。

[104] 殷嘯虎：〈論憲法在特別行政區的適用〉，《法學》2010 年第 1 期。

[105] 翟國強：〈國家憲法實施的雙軌制〉，《法學研究》2014 年第 3 期。

[106] 翟志勇：〈英國不成文憲法的觀念流變 —— 兼論不成文憲法概念在中國的誤用〉，《清華法學》2013 年第 3 期。

[107] 張定淮：〈香港政改的歷史與民主政治的發展〉，《中國法律評論》2015 年第 3 期。

[108] 張漢：〈統合主義與中國國家—社會關係研究 —— 理論視野、經驗觀察與政治選擇〉，《人文雜誌》2014 年第 1 期。

[109] 張啟雄：〈中華世界秩序原理〉，載張憲文、張玉法：《中華民國專題史第十三卷：邊疆與少數民族》，南京大學出版社 2015 年版。

[110] 張啟雄：〈中華世界秩序原理的源起：近代中國外交紛爭中的古典文化價值〉，載吳建攀、李玉：《東亞的價值》，北京大學出版社 2010 年版。

[111] 張榮順：〈略論中國憲法與香港特別行政區基本法的關係〉，《中外法學》1990 年第 6 期。

[112] 張文彪：〈論憲法與香港特別行政區基本法的關係〉，《嶺南學刊》1997 年第 1 期。

[113] 張中秋：〈傳統中國國家觀新探——兼及對當代中國政治法律的意義〉，《法學》2014 年第 5 期。

[114] 張子俠：〈"大一統"思想的萌生及其發展〉，《學習與探索》2007 年第 4 期。

[115] 鄭宏泰、尹寶珊：〈香港本土意識初探：身份認同的社經與政治視角〉，《港澳研究》2014 年第 3 期。

[116] 祝捷：〈"民主獨立"的台灣故事與香港前路〉，《港澳研究》2015 年第 2 期。

[117] 朱世海：〈憲法與基本法關係新論：主體法與附屬法〉，《浙江社會科學》2018 年第 4 期。

[118] 莊金鋒：〈憲法對香港特別行政區實施性問題的探討〉，《中南政法學院學報》1992 年第 4 期。

[119] 鄒平學、黎沛文、張晉邦：〈中國基本法研究 30 年綜述〉，載憲法學研究會編：《國家憲法學三十年（1985-2015）》，北京：法律出版社 2015 年版。

[120] 鄒平學：〈1982 年《憲法》第 31 條辨析——兼論現行憲法在特別行政區的實施〉，《當代港澳研究》2013 年第 1 期。

[121] 鄒平學：〈論特別行政區制度的中國特色〉，《長沙理工大學學報（社會科學版）》2009 年第 1 期。

[122] 鄒平學：〈憲法在香港特別行政區的效力和實施研究述評〉，《深圳大學學報（人文社會科學版）》2013 年第 5 期。

[123] 鄒平學：〈香港基本法解釋機制特徵芻議〉，《法學》2009 年第 5 期。

（六）內地碩博論文與研究報告

[1] 胡錦光：《憲法在特別行政區的適用問題研究（未刊稿）》，全國人大常委會香港基本法委員會課題（編號：JBF201005）項目成果。

[2] 李浩然：《回歸初期香港法院司法積極主義傾向研究》，清華大學法學院 2012 年博士學位論文。

[3] 李緯華：《論香港特區對居民基本權利的解釋》，清華大學法學院 2012 年

博士學位論文。

[4]　劉洋：《香港特別行政區的憲制性法律及其相互關係》，上海社科院法學所 2012 年碩士學位論文。

[5]　潘亞鵬：《憲法在香港特別行政區的效力問題研究》，深圳大學法學院 2012 年碩士學位論文。

[6]　王晴：《協調憲法與特別行政區基本法關係的若干問題》，華東政法大學法學院 2010 年碩士學位論文。

[7]　印月：《凱爾森的法的效力與實效理論研究》，吉林大學法學院 2006 年碩士學位論文。

[8]　朱瑞丹：《論憲法在香港特別行政區的實施》，廣東商學院法學系 2006 年碩士學位論文。

[9]　曾偉：《從香港政制發展論憲法與香港特別行政區基本法的關係》，中國人民大學法學院 2005 年碩士學位論文。

（七）報紙

[1]　戴耀廷：〈公民抗命的最大殺傷力武器〉，《信報》2013 年 1 月 16 日。

[2]　黃松有：〈憲法司法化及其意義——從最高人民法院今天的一個批覆談起〉，《人民法院報》2001 年 8 月 3 日。

[3]　金堯如：〈保持香港現狀和地位的戰略思想〉，《香港經濟日報》1993 年 7 月 2 日。

[4]　李浩然：〈一國兩制：憲法在特別行政區的適用〉，《中國社會科學報》2010 年 5 月 27 日。

[5]　李怡：〈從無到有的香港本土意識的興起〉，《蘋果日報》2013 年 11 月 20 日。

[6]　李怡：〈港獨主張是香港民主的思想火種〉，《蘋果日報》2014 年 4 月 16 日。

[7]　練乙錚：〈"次主權"是個好東西〉，《信報》2010 年 9 月 15 日。

[8]　盧文端：〈中央為何強調"嚴格依照憲法和基本法辦事"〉，《文匯報》2016 年 3 月 29 日。

[9]　明報專訊：〈政協報告對港首提嚴格依據憲法辦事〉，《明報》2016 年 3 月 4 日。

[10]　明報專訊：〈總理報告首提"依憲法辦事"〉，《明報》2015 年 3 月 6 日。

[11]　喬曉陽：〈非萬不得已人大不出手——喬曉陽在國務院新聞辦記者會答問〉，《大公報》2004 年 4 月 7 日。

[12]　人民日報評論員：〈一國兩制不容破壞〉，《人民日報》1989 年 7 月 21 日。

[13] 人民日報評論員：〈中國的內政不容干涉——評西方七國首腦會議關於中國的聲明〉，《人民日報》1989 年 7 月 17 日。

[14] 人民日報評論員：〈準確把握香港特別行政區的憲制基礎〉，《人民日報》2014 年 6 月 19 日。

[15] 沈旭輝：〈解構香港次主權——從曾蔭權致電菲律賓總統談起〉，《明報》2010 年 8 月 27 日。

[16] 添馬男：〈港獨陽謀〉，《蘋果日報》2015 年 1 月 19 日。

[17] 習近平：〈在首都各界紀念現行憲法公佈實施三十周年大會上的講話〉，《人民日報》2012 年 12 月 5 日。

[18] 張鐵志：〈香港本土有兩種〉，《蘋果日報》2013 年 7 月 16 日。

[19] 〈中共中央關於全面推進依法治國若干重大問題的決定〉，《人民日報》2014 年 10 月 29 日。

[20] 朱國斌：〈從憲法維度建構特區管治的法理〉，《大公報》2016 年 3 月 29 日。

（八）網絡資料

[1] 北大法寶法律法規數據庫，資料來源於：http://www.pkulaw.cn。

[2] 陳中寧：〈覺醒：台灣、香港的公民力量之本土篇——本土意識、政治轉型與精英鬥爭〉，台灣新社會智庫官網，資料來源於：http://www.taiwansig.tw/index.php?option=com_content&task=view&id=5690&Itemid=117（最後訪問時間：2019 年 4 月 2 日）。

[3] 陳雲：〈香港城邦自治運動總綱〉，香港自治運動官網，資料來源於：http://hkam2011.blogspot.com/2011/06/blog-post_25.html（最後訪問時間：2019 年 3 月 25 日）。

[4] 《德意志聯邦共和國基本法》，台灣司法院官網，資料來源於：http://www.judicial.gov.tw/db/db04/GE-Base-200111.asp（最後訪問時間：2019 年 3 月 25 日）。

[5] 〈法治興衰的核心問題——怎樣理解黨和法治的關係〉，人民網，資料來源於：http://theory.people.com.cn/n/2015/0204/c40531-26504432.html（最後訪問時間：2019 年 1 月 10 日）。

[6] 《工聯普選特首方案：參選要聲明擁護國家憲法》，明報，資料來源於：http://specials.mingpao.com/cfm/News.cfm?SpecialsID=137&News=cefe74b941680a5adce4702fed4c061295a6f63b09ee45921ea6d2a9b9602edadc6c02（最後訪問時間：2019 年 10 月 13 日）。

[7] 胡錦濤：〈在慶祝香港回歸祖國 10 周年大會暨香港特別行政區第三屆政府

就職典禮上的講話〉，香港中聯辦官網，資源來源於：http://www.locpg. gov.cn/gjldrnxg/hujingtao/200707/t20070709_2600.asp（最後訪問時間：2019 年 11 月 4 日）。

[8]　胡錦濤：〈在慶祝香港回歸祖國 15 周年大會暨香港特別行政區第四屆政府就職典禮上的講話〉，香港中聯辦官網，資源來源於：http://www.locpg. gov.cn/shouyexinwen/201207/t20120701_6102.asp（最後訪問時間：2019 年 11 月 4 日）。

[9]　韓大元：〈中華人民共和國憲法與香港特別行政區基本法共同構成香港憲制的基礎〉，中國人大網，資源來源於：http://www.npc.gov.cn/npc/xinwen/ rdlt/fzjs/2007-06/07/content_366697.htm（最後訪問時間：2019 年 11 月 1 日）。

[10]　劉兆佳：〈談港獨者多發洩，無人實踐〉，明報，資料來源於：http:// specials.mingpao.com/cfm/News.cfm?News=aad914df23750540c8fe411732d 47722acdc4d6132f6542c808c19792a76640d8a82（最後訪問時間：2019 年 2 月 20 日）。

[11]　李飛：〈全國人大常委會決定的政治和法律內涵 —— 在香港特別行政區政府高級官員簡介會上的講話〉，香港中聯辦官網，資料來源於：http:// www.locpg.hk/jsdt/201409/01/c_126942832.htm（最後訪問時間：2019 年 4 月 23 日）。

[12]　美國傳統基金會：〈全球經濟自由度指數〉，美國傳統基金會官網，資料來源於：http://www.heritage.org/Index/PDF/2011/Index2011_Highlights.pdf （最後訪問時間：2019 年 5 月 23 日）。

[13]　喬曉陽：〈國家憲法和香港基本法〉，新華網，資料來源於：http://news. xinhuanet.com/gangao/2016-02/29/c_128763226.htm（最後訪問時間：2019 年 2 月 4 日）。

[14]　喬曉陽：〈2013 年 3 月 24 日在香港立法會部分議員座談會上的講話〉，新華網，資料來源於：http://news.xinhuanet.com/gangao/2015-03/18/ c_127595010.htm（最後訪問時間：2019 年 10 月 12 日）。

[15]　喬曉陽：〈國家憲法與澳門基本法的關係 —— 在澳門基本法推廣協會專題講座上的講話〉，全國港澳研究會官網，資料來源於：http://www.cahkms. org/ResearchInformation/ResearchConsultingContent_30.html（最後訪問時間：2019 年 6 月 12 日）。

[16]　強世功：〈為什麼說中央是香港最大的民主派〉，求是網，資料來源於：http://www.qstheory.cn/politics/2014-10/13/c_1112801963.htm（最後訪問時

間：2019 年 12 月 30 日）。

[17]　〈2015 年世界各國法治指數〉，資料來源於：http://worldjusticeproject.org/
rule-of-law-index（最後訪問時間：2019 年 12 月 30 日）。

[18]　"Spain's Constitutional Court Declares Catalan Preparations For November
9 Vote Unconstitutional"，資料來源於：https://www.thespainreport.com/
articles/88-150611171350-spain-s-constitutional-court-declares-catalan-
preparations-for-november-9-vote-unconstitutional（最後訪問時間：2017 年
11 月 30 日）。

[19]　〈世界各國國民生產總值統計〉，世界銀行官網，資料來源於：http://data.
worldbank.org/indicator/NY.GDP.MKTP.CD（最後訪問時間：2017 年 11 月
14 日）。

[20]　〈譚惠珠：特首抗中央違憲，法律學者指憲法在港不實施，批合理化喬言
論〉，明報，資料來源於：http://specials.mingpao.com/cfm/News.cfm?Spec
ialsID=137&Page=96&News=c19b724a460969ec4c92d3cadc0321ecc81fd5a
eca4367e4851b35e84a（最後訪問時間：2019 年 10 月 13 日）。

[21]　吳邦國：〈在十屆全國人大常委會第十五次會議上的講話〉，香港中聯辦
官網，資料來源於：http://www.locpg.gov.cn/gjldrnxg/wubangguo/200701/
t20070105_1016.asp（最後訪問時間：2019 年 11 月 4 日）。

[22]　維基百科 "陳雲" 條目，資料來源於：http://zh.wikipedia.org/wiki/%E9%9
9%B3%E9%9B%B2_%28%E5%AD%B8%E8%80%85%29（最後訪問時間：
2018 年 9 月 2 日）。

[23]　維基百科 "香港自治運動" 條目，資料來源於：http://zh.wikipedia.org/wik
i/%E9%A6%99%E6%B8%AF%E8%87%AA%E6%B2%BB%E9%81%8B%E
5%8B%95（最後訪問時間：2018 年 9 月 2 日）。

[24]　維基百科 "香港獨立運動" 條目，資料來源於：http://zh.wikipedia.org/wik
i/%E9%A6%99%E6%B8%AF%E7%8D%A8%E7%AB%8B%E9%81%8B%E
5%8B%95（最後訪問時間：2018 年 9 月 2 日）。

[25]　維基百科 "維園六四燭光晚會" 條目，資料來源於：http://zh.wikipedia.
org/wiki/%E7%B6%AD%E5%9C%92%E5%85%AD%E5%9B%9B%E7%87
%AD%E5%85%89%E6%99%9A%E6%9C%83（最後訪問時間：2018 年 9
月 2 日）。

[26]　維基百科 "佔領中環" 條目，資料來源於：https：//zh.wikipedia.org/wiki
/%E8%AE%93%E6%84%9B%E8%88%87%E5%92%8C%E5%B9%B3%E4
%BD%94%E9%A0%98%E4%B8%AD%E7%92%B0（最後訪問時間：2018

年 9 月 2 日）。

[27] 〈新聞背景：全國人大常委會立法解釋〉，新華網，資料來源於：http://
news.xinhuanet.com/legal/2014-04/21/c_1110339712.htm（最後訪問時間：
2018 年 11 月 2 日）。

[28] 〈香港立法會關於行政長官是否應宣誓擁護國家憲法的公告〉，香港政府
官方網站，資料來源於：http://www.info.gov.hk/gia/general/201311/13/
P201311130347.htm（最後訪問時間：2018 年 4 月 2 日）。

[29] 香港法院判決書檢索系統，資料來源於：http://legalref.judiciary.gov.hk/lrs/
common/ju/judgment.jsp。

[30] 香港復興會官網，資料來源於：http://hkresurgence.com（最後訪問時間：
2018 年 9 月 2 日）。

[31] 香港嶺南大學官網，資料來源於：http://www.ln.edu.hk/chi/ChinWK.htm（最
後訪問時間：2018 年 9 月 2 日）。

[32] 香港自治運動官網，資料來源於：http://hkam2011.blogspot.com（最後訪
問時間：2018 年 9 月 2 日）。

[33] 〈香港身份類別認同統計（1997 年 8 月到 2015 年 12 月）〉，香港大學
民意研究計劃官網，資料來源於：https://www.hkupop.hku.hk/chinese/
popexpress/ethnic/eidentity/halfyr/eid_half_chart.html（最後訪問時間：
2016 年 1 月 30 日）。

[34] 〈香港立法會 1999 年 2 月 10 日立法會會議過程正式記錄〉，香港立法會
官網，資料來源於：http://www.legco.gov.hk/yr98-99/chinese/counmtg/
general/cou_mtg.htm（最後訪問時間：2020 年 1 月 3 日）。

[35] 〈香港政改與國家安全〉，新華網，資料來源於：http://news.xinhuanet.com/
gangao/2014-06/04/c_126597225.htm（最後訪問時間：2019 年 12 月 28 日）。

[36] 〈尋找古典文學的意義 —— 張暉在 "六合叢書" 新書發佈會上的發
言〉，360doc 個人圖書館，資料來源於：http://www.360doc.com/conte
nt/13/0324/11/111031_273574452.shtml（最後訪問時間：2019 年 11 月
28 日）。

[37] 〈許知遠對陳雲的訪談：遺民與蝗蟲〉，英國金融時報中文網，資料
來源於：http://www.ftchinese.com/search/?keys=%E9%81%97%E6%
B0%91%E4%B8%8E%E8%9D%97%E8%99%AB&ftsearchType=type_
news&x=37&y=17（最後訪問時間：2019 年 3 月 25 日）。

[38] 中國共產黨歷次全國代表大會數據庫，中國共產黨新聞網，資料來源於：
http://cpc.people.com.cn/GB/64162/64168/351850/index.html。

[39] 國家法律法規數據庫，中國人大網，資料來源於：http://www.npc.gov.cn。

[40] 鄒平學：〈論憲法在港澳特別行政區的實施〉，澳門基本法推廣協會官網，資料來源於：http://www.basiclaw.org.mo/index.php?p=5_1&art_id=1702（最後訪問時間：2020 年 1 月 4 日）。

二、英文文獻

（一）英文著作（含期刊論文）

[1] Albert Chen, "The Provisional Legislative Council of the SAR", (1997) *Hong Kong Law Journal* 27(1).

[2] Albert Chen and P. Y. Lo, "The Basic Law Jurisprudence of the Court of Final Appeal", in Simon N. M. Young and Yash Ghai (eds.), *Hong Kong's Court of Final Appeal: The Development of the Law in China's Hong Kong* (Cambridge: Cambridge University Press, 2014).

[3] Albert H. Y. Chen, "Further Aspects of the Autonomy of Hong Kong under the PRC Constitution", (1984) *Hong Kong Law Journal* 341(14).

[4] Anton Cooray, *Constitutional Law in Hong Kong* (Nertherlands: Kluwer Law International, 2010).

[5] Baogang Guo, "Political Legitimacy and China's Transition", (2003) *Journal of Chinese Political Science* 8(1).

[6] Benny Y. T. Tai, "Developing an Index of the Rule of Law: Sharing the Experience of Hong Kong", (2007) Asian Journal of Comparative Law 2(1).

[7] Cora Chan, "Reconceptualising the Relationship between the Mainland Chinese Legal System and the Hong Kong Legal System", (2011) *Asian Journal of Comparative Law* 6(1).

[8] Danny Gittings, *Introduction to the Hong Kong Basic Law* (Hong Kong: Hong Kong University Press, 2013).

[9] H. L. Fu, "Supremacy of a Different Kind: The Constitution, the NPC, and the Hong Kong SAR", in Johannes M. M. Chan, Yash Ghai (eds.), *Hong Kong's Constitutional Debate: Conflict over Interpretation* (Hong Kong: Hong Kong University Press, 2000).

[10] Hans Kelsen, *Pure Theory of Law* (Berkeley: California University Press, 1967), translation from the Second German Edition by Max Knight.

參考文獻

[11]   *Hot off the Press* (Hong Kong: Hong Kong Lawyer, 1998 Aug).

[12]   Hungdah Chiu (ed.), *The Draft Basic Law of Hong Kong: Analysis and Documents* (Maryland: University of Maryland Press, 1988).

[13]   James K. T. Wong, *The Applicability of the PRC Constitution to Hong Kong* (Hong Kong: Hong Kong Lawyer, 1999 Mar).

[14]   Jie Cheng, "The Story of a New Policy", (2009) *Hong Kong Journal* 7.

[15]   Johannes Chan, "Administrative Law, Politics and Governance: The Hong Kong Experience", in Tom Ginsburg & Albert H. Y. Chen (ed.), *Administrative Law and Governance in Asia — Comparative Perspectives* (London: Routledge, 2009).

[16]   Johannes Chan, C. L. Lim, *Law of the Hong Kong Constitution* (Hong Kong: Sweet & Maxwell, 2011).

[17]   Margaret Ng, *PRC Constitution Made Part of Laws of Hong Kong?* (Hong Kong: Hong Kong Lawyer, 1998 Oct).

[18]   Mark Roberti, *The Fall of Hong Kong: China's Triumph and Britain's Betrayal* (New York: John Wiley & Sons Press, 1994).

[19]   Michael Ramsden, *Hong Kong Basic Law: Annotations and Commentary* (Hong Kong: Thomson Reuters Hong Kong Limited, 2010).

[20]   P. Y. Lo, *The Hong Kong Basic Law* (Hong Kong: LexisNexis, 2011).

[21]   Paul Gweirtz, "Approaches to Constitutional Interpretation: Comparative Constitutionalism and Chinese Characteristics", (2001) *Hong Kong Law Journal* 200(31).

[22]   Percy Cradock, *Experiences of China* (London: John Murry, 1994).

[23]   Peter Wesley Smith, *Constitutional and Administrative Law in Hong Kong* (Hong Kong: Longman Asia Limited, 1995).

[24]   Priscilla Leung Mei-fun, *The Hong Kong Basic Law: Hybrid of Common Law and Chinese Law* (Hong Kong: LexisNexis, 2007), revised edition.

[25]   Raymond Wacks, "One Country, Two Grundnormen? The Basic Law and the Basic Norm", in Raymond Wacks (ed.), *Hong Kong, China and 1997 Essays in Legal Theory* (Hong Kong: Hong Kong University Press, 1993).

[26]   Siu K. Lee, *Much Ado about Something* (Hong Kong: Hong Kong Lawyer, 1999 Jul).

[27]   Tony Yen, *The PRC Constitution and Hong Kong Law* (Hong Kong: Hong Kong Lawyer, 1998 Dec).

[28] W. S. Clarke, "Hong Kong Under the Chinese Constitution", (1984) *Hong Kong Law Journal* 71(14).

[29] Yash Ghai, *Hong Kong's New Constitutional Order: The Resumption of Chinese Sovereignty and the Basic Law* (Hong Kong: Hong Kong University Press, 1999), 2nd edition.

[30] Yash Ghai: "Litigating the Basic Law: Jurisdiction, Interpretation and Procedure", in Johannes M. M. Chan, Yash Ghai (eds.), *Hong Kong's Constitutional Debate: Conflict over Interpretation* (Hong Kong: Hong Kong University Press, 2000).

（二）英文判例

[1]   *Carl Zeiss Stiftung v. Ray & Keeler Ltd*, [1967] A.C. 853.

[2]   *Cef New Aisa Co. Ltd v. Wong Kwong Yiu, John*, CACV 77/1999 (8 June 1999).

[3]   *Cef New Aisa Co. Ltd v. Wong Kwong Yiu, John*, HCA 374/1998 (9 March 1999).

[4]   *Ch'ng Poh v. The Chief Executive of The Hong Kong Special Administrative Region*, HCAL 182/2002 (3 December 2003).

[5]   *Chan Shu Ying v. The Chief Executive of The Hong Kong Special Administrative Region*, HCAL 151/1999 (26 February 2001).

[6]   *Chen Li Hung and Another v. Ting Lei Miao and Others*, FACV 2/1999 (1 January 2000).

[7]   *Cheng Kai Nam, Gary for Leave to Apply for Judicial Review*, HCAL 3568/2001 (3 December 2001).

[8]   *Chisholm v. Georgia*, 2 U.S. 419 (1793).

[9]   *Comilang Milagros T. and Another v. Commissioner of Registration and Others*, HCAL 28/2011 (15 June 2012).

[10] *Commissioner of Registration v. Registration of Persons Tribunal and Another*, CACV 272/1999 (19 April 2000).

[11] *Democratic Republic of The Congo and Others v. FG Hemiphere Associates LLC*, FACV 5/2010 (8 June 2011).

[12] *Fung Lai Ying & Others v. Secretary for Justice*, HCA 1623/2002 (18 September 2002).

[13] *Gurung Deu Kumari and Another v. Director of Immigration*, HCAL 76/2009

(14 September 2010).

[14] *Gurung Kesh Bahadur v. Director of Immigration*, CACV 216/2000 (29 June 2001).

[15] *Harvest Good Development Ltd v. Secretary for Justice and Others*, HCAL 32/2006 (16 July 2007).

[16] *HKSAR v. Ma Pui Tung*, HCMA 1109/2008 (3 April 2009).

[17] *HKSAR v. Ma Wai Kwan David and Others*, CAQL 1/1997 (29 July 1997).

[18] *HKSAR v. Ng Kung Siu and Another*, FACC 4/1999 (15 December 1999).

[19] *Hong Kong Kam Lan Koon Ltd v. Realray Investment Ltd*, HCA 15824/1999 (11 October 2007).

[20] *Intraline Resources Sdn Bhd v. The Owners of The Ship of Vessel "Hua Tian Long"*, HCAJ 59/2008 (23 April 2010).

[21] *Ku Chia Chun and Others v. Ting Lei Miao and Others*, CACV 178/1997 (2 July 1998).

[22] *Lau Kong Yung and Others v. The Director of Immigration*, FACV 11/1999 (3 March 1999).

[23] *Lee Bing Chueng v. Secretary for Justice*, HCA 1092/2010 (21 February 2013).

[24] *Li Nim Han and Another v. The Director of Immigration*, HCAL 36/2011 (14 November 2011).

[25] *Li Shuk Fan v. The Director of Immigration*, HCAL 2/2000 (30 June 2000).

[26] *Ma Pui Tung v. The Law Society of Hong Kong and Another*, HCAL 157/2004 (16 February 2009).

[27] *Martin v. Hunter's Lessee*, 14 U.S. 304 (1816).

[28] *Master Chong Fung Yuen v. The Director of Immigration*, CACV 61/2000 (27 July 2000).

[29] *McCulloch v. State of Maryland*, 17 U.S. [4 Wheat] 316 (1819).

[30] *Ng Ka Ling and Another v. The Director of Immigration*, CACV 216/1997 (20 May 1998).

[31] *Ng Ka Ling and Another v. The Director of Immigration*, FACV 14/1998 (29 January 1999).

[32] *Ng Ka Ling and Another v. The Director of Immigration*, FACV 14/1998 (26 February 1999).

[33] *Ng Siu Tung and Others v. The Director of Immigration*, CACV 415/2000 (11

國家憲法在香港實施問題研究

December 2000).

[34] *Re Easy Concepts International Holdings Ltd*, HCMP 327/2006 (18 October 2011).

[35] *Reference re Secession of Quebec*, [1998] 2 SCR 217.

[36] *Right to Inherent Dignity Movement Association and Another v. HKSAR and Others*, HCAL 104/2008 (31 October 2008).

[37] *Secretary for Justice v. Liu Wing Kwong*, HCA 5120/2001 (02 Jury 2013).

[38] *Tam Nga Yin and Others v. The Director of Immigration*, FACV 20/2000 (20 July 2001).

[39] *The Director of Immigration v. Chong Fung Yuen*, FACV 26/2000 (20 July 2001).

[40] *Ting Lei Miao v. Chen Li Hung and Another*, HCA 5805/1991 (27 June 1997).

[41] *Tse Partick Yiu Hon v. Hong Kong Special Administrative Region Passports Appeal Board and Another*, HCAL 1240/2000 (17 January 2001).

[42] *Vallejos Evangeline Banao, Also Known as Vallejos Evangeline B. v. Commissioner of Registration and Another*, HCAL 124/2010 (30 September 2011).

[43] *Vallejos Evangeline Banao, Also Known as Vallejos Evangeline B. v. Commissioner of Registration and Another*, FACV 19/2012 (25 March 2013).

[44] *Xin Jiang Xingmei Oil-Pipeline Co. Ltd v. China Petroleum & Chemical Corporation*, HCCL 6/2004 (18 February 2005).

參考文獻

附錄

全國人大及其常委會針對香港問題實施憲法作出的規範性文件名錄

（截止 2021 年 1 月 1 日）

序號	規範性文件的名稱	年份
1	全國人民代表大會常務委員會關於國務院提請審議《中華人民共和國政府和大不列顛及北愛爾蘭聯合王國政府關於香港問題的聯合聲明》的議案的決議	1984
2	第六屆全國人民代表大會第三次會議關於批准《中華人民共和國政府和大不列顛及北愛爾蘭聯合王國政府關於香港問題的聯合聲明》的決定	1985
3	全國人民代表大會關於成立中華人民共和國香港特別行政區基本法起草委員會的決定	1985
4	第七屆全國人民代表大會第三次會議關於《中華人民共和國香港特別行政區基本法（草案）》的審議程序和表決辦法	1990
5	中華人民共和國香港特別行政區基本法	1990
6	全國人民代表大會關於設立香港特別行政區的決定	1990
7	全國人民代表大會關於《中華人民共和國香港特別行政區基本法》的決定	1990
8	全國人民代表大會關於批准香港特別行政區基本法起草委員會關於設立全國人民代表大會常務委員會香港特別行政區基本法委員會的建議的決定	1990
9	全國人民代表大會關於香港特別行政區第一屆政府和立法會產生辦法的決定	1990
10	全國人民代表大會關於授權全國人民代表大會常務委員會設立香港特別行政區籌備委員會的準備工作機構的決定	1993
11	全國人民代表大會常務委員會關於設立全國人民代表大會常務委員會香港特別行政區籌備委員會預備工作委員會的決定	1993

12	全國人民代表大會常務委員會關於鄭耀棠等 32 名全國人大代表所提議案的決定	1994
13	全國人民代表大會常務委員會關於《中華人民共和國國籍法》在香港特別行政區實施的幾個問題的解釋	1996
14	中華人民共和國香港特別行政區駐軍法	1996
15	第八屆全國人民代表大會第五次會議關於全國人民代表大會香港特別行政區籌備委員會工作報告的決議	1997
16	中華人民共和國香港特別行政區選舉第九屆全國人民代表大會代表的辦法	1997
17	全國人民代表大會常務委員會關於補選出缺的香港特別行政區第九屆全國人民代表大會代表的決定	1998
18	全國人大常委會關於香港特別行政區第九屆全國人大代表辭去代表職務的辦法的決定	1999
19	全國人民代表大會常務委員會關於《中華人民共和國香港特別行政區基本法》第二十二條第四款和第二十四條第二款第（三）項的解釋	1999
20	香港特別行政區選舉第十屆全國人民代表大會代表的辦法	2002
21	全國人民代表大會常務委員會關於香港特別行政區第十屆全國人民代表大會代表選舉會議組成的補充規定	2002
22	全國人民代表大會常務委員會關於《中華人民共和國香港特別行政區基本法》附件一第七條和附件二第三條的解釋	2004
23	全國人民代表大會常務委員會關於香港特別行政區 2007 年行政長官和 2008 年立法會產生辦法有關問題的決定	2004
24	全國人民代表大會常務委員會關於《中華人民共和國香港特別行政區基本法》第五十三條第二款的解釋	2005
25	全國人民代表大會常務委員會關於授權香港特別行政區對深圳灣口岸港方口岸區實施管轄的決定	2006
26	中華人民共和國香港特別行政區選舉第十一屆全國人民代表大會代表的辦法	2007
27	全國人民代表大會常務委員會關於香港特別行政區 2012 年行政長官和立法會產生辦法及有關普選問題的決定	2007
28	全國人大常委會關於《中華人民共和國香港特別行政區基本法》第十三條第一款和第十九條的解釋	2011

29	中華人民共和國香港特別行政區選舉第十二屆全國人民代表大會代表的辦法	2012
30	全國人民代表大會常務委員會關於香港特別行政區行政長官普選問題和 2016 年立法會產生辦法的決定	2014
31	全國人民代表大會常務委員會關於《中華人民共和國香港特別行政區基本法》第一百零四條的解釋	2016
32	中華人民共和國香港特別行政區選舉第十三屆全國人民代表大會代表的辦法	2017
33	全國人民代表大會常務委員會關於批准《內地與香港特別行政區關於在廣深港高鐵西九龍站設立口岸實施 " 一地兩檢 " 的合作安排》的決定	2017
34	全國人民代表大會關於建立健全香港特別行政區維護國家安全的法律制度和執行機制的決定	2020
35	中華人民共和國香港特別行政區維護國家安全法	2020
36	全國人民代表大會常務委員會關於授權國務院在粵港澳大灣區內地九市開展香港法律執業者和澳門執業律師取得內地執業資質和從事律師職業試點工作的決定	2020
37	全國人民代表大會常務委員會關於香港特別行政區第六屆立法會繼續履行職責的決定	2020
38	全國人民代表大會常務委員會關於香港特別行政區立法會議員資格問題的決定	2020

後記

　　凡是有學術專著撰寫經歷的人都知道，"後記"與其說是一種篇章結構上的要求，不如說是一種獎勵，是給予那些頂住了壓力，並最終完成個人寫作計劃的學者的一種最高獎勵。當我坐在辦公桌前享受著書稿付梓的愜意時，不會忘記在完成這本專著的道路上，眾多親友、老師和同事真誠的幫助。

　　首先，要衷心感謝我博士階段導師王振民教授的悉心指導。這本書是在我的清華大學博士學位論文基礎上修改而成，從選題、章節安排、具體行文，到最終納入香港三聯書店的"憲法與基本法研究叢書"予以出版，都傾注著王老師大量的心血。在博士論文的開題和答辯過程中，林來梵教授、余凌雲教授、何海波教授、程潔教授、劉晗教授均提出過諸多極具啟發性的意見和建議，為本人後續完善書稿理清了思路。

　　其次，要感謝深圳大學港澳基本法研究中心諸位老師對我的鼓勵與支持。深圳大學鄒平學教授，既是我工作上的領導，也是我碩士階段的導師，他引領我邁入了憲法學與港澳基本法學研究的大門，並身體力行，不斷教誨我為學處世之道。從清華博士畢業回到深圳大學工作之後，鄒老師始終關注我的成長，在我生活上遇到困難、事業上處於低谷時都給予了無私的幫助。此外，本書的完成也離不開基本法中心王千華老師、葉海波老師、宋小莊老師、陳虹老師、朱湘黔老師、黎沛文老師、盧雯雯老師、底高揚老師、趙桃桃老師、周樂軍老師的幫助，他們深厚的理論功底、睿智的學術見解以及豁達的生活態度使我對學術與人生都有了全面且深入的認知。

再次，要感謝香港三聯書店總編輯周建華先生與編輯蘇健偉先生，他們為本書的順利出版投入了大量精力。本文的部分內容曾經在《政治與法律》、《北京社會科學》、《交大法學》、《江漢大學學報（社會科學版）》等雜誌上發表，感謝這些刊物的厚愛，感謝刊物編輯與匿名評審專家的意見，你們的觀點對我完善本書啟發良多。

最後，要感謝我的妻子鄭陽女士，我們相識、相戀於大學校園，共同品嘗了生活的酸甜苦辣，無論遇到多大的困難，她一直是我最堅強的後盾，為我解決了後顧之憂，這份無私使我對愛情有了更深的認知。在本書即將出版之時，我和妻子的愛情結晶茂豫誕生了，這本書和女兒都是我的孩子，帶給我無盡的喜悅與奮鬥的動力。謹將這本書，獻給我最摯愛的家人！

鑒於作者水平有限，本書仍存在不完善之處，敬請各位師友指正。

孫成

2021 年 8 月 5 日

於深圳大學匯星樓辦公室

本書出版得到深圳大學港澳基本法研究中心青年博士文庫資助，此外，本書也是國家社會科學基金青年項目"完善憲法在香港實施的制度與機制研究"（項目編號：19CFX017）的階段性研究成果。

憲法與基本法研究叢書

主　　編　　王振民

責任編輯　　蘇健偉
書籍設計　　道轍

書　　名　　國家憲法在香港實施問題研究
著　　者　　孫成
出　　版　　三聯書店（香港）有限公司
　　　　　　香港北角英皇道 499 號北角工業大廈 20 樓
　　　　　　Joint Publishing (H.K.) Co., Ltd.
　　　　　　20/F., North Point Industrial Building,
　　　　　　499 King's Road, North Point, Hong Kong
香港發行　　香港聯合書刊物流有限公司
　　　　　　香港新界荃灣德士古道 220-248 號 16 樓
印　　刷　　美雅印刷製本有限公司
　　　　　　香港九龍觀塘榮業街 6 號 4 樓 A 室
版　　次　　2021 年 8 月香港第一版第一次印刷
規　　格　　16 開（170mm×245mm）376 面
國際書號　　ISBN 978-962-04-4868-3